BREISGAU UND KAISERSTUHL

Johann Schmieder | Sencon-Verlag

1. Auflage

gewidmet allen, die zum Erscheinen
dieses Buches beigetragen haben

2

Liebe Leserinnen und Leser

Die REGIO ENTDECKUNGEN wollen Ihnen ausgewählte und besonders sehenswerte Kulturlandschaften im Süd-Westen Deutschlands, in der nördlichen Schweiz und im Elsass vorstellen.

Nach den bereits erschienen Bänden MARKGRÄFLERLAND und HOCHRHEIN darf ich Sie diesmal durch den Breisgau und den Kaiserstuhl führen. Eine Region, die vom Weinbau sowie von der Kultur traditionsreicher Gemeinden und Städte und von deren historischer Zugehörigkeit zur Markgrafschaft oder zu Vorderösterreich geprägt ist.

Entsprechend vielfältig und abwechslungsreich sind die Landschaft und ihre Sehenswürdigkeiten. In 155 Entdeckungen werden Sie historische Bauwerke, Schlösser, Burgen, alte Kirchen, Museen, die Städte und Gemeinden mit ihren Märkten, Veranstaltungen und Freizeitangeboten kennen lernen.

Sie werden auch mit den Weinen und ihre Winzern in den drei Weinbauregionen Breisgau, Kaiserstuhl und Tuniberg bekannt werden, die eine lange Weinbautradition pflegen und damit international anerkannte Spitzenweine herstellen.

Ich wünsche Ihnen viel Spaß bei der Lektüre dieses Buches und bei Ihren Entdeckungsfahrten.

Mit herzlichen Grüßen
Ihr Johann Schmieder

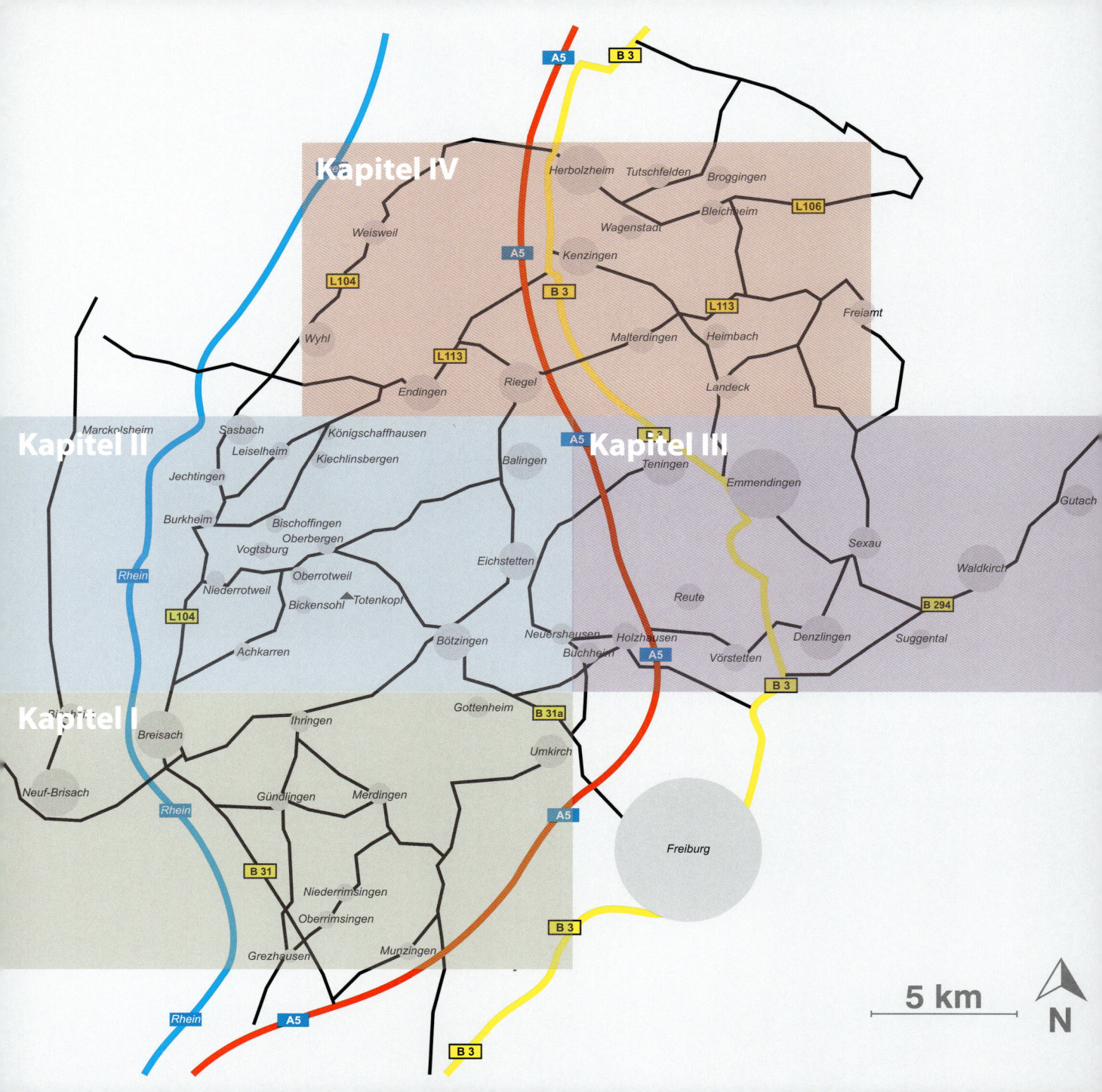

Möglicherweise wundern Sie sich etwas über den Titel BREISGAU UND KAISERSTUHL, da nach Ihrem Verständnis der Kaiserstuhl ja ohnehin ein Teil des Breisgaus ist, wieso dann „und"? Nach der allgemein üblichen Gebietsdefinition haben Sie recht, aber die Winzer der Regio orientieren sich an der Gliederung des Weinbaulandes Baden, danach sind Breisgau, Kaiserstuhl und Tuniberg drei von insgesamt neun eigenständigen Weinbauregionen und einen Kaiserstühler Wein dem Breisgau zuzuordnen wird von ihnen sehr kritisch gesehen, daher das „und".

Nach der allgemeinen Gebietsdefinition wird der Breisgau im Süden vom Markgräflerland und im Norden von der Ortenau begrenzt. Im Buch ist der südlichste Punkt die Südspitze des Tunibergs mit dem zu Freiburg gehörenden Ortsteil Munzingen. Der nördlichste Punkt ist die Stadt Herbolzheim. Nach Westen bildet der Oberrhein die Grenze, mit Ausnahme von zwei Ausflügen nach Neuf-Brisach und Marckolsheim in Frankreich. Im Osten geht der Breisgau unmerklich in die Ausläufer des Südschwarzwaldes über, östlichster Punkt im Buch ist die Orgelbauerstadt Waldkirch. Damit beträgt die West-Ost-Ausdehnung des beschriebenen Gebietes rund 40 Kilometer, die Nord-Süd-Ausdehnung rund 30 Kilometer. Für dieses Gebiet stellt Ihnen das Buch 155 Entdeckungen in vier Kapiteln vor.

Nicht enthalten sind im Buch die Stadt Freiburg und ihr unmittelbares Umland, da dies den Rahmen des Buches überfordern würde. Zu Freiburg wird bei den REGIO ENTDECKUNGEN in kürze ein eigener Band erscheinen.

Schwerpunkte des im Süden gelegenen Kapitel I sind die Stadt Breisach mit ihrem prächtigen Münster und der französischen Partnerstadt Neuf-Brisach sowie der Tuniberg mit den rund um ihn gelegenen Gemeinden.

Kapitel II widmet sich der im Kaiserstuhl liegenden Stadt Vogtsburg, die aus dem Zusammenschluss von sieben Gemeinden entstanden ist, sowie den am Kaiserstuhl liegenden Gemeinden Sasbach und Bötzingen. Alle diese Orte sind unübersehbar vom Weinbau geprägt, wie auch der Kaiserstuhl in seiner Gesamtheit ein eindrucksvolles Weinkulturland ist.

Thema von Kapitel III ist das nördlich von Freiburg gelegene Gebiet mit den beiden Elz-Städten Waldkirch und Emmendingen sowie mit der an der Glotter liegenden Gemeinde Denzlingen.

Das nördlichste Kapitel IV reicht von der naturgeschützten Rheinuferlandschaft bei Whyl und Weisweil bis in die Ausläufer des Südschwarzwaldes im Freiamt. Schwerpunkte sind die am Nordrand des Kaiserstuhls liegende Stadt Endingen und die Gemeinde Riegel sowie die beiden weiter nördlich an der B3 liegenden Städte Kenzingen und Herbolzheim.

Legende

- ★ **Veranstaltung, Fest**
- € **Einkaufen**
- ⬢ **Hotel**
- 🏛 **Museum**
- 🍽 **Restaurant**
- ◉ **Sehenswürdigkeit**
- ⛪ **Wanderung, Rundfahrt**
- ☕ **Café, Bistro**
- ♨ **Therme, Wellness**
- 🎭 **Theater, Konzert**
- 🍇 **Wein, Winzer, Straußenwirtschaft**

Inhaltsverzeichnis

3	**Vorwort**	
4	**Übersichtsplan**	
5	**Einführung**	
6	**Legende**	
7	**Inhaltsverzeichnis**	
9	**Kapitel I**	**Breisach und der Tuniberg**
129	**Kapitel II**	**Der Kaiserstuhl**
205	**Kapitel III**	**An Elz und Glotter**
273	**Kapitel IV**	**Der nördliche Breisgau**
380	**Literaturquellen**	
382	**Bildquellen**	
383	**Ortsverzeichniss**	
384	**Impressum**	

8

Kapitel 1

Breisach und der Tuniberg

Kapitel I
Breisach und der Tuniberg

1	S. 14	Munzingen - Erentrudiskapelle
2	S. 16	Munzingen - Schloss Munzingen
3	S. 18	Munzingen - Kirche St. Stephan
4	S. 20	Munzingen - Gigili
5	S. 22	Munzingen - Schloss Reinach
6	S. 24	Grezhausen - Kapelle St. Bernhard
7	S. 26	Oberrimsingen - Kirche St. Stephan
8	S. 28	Niederrimsingen - Attila
9	S. 30	Niederrimsingen - Kirche St. Laurentius
10	S. 32	Tuniberg - Panoramaweg
11	S. 38	Merdingen - Ortsbild
12	S. 42	Merdingen - Kirche St. Remigius
13	S. 44	Gündlingen - Kirche St. Michael
14	S. 46	Breisach - Eckartsberg
15	S. 48	Breisach - Stadtbild Unterstadt
16	S. 50	Breisach - Friedhof St. Joseph
17	S. 52	Breisach - Gutgesellentor
18	S. 54	Breisach - Narrenzunftstube
19	S. 56	Breisach - Hagenbachturm
20	S. 58	Breisach - Rathaus
21	S. 60	Breisach - Münster St. Stephan
22	S. 64	Breisach - Radbrunnenturm
23	S. 66	Breisach - Stadtbild Oberstadt
24	S. 70	Breisach - Festspiele und Tullaturm
25	S. 72	Breisach - Blaues Haus
26	S. 74	Breisach - Synagoge
27	S. 76	Breisach - Jüdische Friedhöfe
28	S. 78	Breisach - Rheintor
29	S. 80	Breisach - Museum f. Stadtgeschichte
30	S. 82	Breisach - Töpfermarkt
31	S. 84	Breisach - Schifffahrt
32	S. 86	Volgelsheim - Nostalgieeisenbahn
33	S. 90	Neuf-Brisach - Stadtbild
34	S. 94	Neuf-Brisach - Kirche St. Louis
35	S. 96	Neuf-Brisach - Befestigung
36	S. 98	Neuf-Brisach - Tore
37	S. 100	Neuf-Brisach - Vauban-Museum
38	S. 102	Ihringen - Ortsbild
39	S. 104	Ihringen - Heimatmuseum
40	S. 106	Ihringen - Naturzentrum Kaiserstuhl
41	S. 108	Ihringen - Weingut Dr. Heger
42	S. 110	Wasenweiler - Kapelle St. Vitus
43	S. 114	Ihringen - Liliental
44	S. 116	Gottenheim - Ortsbild
45	S. 120	Gottenheim - Kirche St. Stephan
46	S. 122	Umkirch - Schloss Büningen
47	S. 124	Umkirch - Schlossmühle
48	S. 126	Hugstetten - Englischer Garten

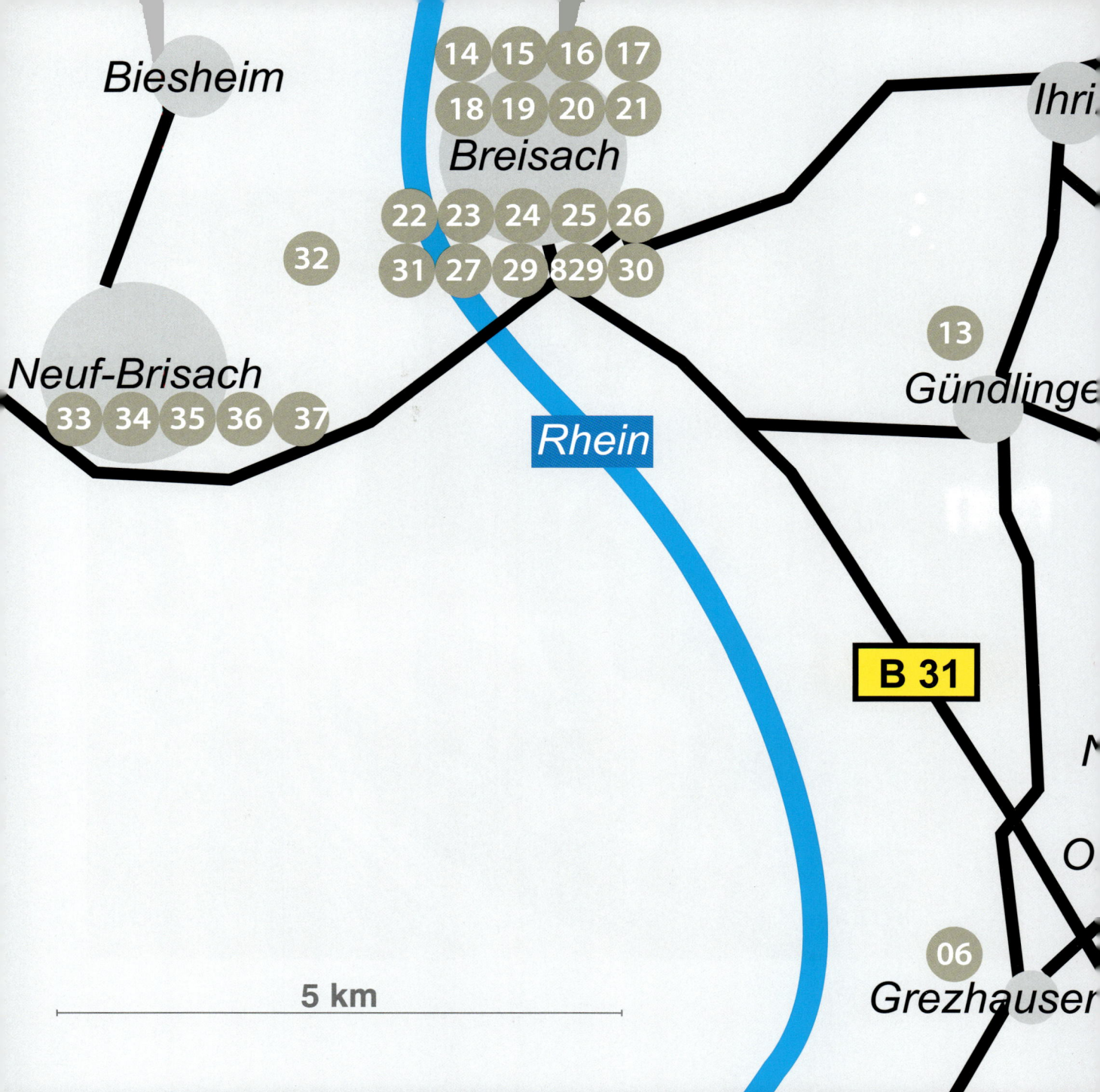

Freiburg-Munzingen Erentrudiskapelle

Die am südlichen Ende des Tunibergs gelegene Erentrudiskapelle gehört zu den schönsten Aussichtspunkten des Breisgaus. Dies wussten auch schon die altsteinzeitlichen Jäger zu schätzen, die eine Höhle unterhalb der Kapelle nutzten, heute könnten sie von dort statt Rentieren Golfspieler beobachten. Bereits im 16. Jh. wurde eine kleine Kapelle zu Ehren der Ehrentrudis geweiht, Äbtissin eines Salzburger Frauenklosters und Nichte des heiligen Rupert, des ersten Salzburger Bischofs. Vermutlich wurde dabei der im Breisgau verehrte heilige Trupert mit Rupert verwechselt.

Die heilige Ehrentrudis wurde bei Kopf- und Augenschmerzen angerufen und scheint dabei recht erfolgreich gewesen zu sein. Jedenfalls nahmen die Wallfahrten stark zu und so wurde nach dem Ende des Dreißigjährigen Krieges eine neue Kapelle errichtet. Diese wurde allerdings zu ihrem Pech im Spanischen Erbfolgekrieg Anfang des 18 Jh. von den Österreichern zuerst als Schanze ausgebaut und dann gesprengt. Bereits zwei Jahre später wurden, dank der Spenden Munziger Bürger, eine neue Kapelle und eine kleine Eremitage errichtet, letztere war bis zur Mitte des 19. Jh. bewohnt. Ende des 18. Jh. verfiel dann die Kapelle in Folge der kirchenpolitischen Reformen in den Erblanden und wurde erst gegen Ende des 19. Jh. in den heutigen Zustand versetzt. Die Erentrudisstatue mit dem Kapellenmodell in der Hand stammt von 1984.

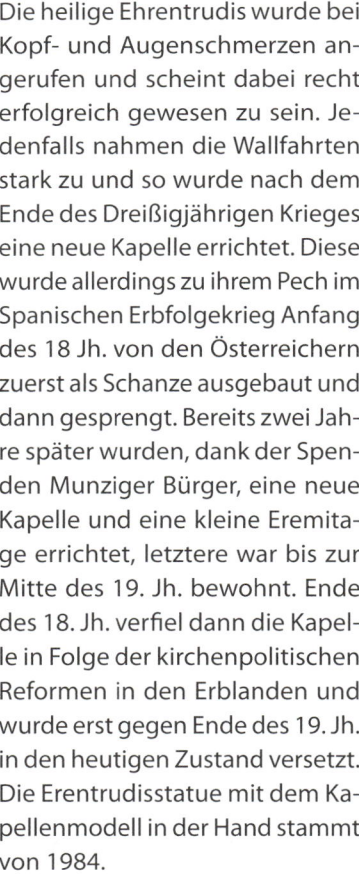

Was ?

Von weither sichtbare Landmarke auf der Südspitze des Tunibergs. Schöner Ausblick auf Munzingen, die Rheinebene und den Golfplatz Tuniberg.
Statue der heiligen Erentrudis mit dem Modell der Kapelle in der Hand.

Wann ?

Zugang:
Außen jederzeit frei zugänglich.
Innen tagsüber geöffnet.
Informationen:
Pfarrbüro Munzingen
Tel. +49-7664-40298-0
info@kath-tuniberg.de

Wo ?

Individualverkehr:
Vom Parkplatz am Schloss Munzingen über die K9864 (St.-Erentrudis-Straße), dann rechts in die Windhäuslegasse bis zur Kapelle.
ÖPNV:
www.vag-freiburg.de, www.rvf.de
Station
„Munzingen-Windhäuslegasse"

Freiburg-Munzingen
Schloss Munzingen

Seit rund 350 Jahren befindet sich das Schloss Munzingen im Besitz der Familie Kageneck, die, vom elsässischen Uradel aus dem Unterelsass und Straßburg abstammend, durch Heirat Besitz in Munzingen erbte. 1672 ließ Johann Friedrich Reichsfreiherr von Kageneck, Statthalter der Habsburger in Vorderösterreich, das Schloss im Stil der späten Renaissance errichten. Während der Erbfolgekriege Mitte des 18. Jh. flüchtete der habsburgische Statthalter. Das Schloss diente zuerst dem kaiserlichen Oberbefehlshaber und dann dem französischen König Ludwig XV als Quartier. Der Enkel des Erbauers, Friedrich Friedolin von Kageneck, ließ nach seiner Rückkehr das Schloss im Stil des Rokoko umbauen. Dabei entstand der kleine Ehrenhof mit den vier Zwergen-Statuen nach Motiven des Grafikers Jacques Callot sowie das große Deckengemälde des Speisesaals durch den Freiburger Maler Simon Göser. Von der barocken Gartenanlage ist heute leider nichts mehr erhalten.

Was?

Schöne Rokoko-Fassade. Zwergen-Statuen. Deckengemälde im Speisesaal (nicht zugänglich).

Wann?

Das Schloss ist in Privatbesitz und kann nur von öffentlichen Flächen aus eingesehen werden.

Wo?

Individualverkehr:
Das Schloss liegt im Zentrum von Munzingen am Schlossbuck. Zufahrt über die St.-Erentrudis-Straße. Parkmöglichkeit unterhalb des Schlosses.
ÖPNV:
www.vag-freiburg.de, www.rvf.de
Station „Munzingen-Apotheke"

Freiburg-Munzingen
Kirche St. Stephan

Die Kirche St. Stephan gehört zu den ältesten Pfarrkirchen des Breisgaus. Das Patronat von St. Stephan geht vermutlich auf die Tatsache zurück, dass der gesamte Ort Munzingen Mitte des 9. Jh. von der Gemahlin des Karolingerkaisers Lothar I mit allem, auch dem lebenden, Inventar, dem Straßburger Kloster St. Stephan geschenkt wurde. Das Chorhaus wurde Ende des 16. Jh. erbaut, der spätgotische Turm Anfang des 17. Jh. Mitte des 18. Jh. wurde das Langhaus barockisiert.

Was ?

Spätgotischer Kirchturm mit Storch.
Barockes Langhaus.
Epitaph für Hermann Euseb von Kagenek.
Alte Grabsteine und eine etwas kitschige Marienstatue an der Kirchhofmauer.

Wann ?

Zugang:
Außen jederzeit frei zugänglich.
Innen tagsüber geöffnet.
Informationen:
Pfarrbüro Munzingen
Tel. +49-7664-40298-0
info@kath-tuniberg.de

Wo ?

Individualverkehr:
Von der A5, Abfahrt Bad Krozingen über die B31 und K9858 nach Munzingen. Die Kirche liegt im Zentrum von Munzingen gegenüber dem Schloss. Zufahrt über die St.-Erentrudis-Straße. Parkmöglichkeit unterhalb des Schlosses.
ÖPNV:
www.vag-freiburg.de, www.rvf.de
Station „Munzingen-Apotheke"

Freiburg-Munzingen Gigili

Der Gigili ist der letzte verbliebene Rundturm eines ehemaligen Wasserschlosses, für das in der Zeit des 15. und 16. Jh. eine stattliche Zahl an Eigentümern dokumentiert ist. Ende des 16. Jh. ließ Lazarus von Schwendi, Kaiserlicher Kommisar und Feldhauptmann, der in den Türkenkriegen zu Ansehen und Geld gelangt war, das Wasserschloss ausbauen. Im Dreißigjährigen Krieg wurde es dann bis auf einen Eckturm zerstört. Später wurde der Turm als Rathaus mit drei Arrestzellen genutzt. Die dort Einsitzenden haben dann morgens durch die Gitter der Fenster nach dem Gefängniswärter „gegigelet", so kam der Turm zu seinem Namen. Heute dient der Turm den Gigili-Geistern, das ist die Munziger Fastnachtzunft, als schön dekorierte Zunftstube.

Was ?

Letzter Turm eines Wasserschlosses. Zunftstube der Munziger Fastnachtsclique Gigili-Geister.

Wann ?

Zugang:
Außen jederzeit frei zugänglich.
Informationen:
www.gigili-geister.de

Wo ?

Individualverkehr:
Der Gigili liegt unmittelbar neben der Kirche im Zentrum von Munzingen gegenüber dem Schloss. Zufahrt über die St.-Erentrudis-Straße. Parkmöglichkeit unterhalb des Schlosses.
ÖPNV:
www.vag-freiburg.de, www.rvf.de
Station „Munzingen-Apotheke"

Freiburg-Munzingen Schloss Reinach

Schloss Reinach war ursprünglich der Gutshof zu dem im Dreissigjährigen Krieg zerstörten Wasserschloss. Seit der Mitte des 18. Jh. befand er sich im Besitz der Familie Kargenek, wurde nach einem Brand 1870 wieder aufgebaut und Anfang der 90er Jahre zum Hotel umgebaut. Seit 2007 befindet sich Schloss Reinach im Besitz der Familie Gessler, die es renovierten und erweiterten.

Heute bietet Schloss Reinach seinen Gästen rund hundert komfortable Zimmer bis hin zur luxuriösen Suite, einen Welness- und Fitnessbereich mit Außenpool sowie drei Restaurants vom Wirtshaus mit feiner badischen Küche und einem mediterranem Bistro bis hin zum Gourmetrestaurant Herrehus, das vom Guide Michelin mit einem Stern ausgezeichnet wurde. Zum Angebot gehören auch Weinproben im zünftigen Zehntkeller sowie Veranstaltungen vom Summertime-BBQ bis hin zum Open-Air-Konzert. Bekannt ist das Schloss auch als Tagungsstätte sowie für Hochzeiten und andere Feste.

Was ?

Historischer Gutshof.
Hotel mit rund hundert Komfortzimmern und Welnessbereich.
Badisches Wirtshaus.
Mediterranes Bistro.
Gourmetrestaurant Herrehus mit einem Michelin-Stern.
Weinproben im Zehntkeller.
Zahlreiche Veranstaltungen.
Ort für Tagungen, Hochzeiten und Feste.

Wann ?

Öffnungszeiten und Veranstaltungskalender unter:
www.schlossreinach.de
Reservierungen und Buchungen unter:
Tel. +49-7664-407-0
info@schlossreinach.de

Wo ?

Schloss Reinach
St. Erentrudis-Straße 12
79112 Freiburg-Munzingen
Individualverkehr:
Von der A5, Abfahrt Bad Krozingen über die B31 und K9858 nach Munzingen. Schloss Reinach liegt im Ortzentrum an der K9858.
ÖPNV:
www.vag-freiburg.de, www.rvf.de
Station „Munzingen-Apotheke"

Breisach-Grezhausen
Kapelle St. Bernhard und Taubenturm

Grezhausen wurde erstmals urkundlich in einer päpstlichen Bulle aus der Mitte des 12. Jh. erwähnt. Damals gehörte der Ort zum Priorat St. Ulrich, Mitte des 13. Jh. wurde er an das Zisterzienserinnenkloster Günterstal bei Freiburg verkauft, bei dem er bis zum Beginn des 19. Jh. verblieb. Dann wurden die insgesamt vier Gutshöfe an die jeweiligen Klostermeier oder Pächter verkauft.

Eine Äbtissin des Klosters stiftete Anfang des 18. Jh. den barocken Hochaltar für die bereits zu Beginn des 16. Jh. geweihte St. Bernhardskapelle.

Zu den Naturalabgaben der vier Klosterhöfe des Ortes gehörten auch Tauben, die in einem Mitte des 18. Jh. erbauten Taubenturm gezüchtet wurden. Das Erdgeschoss des Turms diente als Ortsgefängnis.

Was ?

St. Bernhardskapelle.
Barocker Hochaltar.
Taubenturm zur Taubenzucht und als Ortsgefängnis.

Wann ?

Zugang:
Von Außen jederzeit frei zugänglich. Sowohl die Kapelle wie auch der Turm sind verschlossen und nicht zugänglich.

Wo ?

Individualverkehr:
Von der A5, Abfahrt Bad Krozingen über die B31 und K4932 nach Grezhausen, dort in den Hauser Weg. Kapelle und Taubenturm liegen unmittelbar nebeneinander.
ÖPNV:
www.vag-freiburg.de
Station „Breisach-Grezhausen"

Breisach-Oberrimsingen Kirche St. Stephan

Glanzstück der Kirche ist die aus dem frühen 16. Jh. stammende Träubelesmadonna, die vermutlich aus der Vorgängerkirche stammt und deren Schwesterfigur in der Kirche St. Stephan in Gottenheim steht. Die Statue schmückt den linken Seitenaltar, im rechten steht eine Statue des heiligen Stephan. Die heutige Kirche wurde Mitte des 18. Jh. unter Einbeziehung eines alten romanischen Turms im Barockstil errichtet, von dem aber nach einer Renovierung Anfang des 20. Jh. nicht mehr viel erkennbar ist.

Was ?

Träubelesmadonna.
Statue des hl. Stephan.
Romanischer Turm.

Wann ?

Zugang:
Außen jederzeit frei zugänglich.
Innen tagsüber geöffnet.
Informationen:
Pfarrbüro Merdingen
Tel. +49-7668-241
pfarrbüro-merdingen@
se-breisach-merdingen.de

Wo ?

Individualverkehr:
Von der A5, Abfahrt Bad Krozingen,
über die B31 und K4931 über die
Rathausstraße in die Kirchstraße,
Nr 5.
ÖPNV:
www.vag-freiburg.de, www.rvf.de
Station „Niederrimsingen
- Rathaus""

Breisach-Niederrimsingen Attila

Attila der Hunnenkönig, den Deutschen aus dem Nibelungenlied besser als König Etzel bekannt, starb 453 in der ungarischen Tiefebene inmitten seines Herrschaftsgebietes. Angeblich geschah dies während der Hochzeitsnacht mit einer jungen Frau, ob die Dame nachgeholfen hat oder Attila sich übernommen hat ist nicht überliefert. Trotz der großen Entfernung zum Breisgau hielt sich hartnäckig die Sage, Attila wäre am Tuniberg begraben. Dies nutzte ein Bürgermeister und Vorstand der Winzergenossenschaft in Niederrimsingen zu dem Aprilscherz, das Grab des Hunnenkönigs wäre entdeckt worden. Der Aprilscherz entwickelte sich zum Selbstläufer, Zeitungen berichteten darüber und so heißt heute sogar die Großlage am Tuniberg „Attilafelsen", gelungenes Marketing. Am Fuß einer Lösswand, dem angeblichen Fundort, liegt ein viel besuchter Grillplatz und neben der Attilahalle steht ein 25 Tonnen schwerer Betonkopf. Warum der aber aussieht wie ein mexikanischer Olmeke bleibt ein Rätsel.

Was ?

Grillplatz mit schöner Aussicht auf den Rhein und mit dem Schriftzug „Attilafelsen".
25 Tonnen schwerer Betonkopf mit der Physionomie eines Olmeken, warum?
Weingroßlage „Attilafelsen".

Wann ?

Zugang:
Der Grillplatz und der Attilakopf sind jederzeit frei zugänglich.

Wo ?

Individualverkehr:
Von der A5, Abfahrt Bad Krozingen, über die B31, K4931, Schwalbenweg und Finkenweg zur Attilahalle. Von dort über die Merdingerstraße und die Attilastraße zum Attilafelsen.
ÖPNV:
www.rvf.de, www.rag-freiburg.de
Station „Niederrimsingen Rathaus"

Breisach-Niederrimsingen
Kirche St. Laurentius

Der Anfang des 9. Jh. erstmals erwähnte Ort Rimsingen wurde Anfang des 11. Jh. durch Schenkung geteilt. „Rimsingen superior", das heutige Oberrimsingen ging an das Cluniazenserpriorat Grüningen,, und „nieder Rimsingen" an das Kloster Sulzburg. Der Mitte des 11. Jh. errichtete Turm, der zu den ältesten des Oberrheins gehört, weist auch starke Bezüge zur Kirche St. Cyriak in Sulzburg auf. Die ursprünglich gotische Kirche wurde im 18. Jh. barokisiert, aus dieser Zeit stammen auch Seitenaltäre und Kanzel.

Was ?

Einer der ältesten Kirchtürme des Oberrheins.
Barocke Seitenaltäre und Kanzel.
Hauptaltar vom Breisacher Bildhauer Helmut Lutz von 1988.

Wann ?

Zugang:
Außen jederzeit frei zugänglich.
Innen tagsüber geöffnet.
Informationen:
Pfarrbüro Merdingen
Tel. +49-7668-241
pfarrbüro-merdingen@
se-breisach-merdingen.de

Wo ?

Individualverkehr:
Von der A5, Abfahrt Bad Krozingen, über die B31 und K4931. Die Kirche liegt an der Kreuzung der K4931 mit der K4999.
ÖPNV:
www.vag-freiburg.de, www.rvf.de
Station „Oberrimsingen-Dorfplatz"

Tuniberg Panoramaweg

Was ?

Nord-Süd Weg über den Tuniberg zwischen Niederrimsingen und Gottenheim.
Schöne Ausblicke auf die Weinberge und die Kulturlandschaft des Tunibergs.
Ideal für Wanderungen und Spazierwege

Wann ?

Jederzeit frei zugänglich.

Wo ?

Individualverkehr:
Zufahrt von Niederrimsingen, Merdingen, Gottenheim oder Opfingen.
ÖPNV:
www.rvf.de
Station „Oberrimsingen Dorfplatz"
Station „Gottenheim Bahnhof"

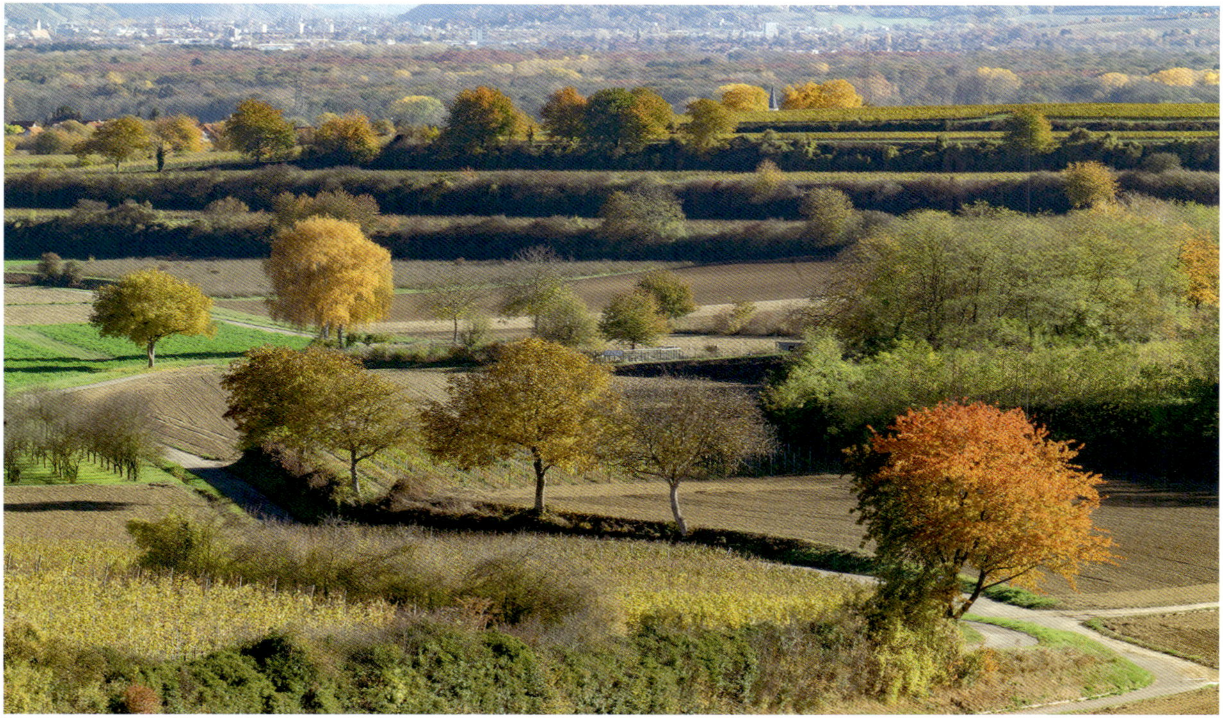
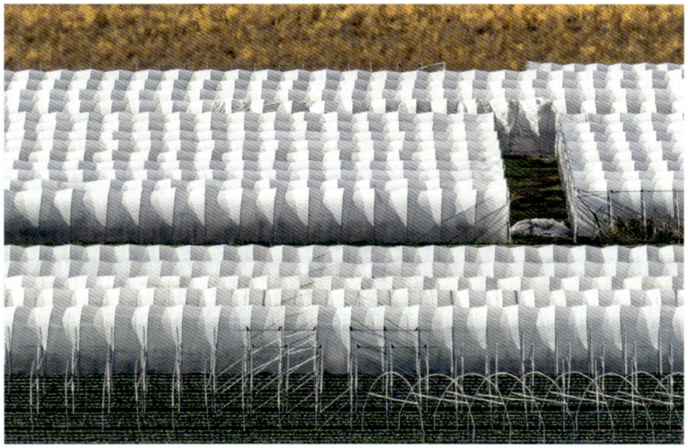
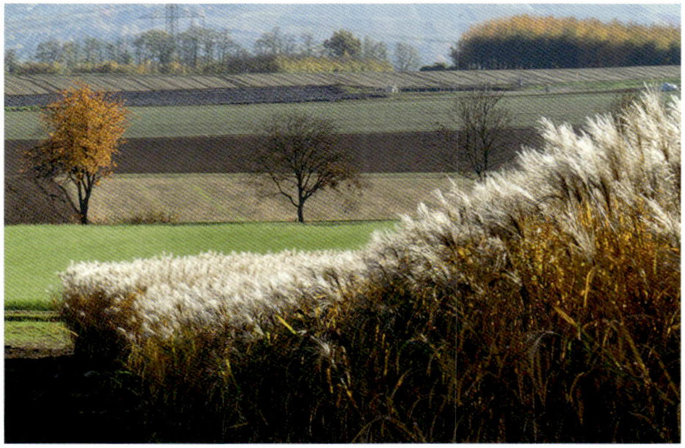

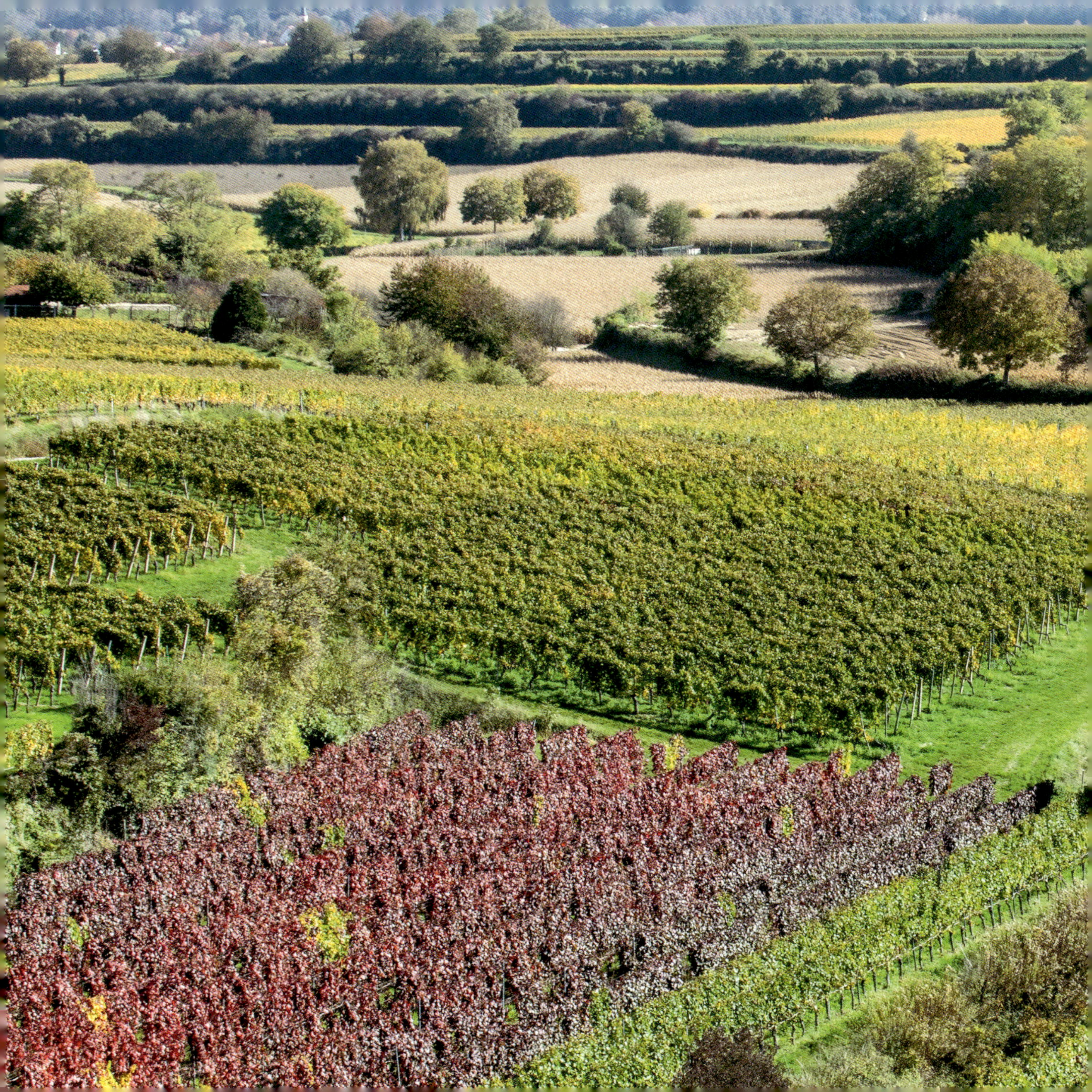

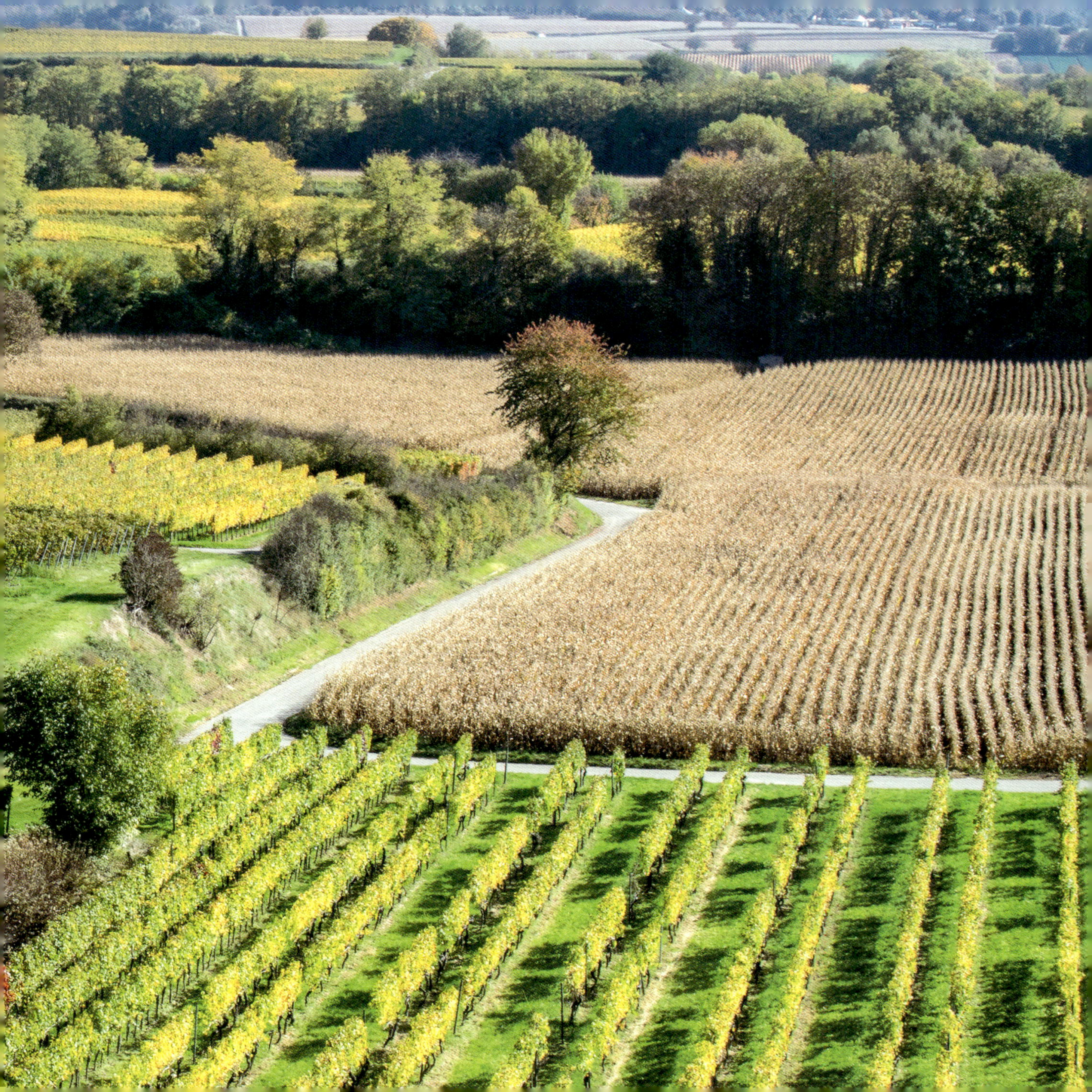

Merdingen Ortsbild

Gegründet wurde Merdingen im 5. oder 6. Jh. von Alemannen. Im 12. Jh. gehörte es zum Kloster St. Peter, dann wechselten die Besitzer bis der Deutsche Ritterorden Anfang des 18. Jh. zwei Drittel der Ortschaft kaufte. Mitte des 18. Jh. war Merdingen eines der größten Dörfer des Breisgaus und zählte rund ein Fünftel der Bevölkerung Freiburgs. Aus dieser Zeit stammen auch viele der historischen Häuser und Fachwerkbauten, die den Ortskern schmücken.

Dazu gehört unmittelbar neben der Kirche das von Bagnato erbaute Pfarrhaus. Der Pfarrer wohnte im Untergeschoss, die Bell Etage mit dem Komtursaal war den Herren vom Deutschen Ritterorden vorbehalten. Das Rathaus wurde um 1700 als Gemeindestube und Salzkasten erbaut, die Wappen zeigen die verschiedenen Ortsherrschaften von Vorderösterreich bis Baden-Württemberg.

Im alten Ortskern steht der barocke Stockbrunnen aus der Mitte des 18. Jh. mit der Wendelinsstatue, um den sich einige der interessantesten Häuser scharen. Dazu gehören das ehemalige Gasthaus „Zum Pfauen" mit seinem später angebauten Türmchen, dessen spätgotische Fenster auf eine Erbauung im 16. Jh. hinweisen und das im 18. Jh. als vorderösterreichische Postkutschenstation diente. Weitere Gebäude sind das ehemalige Gasthaus „Zum Pflug" und das barocke Gasthaus „Zur Sonne".

Gegenüber vom Rathaus steht das „Haus Weis", eine Hofanlage mit Eckürmchen und einem großen Torbogen der Hofeinfahrt aus dem Jahr 1604, einer der wenigen erhaltenen Bauteile Merdingens aus der Zeit vor dem Dreißigjährigen Krieg. Zu den ältesten Gebäuden gehört auch der „Zehnthof", vom Deutschen Ritterorden Ende des 17. Jh. zur Lagerung der Naturalabgaben erbaut. Das in der Langgasse stehende „Haus Saladin" aus der Mitte des 17. Jh. gilt als das wertvollste Fachwerkhaus am Tuniberg.

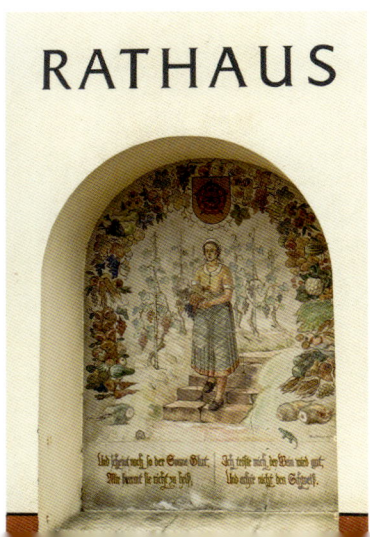

Was ?

Pfarrhaus.
Rathaus mit den Wappen der Ortsherrschaften.
Stockbrunnen mit Wendelinsstatue.
Eh. Gasthäuser „Zum Pfauen" und „Zum Pflug".
Barockes Gasthaus „Zur Sonne".
Haus Weis mit altem Torbogen.
Zehnthof.
Fachwerkhaus Saladin.

Wann ?

Zugang:
Außen jederzeit frei zugänglich.
Öffnungszeiten Pfarrhaus unter:
Tel. +49-7668-241
pfarrbuero-merdingen@se-breisach-merdingen.de
Öffnungszeiten Rathaus unter:
Tel. +49-7668-90940
www.merdingen.de
Alle anderen Häuser sind in Privatbesitz.

Wo ?

Individualverkehr:
Von der A5, Abfahrt Bad Krozingen, über die B31, K4931 und K4979 nach Merdingen. Pfarrhaus und Rathaus liegen unmittelbar an der Kirche. Die genannten Häuser und der Wendelinsbrunnen an der Langgasse.
ÖPNV:
www.swe.de, www.rvf.de
Station „Merdingen Sonne"

40

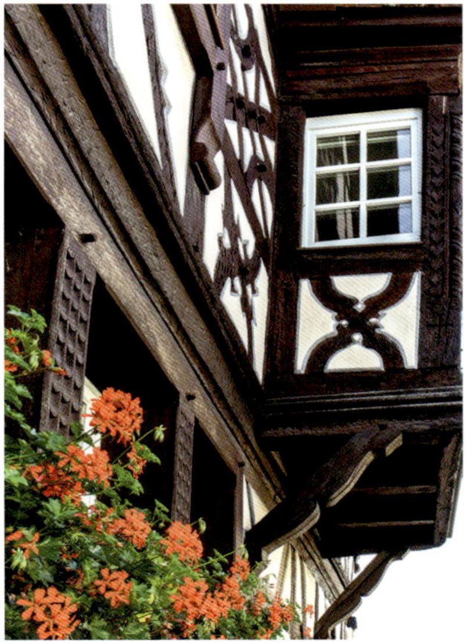

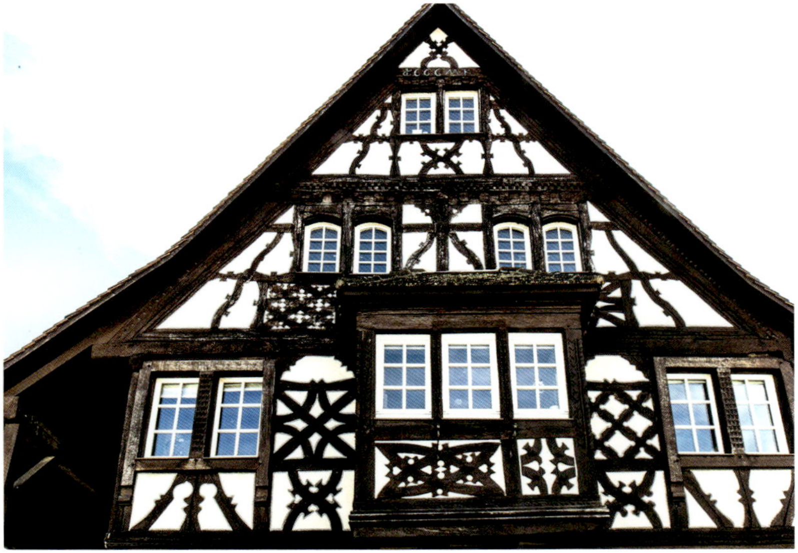

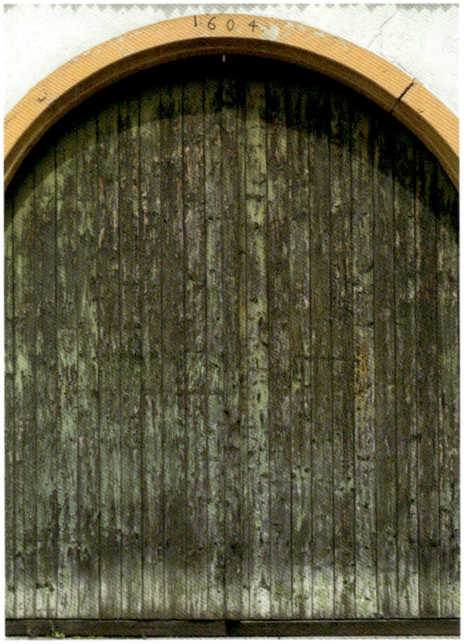
1604

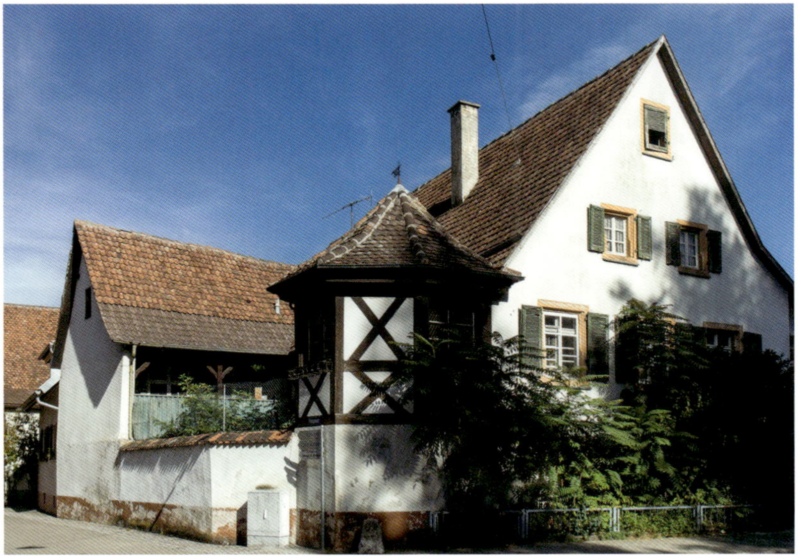

Merdingen
Kirche St. Remigius

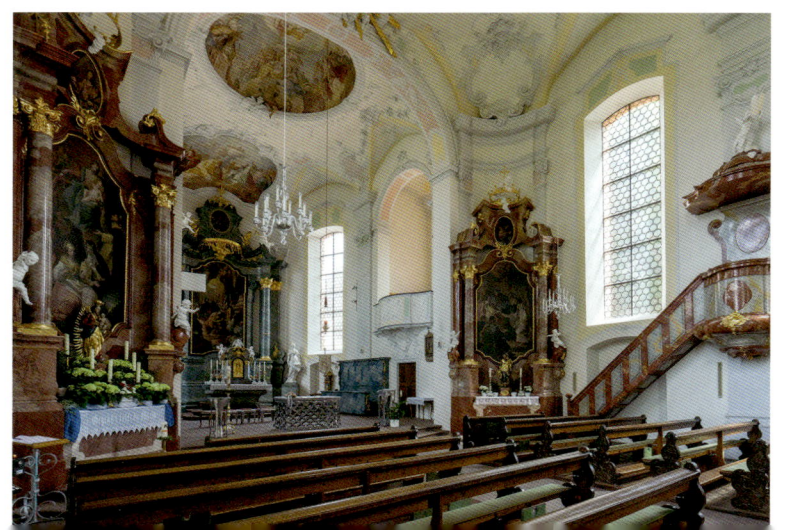

Anfang des 18. Jh. übernahm der Deutsche Ritterorden zwei Drittel von Merdingen, das verbleibende Drittel gehörte den Grafen von Kargenek. Gegen Mitte des 18. Jh. erbauten die Deutschordensritter dann in Merdingen eine spätbarocke Pfarrkirche. Dabei bedienten sie sich der besten Künstler, die damals in Süddeutschland verfügbar waren. Architekt wurde Johann Kaspar Bagnato, der unter anderem Architekt des Schlosses Mainau war. Anton Feuchmayer, der Stuckateur der Klosterkirche Birnau am Bodensee erstellte die Stuckarbeiten für die Altäre und die Kanzel. Franz Josef Spiegler schuf die Deckenbilder und die Altarblätter und von Johann Christian Wentzinger aus Freiburg stammt das lebensgroße Marienstandbild über dem Kirchenportal. Durch das Zusammenwirken dieser Künstler entstand einer der schönsten Kirchenbauten in Süddeutschland.

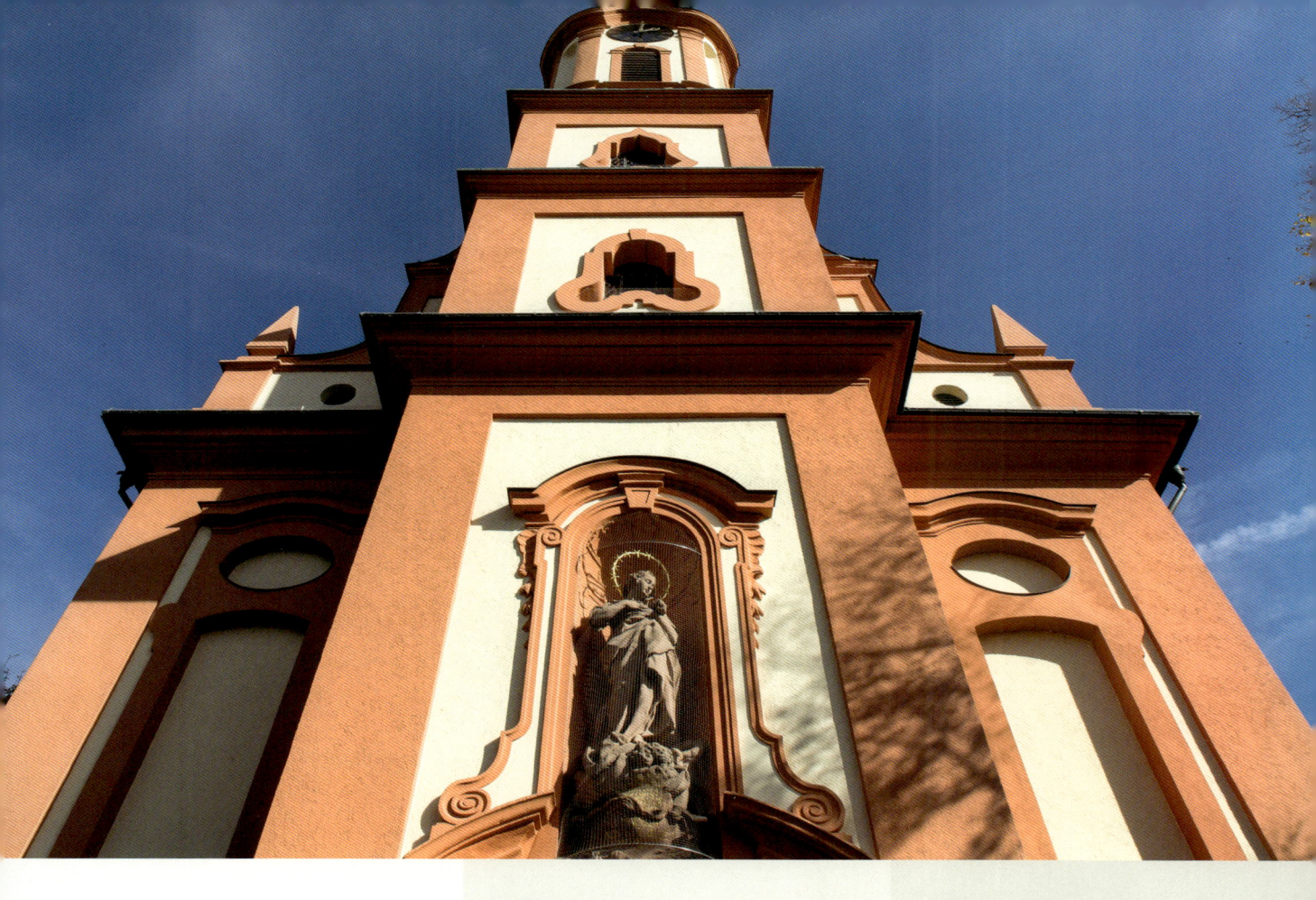

Was ?

Barocke Aussenfassade mit lebensgroßem Marienstandbild. Stimmungsvoller Kirchplatz rund um die Kirche auf dem ehemaligen Friedhofsgelände.
Altäre und Kanzel aus rotem Stuck.
Vierzehn Kreuzwegstationen mir spätbarocken Bildern.
Einer der schönsten Kirchenräume Süddeutschlands.

Wann ?

Zugang:
Außen jederzeit frei zugänglich.
Innen tagsüber geöffnet.
Informationen:
Pfarrbüro Merdingen
Tel. +49-7668-241
pfarrbuero.merdingen@
se-breisach-merdingen.de

Wo ?

Individualverkehr:
Von der A5, Abfahrt Bad Krozingen, über die B31, K4931 und K4979 nach Merdingen. Die Kirche liegt Ecke K4979
und Kirchstraße.
ÖPNV:
www.swe.de, www.rvf.de
Station „Merdingen Sonne"

Breisach-Gündlingen
Kirche St. Michael

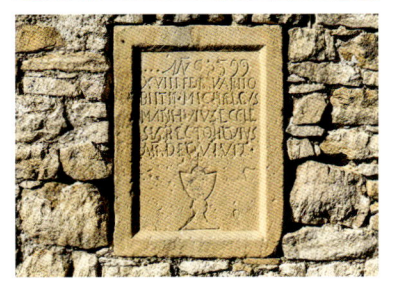

Die erste urkundliche Erwähnung Gündlingens erfolgte in einer Besitzurkunde des Klosters St. Gallen und stammt aus der Mitte des 9. Jh. Seit dem Ende des 13. Jh. gehörte der Ort zum Besitz der Johanniterkommende in Heitersheim. Zu Beginn des 19. Jh. wurde er Teil des Großherzogtums Baden. Die erstmals in der ersten Hälfte des 10. Jh. erwähnte Kirche wurde in der zweiten Hälfte des 19. Jh. im barocken Stil neu erbaut, Ende des 19. Jh. jedoch erheblich umgebaut.

Was ?

Holzkassettendecke mit den Evangelisten aus dem späten 19. Jh. Einige interessante Epithaphen an der Aussenwand.

Wann ?

Zugang:
Der Friedhof und das Äußere der Kirche sind jederzeit frei zugänglich. Die Kirche ist meist verschossen.
Informationen:
Tel. +49-7667-833258
www.st-stephan-breisach.de

Wo ?

Individualverkehr:
Von der A5, Abfahrt Bad Krozingen über die B31 und die L134 nach Gündlingen. Die Kirche liegt an der L134 Richtung Ihringen.
ÖPNV:
www.rvf.de, www.sweg.de
Station „Gündlingen-Ihringer Straße"

Breisach Eckartsberg

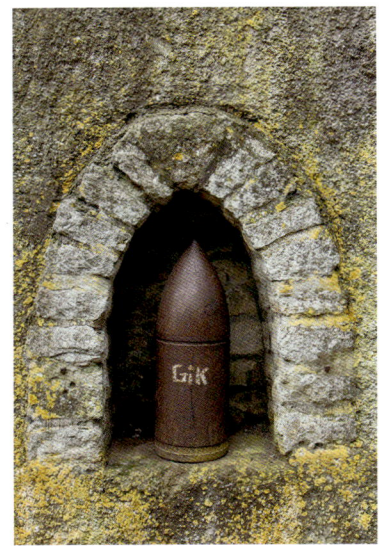

Der Name des Berges geht auf den „Getreuen Eckehart" zurück, der bereits im 5. Jh. hier eine Burg besessen haben soll. Der rund 50 Meter über den Marktplatz ragende Hügel wurde erst Anfang des 16. Jh. befestigt. Später spiegelt er die abwechslungsreiche Geschichte Breisachs im 17. und 18. Jh. wider - abwechselnd von den Österreichern und Franzosen befestigt, geschleift und gesprengt.

Seit der Mitte des 18. Jh. werden, abgesehen von einem kurzen militärischen Intermezzo im 2. Weltkrieg mit Stollen und Bunkern, vor allem Weinreben angebaut. Für den Aufstieg gibt es eine kurze steile Treppe oder einen langen flachen Weg. Letzterer hat den Vorteil, durch die Weinberge zu führen und von Steinblöcken begleitet zu werden, auf denen Tafeln mit lyrischen Texten und Zitaten befestigt sind. Auf dem Berg findet man einen Obelisken zur Erinnerung an den Übergang Breisachs an Baden 1806, eine Granate die an die Zerstörung der Stadt im 2. Weltkrieg erinnert sowie eine tolle Aussicht.

Was ?

Angenehmer Weg durch die Weinberge mit lyrischer Begleitung.
Schöne Aussicht auf Münster und Unterstadt.
Obelisk zur Erinnerung an Breisachs Übergang zu Baden.
Granate zur Erinnerung an die Zerstörung Breisachs im 2. Weltkrieg.

Wann ?

Zugang:
Der Berg und die Aussichtsplattform sind jederzeit frei zugänglich.

Wo ?

Individualverkehr:
Vom Marktplatz vorbei an der Spitalkirche über die Marienau, den Eckartsbergweg und den Arthur-Uhl Weg. Für Eilige führt vom Beginn des Eckartsbergwegs eine Treppe hoch.
ÖPNV:
www.rvf.de, www.sweg.de
Bürgerbus Linien 3
Station „Marktplatz"

Breisach
Stadtbild Unterstadt

Die Breisacher Unterstadt erstreckt sich östlich des Marktplatzes zu beiden Seiten der Neutorstraße, die als Fußgängerzone mit ihren Geschäften, Cafés und Restaurants Breisachs Flaniermeile ist. Nördlich der Neutorstraße liegen mit dem Gutgesellentor und der Josephskirche zwei der Breisacher Sehenswürdigkeiten. Im südlichen Teil die Reste der Spitalkirche sowie der Eckartsberg. Der Neutorplatz mit seinem eindrucksvollen Kugelbrunnen lädt mit seinen verschiedenen Lokalen zum Verweilen ein.

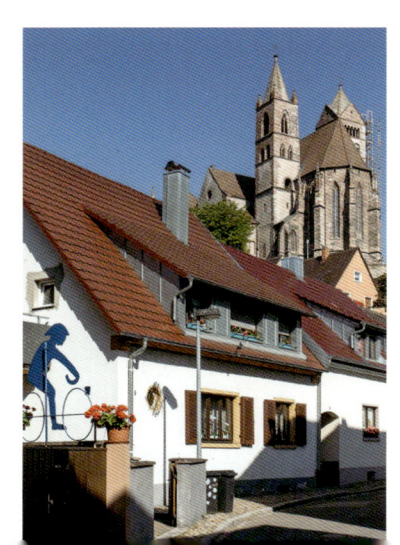

Was ?

Wochenmärkte auf dem Marktplatz und dem Neutorplatz.
Gutgesellentor mit Zunftstube der Breisacher Narren.
St. Josephskirche mit Friedhof.
Weg durch die Weinberge auf den Eckartsberg mit schöner Aussicht.
Fußgängerzone Neutorstraße zum Flanieren.
Neutorplatz mit Kugelbrunnen.
Reste der Spitalkirche.

Wann ?

Außen ist alles frei zugänglich.
Sehenswürdigkeiten:
Öffnungszeiten siehe dort.
Wochenmärkte:
Marktplatz am Sa von 08:00 bis 13:00
Neutorplatz am Di ab 15:00

Wo ?

Individualverkehr:
Von der A5, Abfahrt Bad Krozingen über die B31 nach Breisach, dann der Beschilderung Zentrum folgen.
ÖPNV:
www.rvf.de, www.sweg.de
Station „Breisach - Marktplatz".

Breisach
Kirche und Friedhof St. Joseph

Der Turm von Sankt Joseph war ursprünglich Bestandteil der mittelalterlichen Befestigung der Unterstadt. Der Belagerung durch schwedische Truppen im Dreißigjährigen Krieg verdankt er seinen Namen „Schwedenturm".

Bereits im 15. Jh. wurden in diesem Bereich Pestopfer beerdigt. Mitte des 17. Jh. entstand eine erste Kirche und das Gelände wurde zum zentralen Friedhof der Unterstadt. Während der Belagerung Breisachs durch die Franzosen Mitte des 18. Jh. befand sich unweit ein großes Lazarett und hunderte französische Soldaten wurden auf dem Friedhof begraben.

Der Friedhof wurde bis zur Mitte des 19. Jh. belegt, später wurde dann das Gelände mehrfach verkleinert und zahlreiche Grabsteine wurden entfernt. Die verbliebenen Steine stammen aus der 2. Hälfte des 18. Jh. und der 1. Hälfte des 19. Jh. und sind wegen ihrer Vielfältigkeit, den mitunter ungewöhnlichen Formen und wegen der Inschriften einen Besuch wert.

Was ?

Stimmungsvolles Gelände mit schönem Blick auf den Münsterberg.
Kirchturm als Rest der mittelalterlichen Stadtbefestigung der Unterstadt.
Sehenswerte historische Grabsteine.

Wann ?

Zugang:
Der Friedhof und das Äußere der Kirche sind jederzeit frei zugänglich.
Die Kirche ist meist verschlossen.
Informationen:
Tel. +49-7667-833258
www.st-stephan-breisach.de

Wo ?

Individualverkehr:
Vom Marktplatz in die Kupfertorstraße. Auf halber Strecke zwischen Galeerengasse und Neuer Weg biegt links ein kurzer Fußweg zum Friedhof ab.
ÖPNV:
www.rvf.de, www.sweg.de
Bürgerbus alle Linien
Station „Gutgesellentorplatz"

Breisach
Gutgesellentor

Das Gutgesellentor sicherte den Weg von der Unterstadt auf den Münsterberg und wurde im frühen 14. Jh. erstmals erwähnt. Der heutige Bau wurde zu Beginn des 15. Jh. errichtet. Seinen Namen hat er von der Wächterfamilie Gutgesell. Im frühen 19. Jh. wurde es dann zum Wachlokal und nach der teilweisen Zerstörung im 2. Weltkrieg in den 50er Jahren wieder aufgebaut. Im Obergeschoss befindet sich die Zunftstube der Breisacher Narren.

Im frühen 15. Jh. gab es in der Kirche drei konkurrierende Päpste, darunter seit 1409 Papst Johannes XXIII, bürgerlich Baldassare Cossa aus Neapel, mehr Militär und Politiker denn Kirchenmann. 1415 wurde er auf dem Konzil in Konstanz abgesetzt, floh, wurde in Breisach am Gutgesellentor verhaftet und nach Konstanz zurück gebracht. Die beiden Seiten des Tors sind recht unterschiedlich gestaltet, wobei die Seite zur Unterstadt mit ihrer Natursteinfassade deutlich wehrhafter wirkt.

Was ?

Historisches Tor mit zwei sehr unterschiedlichen Fassaden. Zunftstube der Breisacher Narren. Schöner Blick auf die Münsterbergstraße mit ihrer bunten Häuserzeile.

Wann ?

Zugang:
Außen jederzeit frei zugänglich.
Zunftstube der Breisacher Narren:
www.narrenzunft-breisach.de

Wo ?

Individualverkehr:
Vom Marktplatz über den Gutgesellentorplatz, zum Gutgesellentor.
ÖPNV:
www.rvf.de, www.sweg.de
Stadtbus Linie 1,
Bürgerbus Linien 3 und 4
Station „Gutgesellentorplatz."

Breisach
Narrenzunftstube

Die Gauklertage der Breisacher Fasnacht („Fasent") gehen auf eine Tradition zurück, die weit ins Mittelalter reicht. Bereits bei einem Besuch von Rudolf von Habsburg gegen Ende des 13. Jh. soll in Breisach eine „fröhliche Vasinacht" mit Gauklern und viel fahrendem Volk gefeiert worden sein. Dieser Tradition entsprechend ist die zentrale Figur der heutigen Fasnacht der Gaukler, nach seinem Häs „Spättle" genannt, mit Strumpfhose und, das ist für die Alemannische Fasnacht sehr ungewöhnlich, ohne Maske. Ebenso ungewöhnlich ist die Darbietung der Gauklertage, die nicht als Umzüge sondern vor Tribünen auf dem Marktplatz stattfinden. Gegründet wurde die Breisacher Narrenzunft 1927. Sie ist damit eine der ältesten Oberrheinischen Narrenzünfte. Die Zunftstube befindet sich im Obergeschoss des Gutgesellentores, im Stock darüber kann eine Ausstellung der Häser der Breisacher Fasnachtsgestalten besichtigt werden. Der Fasnachtsgruß lautet „Schmecksch dr Brägl", die Antwort darauf „Ajoo".

Was ?

Zunftstube der Narrenzunft. Ausstellung der Häs der Breisacher Fasnachtsfiguren. Gauklerskulptur des Breisacher Bildhauers Helmut Lutz. Viele Informationen zur Geschichte und Gegenwart der Breisacher Fasent.

Wann ?

Besichtigung:
Nur nach Vereinbarung über die Webseite der Narrenzunft www.narrenzunft-breisach.de und dann auf Kontakt.

Wo ?

Individualverkehr:
Vom Marktplatz über den Gutgesellentorplatz, zum Gutgesellentor.
ÖPNV:
www.rvf.de, www.sweg.de
Stadtbus Linie 1,
Bürgerbus Linie 3 und 4
Station „Gutgesellentorplatz."

Breisach
Hagenbachturm

Der Hagenbachturm ist ein befestigtes Tor auf dem Weg zum Münsterberg, das Anfang des 14. Jh. erstmals erwähnt wurde. Den heutigen Namen verdankt es dem burgundischen Landvogt Peter von Hagenbach, der dort während seines Gerichtsprozesses in Breisach 1474 eingekerkert war.

Dieser Peter von Hagenbach entstammte dem niederen Adel im Sundgau, machte am burgundischen Hof Karriere und erwarb das Vertrauen von Herzog Karl dem Kühnen. Als dieser 1468 habsburgische Gebiete, unter anderem die Schweizer Vorlande und den Breisgau, als Pfand unter seine Herrschaft brachte, setzte er Peter von Hagenbach als Landvogt für diese Gebiete ein.

Burgund führte Krieg gegen Frankreich und brauchte daher Geld. Hagenbach trieb rigoros Zölle und Steuern ein und führte eine Verbrauchersteuer, den Bösen Pfennig, ein. Auch versuchte er, die Stadtrechte von Breisach zu beschneiden.

1474 kam es zu einem Aufstand in den von Burgund verwalteten Gebieten und Hagenbach wurde gefangen genommen. Der Prozess gegen ihn fand vor dem Radbrunnenturm statt und der Gerichtshof bestand aus 28 Richtern aus verschiedenen Ländern des Heiligen Römischen Reiches. In der Diskussion und den Kommentaren zum Nürnberger Prozess gegen die NS-Täter wurde auf den Hagenbachprozess Bezug genommen. Hagenbach, der sich wie die NS-Täter auf Befehlsnotstand berufen hatte, wurde in allen Anklagepunkten, darunter der Einführung des Bösen Pfennigs, schuldig gesprochen und 1474 enthauptet. Mitlerweilen hat man sich an Verbrauchersteuern gewöhnt.

Was ?

Historischer Turm mit Torbogen.
Kerker für Peter von Hagenbach.
Denkmal der Kriegsopfer.
Terrasse mit Rheinblick.

Wann ?

Zugang:
Außen jederzeit frei zugänglich.

Wo ?

Individualverkehr:
Vom Marktplatz über den Gutgesellentorplatz, durch das Gutgesellentor und Münsterbergstraße.
Der Hagenbachturm liegt etwa auf halbem Weg zum Münsterplatz.
ÖPNV:
www.rvf.de, www.sweg.de
Bürgerbus Linie 3
Station „Münster/Rathaus"

Breisach
Rathaus

An Stelle des heutigen Rathauses und des Münsters stand in spätrömischer Zeit ein Praetorium, ein Residenz- und Unterkunftsgebäude für römische Staatsfunktionäre. Im Mittelalter wurde dort die städtische Münze errichtet. Das Gebäude wurde später als Schulhaus und Amtshaus genutzt. Nach der Zerstörung 1945 wurde Anfang der 50er Jahre das Rathaus im historischen Stil wieder aufgebaut. Das Wappen vor dem Eingang mit dem mächtigen Adler ist das Breisacher Stadtwappen. Links vom Rathaus bricht der 7 Tonnen schwere Marmorstier des Breisacher Bildhauers Helmut Lutz durch das Pflaster der Europastadt Breisach und entführt Europa, nach Brüssel?

Was ?

Gebäude im historischen Stil.
Stadtwappen von Breisach sowie
der Partnerstädte Saint-Louis,
Neuf-Brisach und Oswicim auf
der Fassade.
Europastier aus Marmor von H. Lutz.
Unter den Fenstern Stadtteil- und
territoriale Zugehörigkeitswappen.

Wann ?

Zugang:
Außen jederzeit frei zugänglich.
Öffnungszeiten:
Mo bis Fr von 09:00 bis 12:00
und Mi   von 14:00 bis 16:00
Auskünfte:
Stadtverwaltung Breisach am Rhein
Tel. +49-7667-832-0
info@breisach.de

Wo ?

Individualverkehr:
Vom Marktplatz über den Gutgesellentorplatz, durch das Gutgesellentor und Münsterbergstraße
zum Rathaus.
ÖPNV:
www.rvf.de, www.sweg.de
Bürgerbus Linie 3
Station „Münster/Rathaus "

Breisach
Münster St. Stephan

Die Baustile des Münsters reichen von der Romanik der Staufer wie am Nordturm bis zum Übergang von der Spätgotik zum Barock am Hochaltar. Im Zusammenhang mit der Stadtgründung begannen Ende des 12. Jh. die Bauarbeiten an einer dreischiffigen romanischen Basilika. Gegen Ende des 13. Jh. wurde der Chor gotisch erweitert und bis in die 1. Hälfte des 16. Jh. erfolgten mehrere gotische Erweiterungen. Über dem Hauptportal erzählt ein Relief aus dem Leben des Kirchenpatrons Stephanus. Im Inneren gliedert ein spätgotischer Lettner von 1500 den Kirchenraum in ein Kirchenschiff für die Laien und einen Chor für die Priester. Das Münster besitzt zwei herausragende Kunstwerke. Das über 100 Quadratmeter große Jüngste Gericht von Martin Schongauer vom Ende des 15. Jh. gehört zu den hervorragendsten Werken mittelalterlicher Malerei. Der geschnitzte Hochaltar von Hans Loy stammt aus der 1. Hälfte des 16. Jh. und stellt die Krönung Marias dar.

Was ?

Schöner Blick auf das Münster vom Eckartsberg.
Relief über dem Haupteingang.
Spätgotischer Lettner.
Das Jüngste Gericht von Martin Schongauer.
Holzschnitzaltar von Hans Loy.
Heiliges Grab.
Spätgotisches Chorgestühl.
Silberschrein mit Reliquien.

Wann ?

Zugang:
Außen jederzeit frei zugänglich.
Innen:
im Sommer von   09:00 bis 18:00
im Winter von   09:00 bis 17:00
Informationen:
Pfarrgemeinde St.Stephan
Tel. +49-7667-203
info@st-stephan-breisach.de

Wo ?

Individualverkehr:
Vom Marktplatz über den Gutgesellentorplatz, durch das Gutgesellentor und Münsterbergstraße vorbei am Rathaus zum Münster.
ÖPNV:
www.rvf.de, www.sweg.de
Bürgerbus Linie 3
Station „Münster/Rathaus"

62

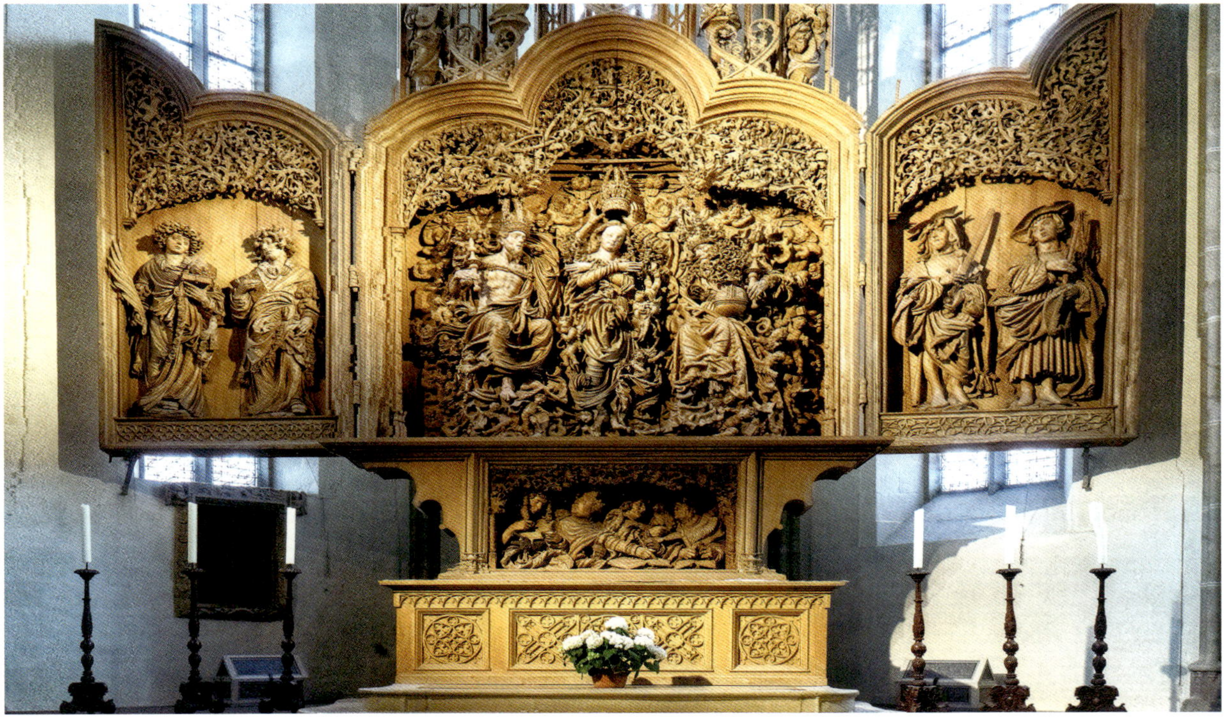

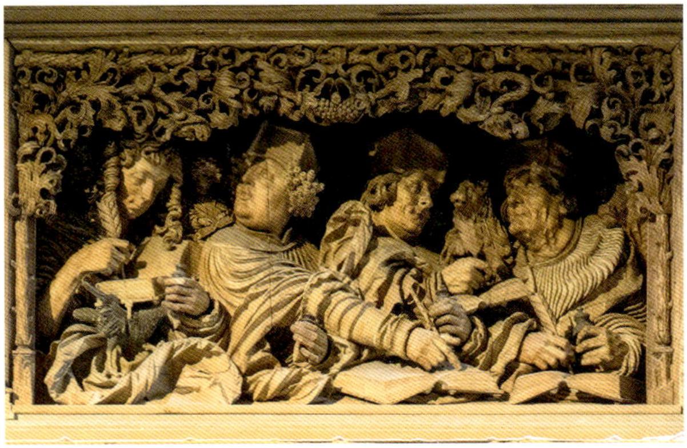

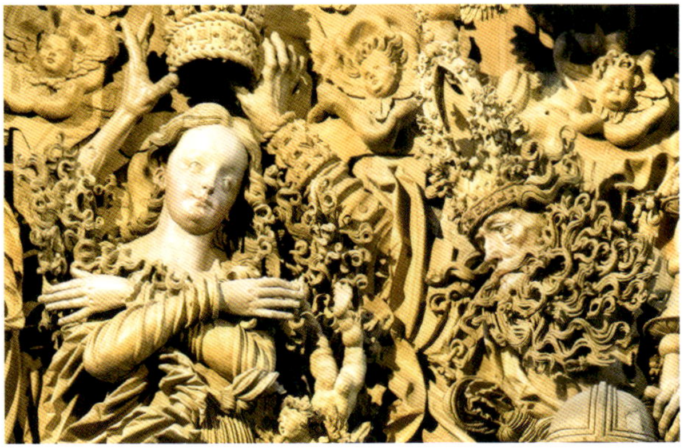

Breisach Radbrunnenturm

Der Ende des 12. Jh. angelegte Radbrunnen ist 41 Meter tief und reicht damit unter den Wasserspiegel des Rheins, damit war die Wasserversorgung der Stadt auch in Belagerungszeiten gesichert.

Der Anfang des 13. Jh. errichtete Turm war 54 Meter hoch, seit Mitte der 50er Jahre misst er noch 34 Meter, zwischenzeitlich waren es schon auch mal nur 15. Der Turm war das erste Rathaus der Stadt, Gefängniszellen und Folterkammer inklusive. Eine gotische Prangersäule erinnert noch daran.

An der dem Münster abgewandten Seite steht seit 2013 die Radbühne, das letzte der 3 großen Werke des Breisacher Bildhaueres Helmut Lutz. Das Kunstwerk lässt sich bespielen, das Spiel soll mindestens eimal jährlich aufgeführt werden. Anregung für das Kunstwerk war das Tretrad im Turm.

Was ?

Historischer Brunnen zur Wasserversorgung der Oberstadt.
Erstes Breisacher Rathaus.
Gotische Prangersäule.
Hagenbachtürmle, eine Totenlaterne.
Radbühne von Helmut Lutz.
Ausstellungen und Konzerte des Kunstkreises Radbrunnen.

Wann ?

Zugang:
Außen jederzeit frei zugänglich.
Innen:
Fr   von 14:00 bis 18:00
Sa und So von 11:30 bis 18:00
Informationen:
Kunstkreis Radbrunnenturm
Tel. +49-7667-6776
info@kunstkreis-radbrunnen.de

Wo ?

Individualverkehr:
Vom Marktplatz über den Gutgesellentorplatz, durch das Gutgesellentor und Münsterbergstraße vorbei am Rathaus in die Radbrunnenallee.
ÖPNV:
www.rvf.de, www.sweg.de
Bürgerbus Linie 3
Station „Münster/Rathaus"

Breisach
Stadtbild Oberstadt

Die heutige Oberstadt am Münsterberg war bereits in der Jungsteinzeit Siedlungsgebiet, in der Keltenzeit ein Fürstensitz und unter den Römern ein Kastell. Später wechselten die Stadtherrschaften von den Basler Bischöfen zu den Staufern, Zähringern und Habsburgern. Ende des 13. Jh. wurde sie unter König Rudolf von Habsburg Freie Reichsstadt. In der Folge wurden neben dem Münster mehrere Klöster errichtet, so Anfang des 14. Jh. von den Franziskanern, zu Beginn des 17. Jh. von den Kapuzinern und im 18.Jh. das Kloster Notre Dame. All dies fand im Koalitionskrieg Ende des 18. Jh. durch französischen Beschuss ein Ende, die vollständige Zerstörung erfolgte dann im 2. Weltkrieg. Den alten Charakter der Oberstadt verspürt man noch am besten durch den Aufstieg von der Fischerhalde über den Schwanenrain zum Kapftor.

Was ?

Stimmungsvoller Aufstieg über den Schwanenrain.
Münster.
Kapftor aus dem 12. Jh.
Radbrunnenturm.
Portal des „Haus zum Sternen".
Neuangelegter Klostergarten des Franziskanerklosters.
Schlossplatz mit Festspielen.
Tullaturm.

Wann ?

Außen ist alles frei zugänglich.
Sehenswürdigkeiten:
Öffnungszeiten siehe dort.

Wo ?

Individualverkehr:
Zu Fuß vom Marktplatz über die Metzgergasse und die Fischerhalde in den Schwanenrain.
ÖPNV:
www.rvf.de, www.sweg.de
Bürgerbus Linie 3
Station „Münster/Rathaus"

Auf dem Berg selbst sind neben dem Münster, dem im historischen Stil wieder aufgebauten Rathaus und dem Hagenbachturm nur wenige Relikte erhalten. Dazu gehören das aus dem 12. Jh. stammende Portal des „Haus zum Sternen", dem Alten Rathaus, mit den Porträts Kaiser Karl V. und König Ferdinand I. Im Bereich des alten Franziskanerklosters wird der Klostergarten in alten Umfriedungen neu angelegt.

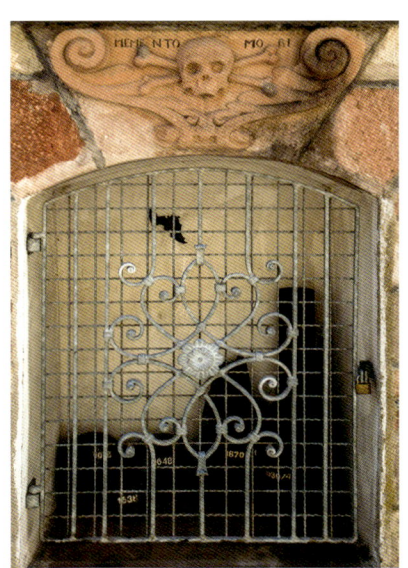

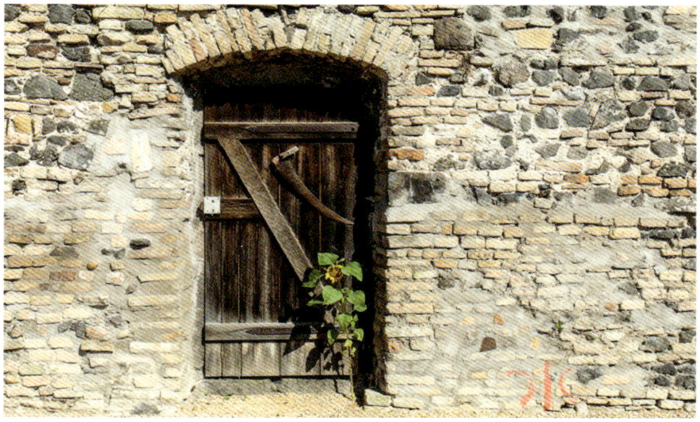
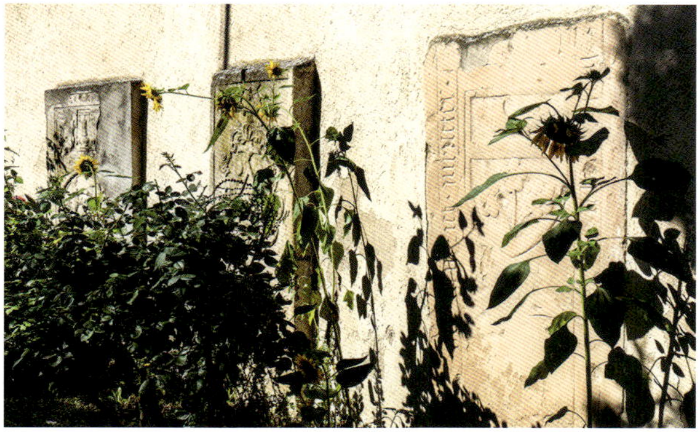
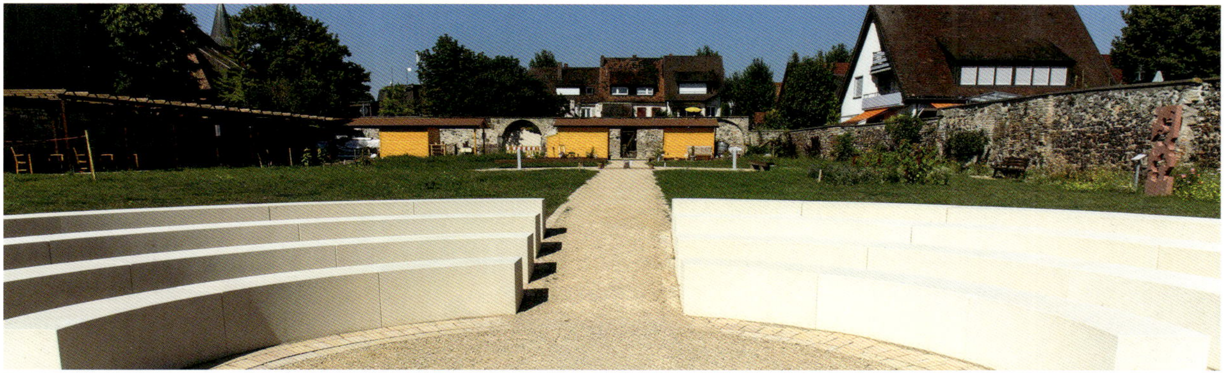
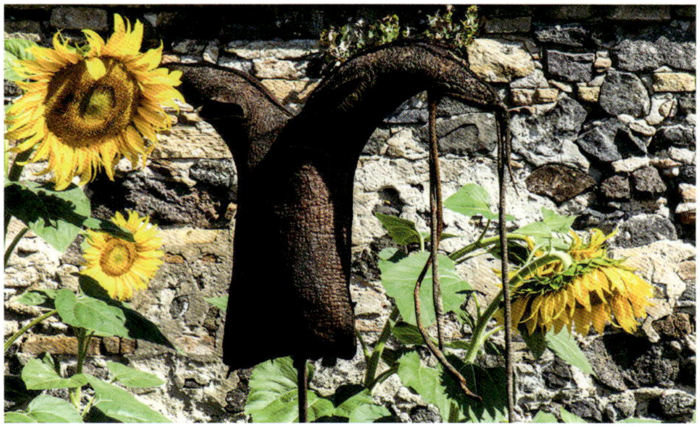
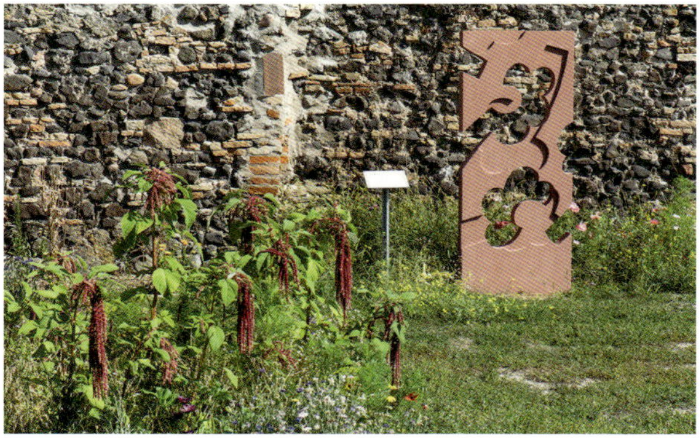

Breisach
Festspiele und Tullaturm

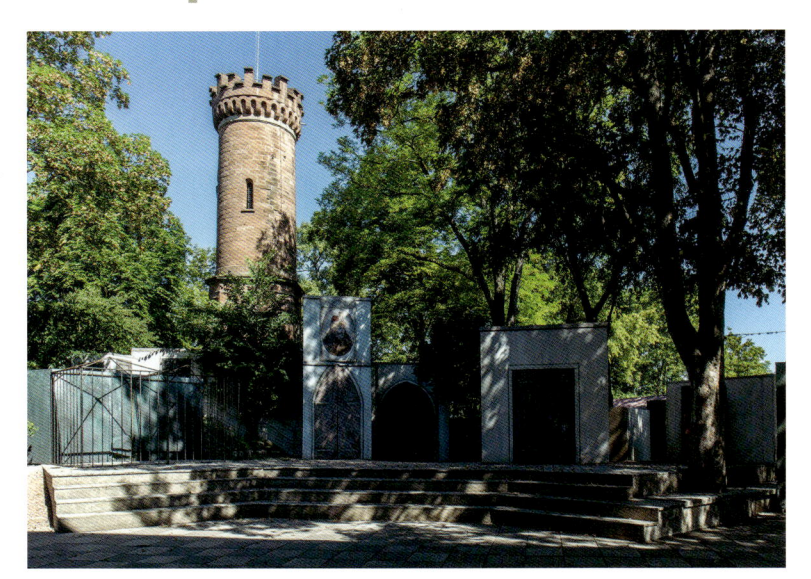

Die 1924 gegründeten Breisacher Festspiele finden seit 1962 auf dem Schlossplatz statt, dabei stehen immer ein Stück für Erwachsene und eines für Kinder auf dem Spielplan. Heute erinnert nur mehr der Name Schlossplatz an die einst mächtige Festung, die hier vom frühen 13. bis zum späten 18. Jh. stand. Der heute sichtbare Turm stammt aus dem späten 19. Jh. und ist ein Denkmal für Johann Gottfried Tulla, dem „Bändiger des wilden Rheins".

Was ?

Historischer Platz einer ehemaligen Festung. Tullaturm als Erinnerung an den Ingenieur der Rheinregulierung. Die Festspiele Breisach bieten im Sommer jährlich Freilichttheater mit Theaterstücken für Erwachsene und Kinder.

Wann ?

Tullaturm:
Nur von außen zugänglich.
Festspiele:
Aufführungen von ca. Mitte Juni bis ca. Mitte September, aktuelle Stücke und Spieltermine unter
www.festspiele-breisach.de
Karten-Hotline: 01806-700733
Abendkasse Sa/So an Spieltagen
+49-7667-904760

Wo ?

Individualverkehr:
Vom Marktplatz über den Gutgesellentorplatz, durch das Gutgesellentor und Münsterbergstraße vorbei am Rathaus in die Kapuzinergasse bis zu deren Ende.
ÖPNV:
www.rvf.de, www.sweg.de
Bürgerbus Linie 3
Station „Münster/Rathaus"

Breisach
Blaues Haus

1829 wurde das im ehemaligen Stadtgraben stehende Wirtshaus „Zum St. Peter" von der jüdischen Gemeinde gekauft und zum Schulhaus umgebaut. Später diente es dann als Armenspital sowie als Gemeindehaus und Wohnung des Kantors. Nach der Zerstörung der Synagoge 1938 wurde ein Raum im Obergeschoss zwei Jahre als Gebetsraum genutzt. Nach einigen Besitzerwechseln konnte das Gebäude im Jahr 2000 durch den Förderverein Ehemaliges Jüdisches Gemeindehaus Breisach e.V. erworben und zu einer Bildungs-, Gedenk- und Begegnungsstätte für die Geschichte der Juden am Oberrhein umgestaltet werden. Das besondere Augenmerk gilt der Information für Kinder und Jugendliche. Neben verschieden Erinnerungsstücken wie einem historischen Straßenfoto von 1937 führt das Blaue Haus auch eine Bibliothek, die rund 5.000 Bücher umfasst. Vor dem Haus erinnert ein Gedenkstein an Michael Eisemann, den letzten Kantor von Breisach, der 1939 in Folge des Naziterrors starb.

Was ?

Historisches Gebäude mit langer jüdischer Tradition.
Erinnerungsstücke an
das jüdische Leben in Breisach.
Seltenes Foto mit einer Straßenszene von 1937.
Bibliothek mit rund 5.000 Büchern.
Gedenkstein an Michael Eisemann.

Wann ?

Öffnungszeiten:
Mi von 14:00 bis 17:00
Informationen:
Dr. Christiane Walesch-Schneller
Radbrunnenallee 15
79206 Breisach
Tel. +49-7667-911374
info@blaueshausbreisach.de
www.blaueshausbreisach.de

Wo ?

Rheintorstraße 3
(ehemals Judengasse)
79206 Breisach
Individualverkehr:
Vom Marktplatz über die
Fischerhalde in die Rheintorstraße.
ÖPNV:
www.rvf.de, www.sweg.de
Stadtbuslinie 1, Bürgerbus Linie 3
Station „Kupfertor"

Breisach
Synagogenplatz

Die jüdische Geschichte Breisachs beginnt Anfang des 14. Jh. durch Zuwanderung aus der Region Straßburg. Damals lebten rund 100 Juden in Breisach, das ein wichtiger Handelsplatz am Oberrhein war. Als Folge des Pestausbruches Mitte des 14. Jh. kam es zu Pogromen und die Breisacher Juden wurden verbrannt. Mitte des 17. Jh. kam die Stadt dann für rund ein halbes Jahrhundert unter französische Herrschaft und wurde die wichtigste Garnisonsstadt der Franzosen am Oberrhein. Bei der Versorgung des Heeres spielten Juden eine wichtige Rolle. Durch den Bau der Festung wurde Gelände im ehemaligen Stadtgraben frei und die Juden siedelten sich dort in der Judengasse, der heutigen Rheintorstraße, an. Im 19. Jh. lebten über 500 Juden in Breisach, das entsprach knapp 20 Prozent der Gesamtbevölkerung. Durch die Freigabe der Wohnortewahl sank die Zahl zu Beginn des 20. Jh. erheblich. 1933 lebten noch rund 250 Juden in der Stadt, davon konnten etwa zwei Drittel emigrieren, meist in die USA, etwa ein Drittel kam in den Lagern der Nazis ums Leben. Die Mitte des 19. Jh. errichtete dritte Synagoge wurde im Novemberpogrom 1938 zerstört. Heute erinnert eine kleine Gedenkstätte mit einem Buch der Lebensläufe der Breisacher Juden an den früheren Standort der Synagoge. Im Blauen Haus ist ein Bild ausgestellt, das nach einer alten Fotografie gezeichnet wurde und das Innere der Synagoge zeigt.

Was ?

Gedenkstein am früheren Standort der Synagoge. Buch mit den Lebensläufen der Breisacher Juden. Dreisprachige Informationstafel. Bild vom Inneren der Synagoge im Blauen Haus.

Wann ?

Zugang:
Jederzeit frei zugänglich.
Informationen:
Siehe Blaues Haus.

Wo ?

Synagogenplatz
Individualverkehr:
Vom Marktplatz über die Fischerhalde in die Rheintorstraße, von der geht links der Synagogenplatz ab.
ÖPNV:
www.rvf.de, www.sweg.de
Bürgerbus Linien 1, 2 und 3
Station „Kupfertor"

Breisach
Alter und Neuer Jüdischer Friedhof

Bis zur Mitte des 18. Jh. wurden die Breisacher Juden im elsässischen Mackenheim begraben, vorausgesetzt es war nicht gerade Krieg, dann mussten die Toten u.a. in Emmendingen beerdigt werden. Mitte des 18. Jh. wurde dann auf einem Grundstück nahe der Synagoge ein Friedhof angelegt, der Mitte des 19. Jh. durch einen neuen Friedhof ergänzt wurde. Der Alte Friedhof wurde im Novemberpogrom 1938 weitgehend zerstört, nur wenige Steine sind noch aufgerichtet. Die meisten Grabsteine wurden zerschlagen und nach dem Krieg zu zwei großen Steinplatten zusammengefügt. Der Neue Friedhof weist geringfügigere Beschädigungen auf. Seine Grabsteine ähneln in Stellung und Form zeitgleichen Steinen auf christlichen Friedhöfen, auch sind viele der Steine nicht nur Hebräisch sondern auch Deutsch beschriftet. Bis auf drei Ausnahmen aus den 50er Jahren von Gräbern von Rückkehrern endet die Reihe der Grabsteine Ende der 30er Jahre und damit auch die jüdische Geschichte der Stadt Breisach.

Was ?

Alter Friedhof mit zwei Steinplatten aus zerschlagenen Grabsteinen. Alte Gedenktafel an die Synagoge beim Eingang zum Alten Friedhof. Unterschiede in Stellung, Form und Beschriftung der Grabsteine zwischen dem Alten und dem Neuen Friedhof. Leere Fläche auf dem Neuen Friedhof als Symbol für das Ende der jüdischen Geschichte Breisachs.

Wann ?

Zugang:
Die Schlüssel für beide Friedhöfe liegen im Blauen Haus (Öffnungszeiten und Kontaktdaten für Informationen siehe dort), sowie bei Frau Alice Kromer, Rheintorstraße 6,
Tel. +49-7667-904881.

Wo ?

Individualverkehr:
Alter Friedhof : Synagogenplatz
Neuer Friedhof: Vom Blauen-Haus durch das Kupfertor und die Burkheimer Landstraße in die Isenbergstraße.
ÖPNV:
www.rvf.de, www.sweg.de
Stadtbus Linie 1, Bürgerbus Linie 3
Station „Kupfertor"

Breisach Rheintor

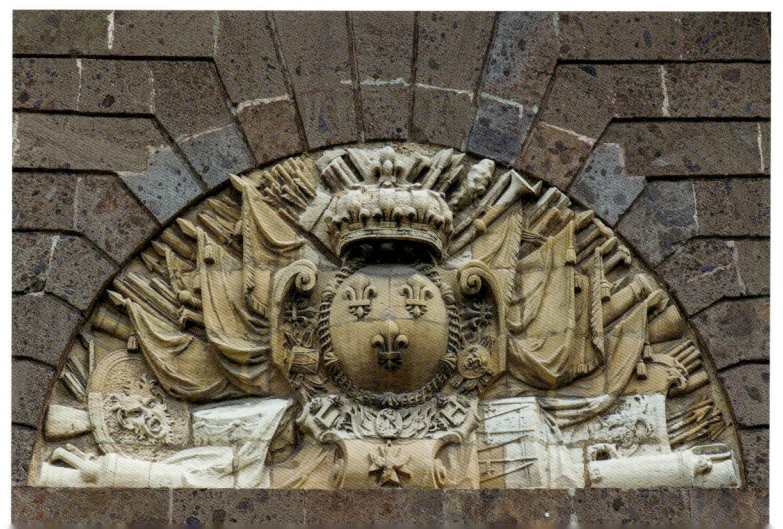

Breisach war in der 2. Hälfte des 17. Jh. für rund ein halbes Jahrhundert französisches Herrschaftsgebiet. Im Auftrag Ludwig XIV plante sein Festungsbaumeister Vauban die grundlegende Umgestaltung der Stadtbefestigung. Dazu gehörte auch der Ersatz des alten Rheintors aus dem 13. Jh. durch ein neues Prunktor. Die Arbeiten wurden von Vaubans Mitarbeiter Jacques Tarade geleitet.

Das Tor lag damals unmittelbar am Rhein, über den eine große Rheinbrücke ins Elsass führte. Ein kleiner Weiher und ein Holzsteg vermitteln heute noch einen schwachen Eindruck davon. Der Funktion als Eingangstor von Westen entsprechend, wurde diese Fassade üppig geschmückt. Auf dem Giebel ruhen Rhein und Donau, neben der Einfahrt stehen Mars und Herkules, darüber das französische Lilienwappen und die Königskrone.

Die spätere Nutzung war recht vielfältig: Zollstation, Kaserne, Lazarett, Tabak- und Tapetenfabrik, Wohnung. Seit 1991 beherbergt es das Museum für Stadtgeschichte.

Was ?

Schöner Blick vom Schwanenweiher aus.
Rhein und Donau auf dem Giebel.
Darunter gefangene Germanen in Ketten als französisches Siegessymbol.
Statuen von Mars und Herkules neben der Einfahrt.
Französisches Lilienwappen und Königskrone über dem Westportal.

Wann ?

Zugang:
Das Tor ist von Außen jederzeit zugänglich.
Das Innere kann im Rahmen des Museums für Stadtgeschichte besichtigt werden,
Öffnungszeiten siehe dort.

Wo ?

Individualverkehr:
Vom Marktplatz über die Fischerhalde zum Rheintorplatz.
ÖPNV:
www.rvf.de, www.sweg.de
Bürgerbus Linie 3
Station „Stadtmuseum"

Breisach
Museum für Stadtgeschichte

Das Museum im barocken Rheintor bietet auf rund 400 Quadratmetern Ausstellungsfläche einen Überblick von der Keltenzeit bis zur Gegenwart. Zahlreiche Funde belegen die römische Besiedlung des Münsterbergs sowie die darauf folgenden Epochen der Alamannen und des Mittelalters. Eindrucksvoll sind auch die zahlreichen Modelle der Befestigungsanlagen. Ein besonderes Ausstellungsstück ist der Engel der ehemaligen Ölberggruppe aus der Krypta des Münsters.

Was ?

Fundstücke von der Urnenfelder-, Kelten- und Römerzeit bis in das 18. Jahrhundert.
Modell einer mittelalterlichen Münzwerkstatt.
Modelle der Befestigungsanlagen.
Restaurierter Engel aus der Krypta des Münsters im Stil der Nazarener vom Ende des 19. Jh.

Wann ?

Öffnungszeiten:
Di bis Fr   von 14:00 bis 17:00
Sa und So von 11:30 bis 17:00
Ft   von 11:30 bis 17:00
Anmeldung zu Führungen:
Tel. +49-7667-832161 (Stadtarchiv)
Tel. +49-7667-7089 (Museum)
stadtarchiv@breisach.de

Wo ?

Individualverkehr:
Vom Marktplatz über die Fischerhalde zum Rheintorplatz.
ÖPNV:
www.rvf.de, www.sweg.de
Bürgerbus Linie 3
Station „Stadtmuseum"

Breisach
Töpfermarkt

30

Was ?

Internationaler Töpfermarkt mit rund 50 Ausstellern.
Auch Stände mit anderem Kunsthandwerk, z.B. Holzarbeiten.

Wann ?

Veranstaltung:
jährlich am Wochenende nach Fronleichnam.
Anmeldung für Aussteller:
ZSG Traub GmbH
Isenbergstraße 19
79206 Breisach
Tel. +49-7667-9414879
Mog. +49-162-2730367
mario_traub@hotmail.com

Wo ?

Der Markt findet auf dem Weinfestgelände am Schwanenweiher statt.
Individualverkehr:
Vom Marktplatz über die Fischerhalde zum Rheintorplatz.
ÖPNV:
www.rvf.de, www.sweg.de
Bürgerbus Linie 3
Station „Stadtmuseum"

Breisach Schifffahrt

Die Breisacher Fahrgastschifffahrt bietet zahlreiche Rundfahrten auf dem Altrhein, dem Rheinseitenkanal, dem Hafen Breisach sowie durch die Kanäle Napoleons im Elsass an. Dabei können die Fahrgäste Schleusenvorgänge erleben und Elsässer Städte wie Colmar, Neuf-Brisach und Straßburg besuchen. Sehr beliebt sind auch die Kombination mit einer historischen Bahnfahrt mit einer Dampflokomotive durch das Elsässer Ried sowie die zahlreichen kulinarischen Mittag- und Abendfahrten.

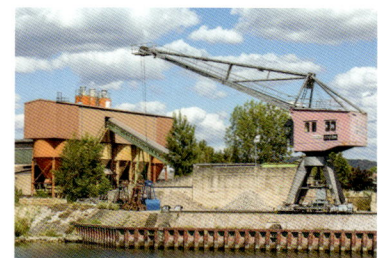

Was ?

Zahlreiche Rundfahrten auf dem Altrhein, Rheinseitenkanal und den Kanälen im Elsass. Besuch von Colmar, Neuf-Brisach oder Straßburg. Kombination mit Dampfzugfahrt. Kulinarische Mittag- und Abendfahrten.

Wann ?

Die Fahrten finden von Anfang April bis Ende Dezember statt. **Fahrplaniformationen** unter Tel. +49-7667-942010
www.bfs-info.de

Wo ?

Individualverkehr:
Vom Marktplatz über die Rheinuferstraße zur Anlegestelle. Das Tickethäuschen befindet sich bei der Anlegestelle.
ÖPNV:
www.rvf.de, www.sweg.de
Bürgerbus Linien 2, 3 und 4
Station „Marktplatz"

Volgelsheim (F) Nostalgieeisenbahn

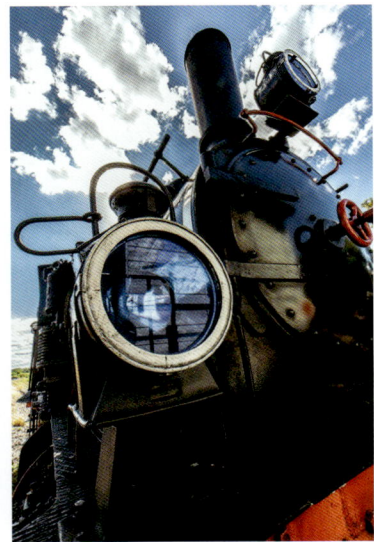

Die Strecke der Nostalgiebahn im Elsass führt von Volgelsheim rund 13 Kilometer nach Marckolsheim. Unterhalten und befahren wird sie von einem gemeinnützigen Verein mit etwa zwei Dutzend Mitgliedern, die ihre Arbeitszeit kostenlos einbringen. Der Verein betreibt je sechs Dampf- und Diesellokomotiven sowie das Rollmaterial. Glanzstücke sind zwei Dampflokomotiven vom Typ „Elsässische T3" der Elsässischen Maschinenbauanstalt Graffenstaden, Baujahr 1900, die unter Denkmalschutz stehen und von denen insgesamt nur noch drei Exemplare existieren. In Frankreich startet die Fahrt am historischen Bahnhof Volgelsheim, unmittelbar östlich von Neuf-Brisach gelegen, der 1880 im Zuge der Strecke Colmar-Freiburg errichtet wurde und der heute ein Museumsbahnhof mit einer interessanten kleinen Ausstellung ist. Von dort führt die Fahrt dann zum Depot mit den Werkstätten und durch das Industriegebiet ins Elsässer Ried. Beliebt ist auch die Kombination mit einer Schiffsfahrt nach Breisach.

Was ?

Historischer Bahnhof mit Ausstellung in Volgelsheim.
Depot mit alten Lokomotiven.
Fahrt mit einer denkmalgeschützten Dampflokomotive.
Schöne Kombination mit einer Schifffahrt nach Breisach und zurück.
Die Kombination Bahn und Schiff kann auch in umgekehrter Folge von Breisach aus erfolgen.

Wann ?

Fahrplaniformationen für Abfahrt von Volgelsheim unter www.touristenbahn-elsass.de > Fahrtage.
Fahrplaniformationen für Abfahrt von Breisach unter Tel. +49-7667-942010
www.bfs-info.de

Wo ?

Individualverkehr:
Von der B31 vor Breisach über die Rheinbrücke nach Frankreich, dann über die N415, D1.4 und D1.3 in die D1.10 (Rue de la Gare).
ÖPNV:
Vom Bahnhof Breisach mit dem SBG Bus 1076, Fahrplan siehe www.rvf.de

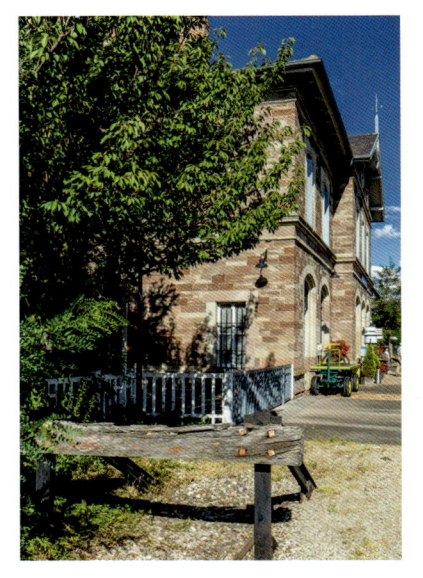

88

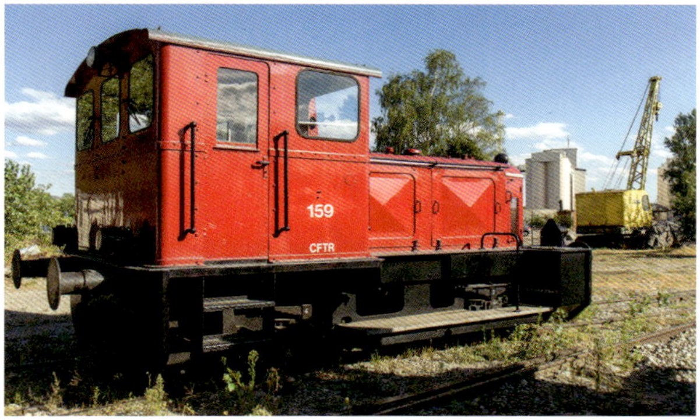
159
CFTR

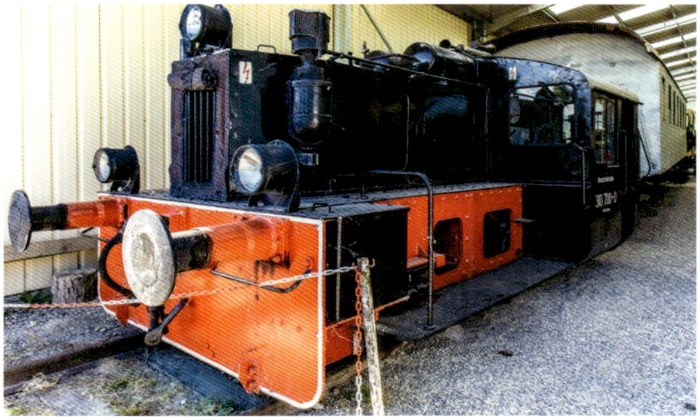

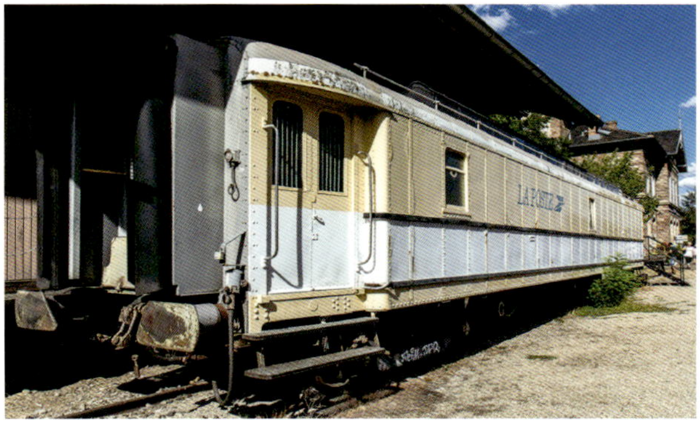
LA POSTE

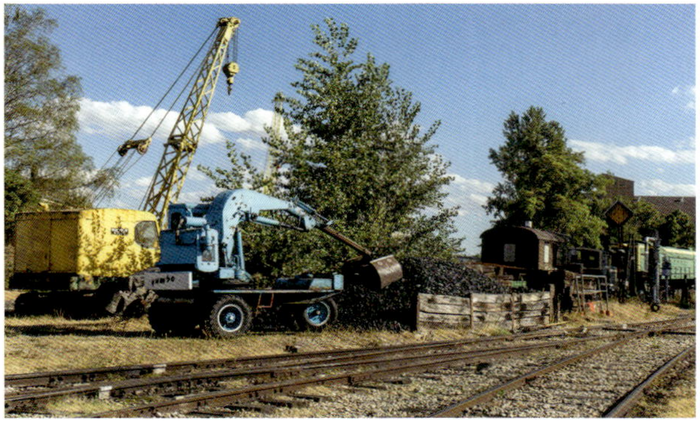

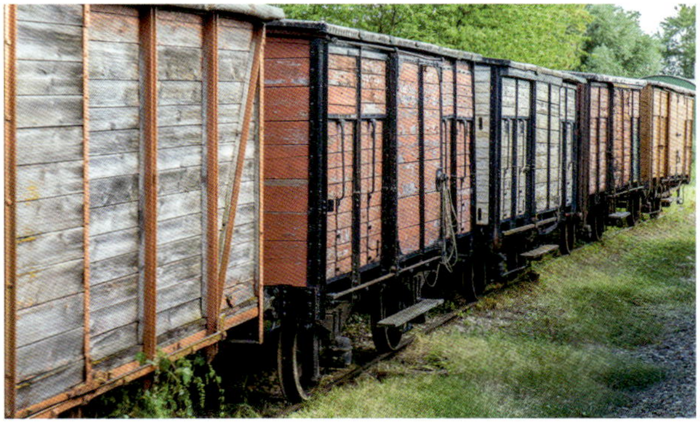

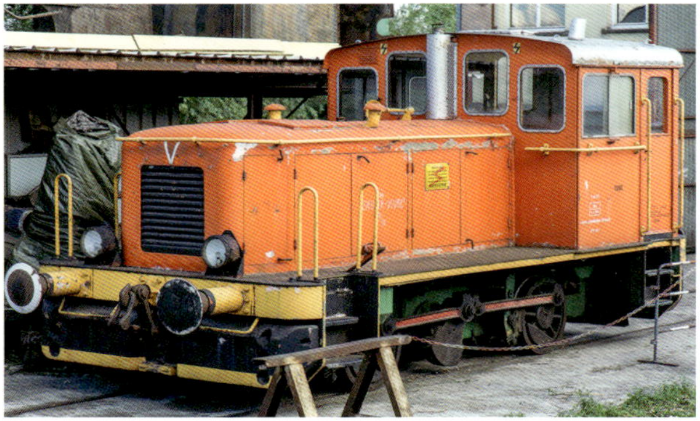

Neuf-Brisach (F) Stadtbild

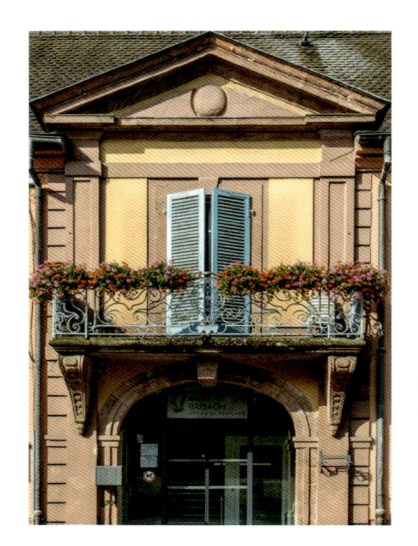

Als Vauban 1699 im Auftrag König Ludwig XIV mit dem Bau der Stadt und Befestigung Neuf-Brisach begann, war er weder durch vorhandene Bebauung noch durch die Topografie eingeschränkt und konnte so seine Vorstellungen der idealen befestigten Stadt umsetzten. Erforderlich wurde der Bau durch die Rückgabe der rechtsrheinischen Gebiete an Österreich 1697, darunter der starken Festung Breisach, zu der Frankreich nun ein Gegengewicht brauchte.

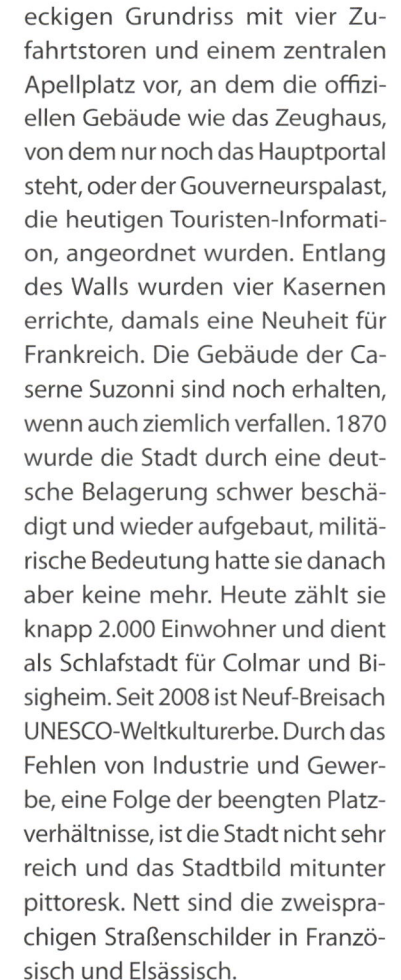

Vaubans Planung sah einen achteckigen Grundriss mit vier Zufahrtstoren und einem zentralen Apellplatz vor, an dem die offiziellen Gebäude wie das Zeughaus, von dem nur noch das Hauptportal steht, oder der Gouverneurspalast, die heutigen Touristen-Information, angeordnet wurden. Entlang des Walls wurden vier Kasernen errichte, damals eine Neuheit für Frankreich. Die Gebäude der Caserne Suzonni sind noch erhalten, wenn auch ziemlich verfallen. 1870 wurde die Stadt durch eine deutsche Belagerung schwer beschädigt und wieder aufgebaut, militärische Bedeutung hatte sie danach aber keine mehr. Heute zählt sie knapp 2.000 Einwohner und dient als Schlafstadt für Colmar und Bisigheim. Seit 2008 ist Neuf-Breisach UNESCO-Weltkulturerbe. Durch das Fehlen von Industrie und Gewerbe, eine Folge der beengten Platzverhältnisse, ist die Stadt nicht sehr reich und das Stadtbild mitunter pittoresk. Nett sind die zweisprachigen Straßenschilder in Französisch und Elsässisch.

Was ?

Hauptportal des Zeughauses und eh. Gouverneurspalast am Apellplatz.
Gebäude der Caserne Suzonni.
Pittoreske Straßenbilder abseits des Apellplatzes.
Zweisprachige Straßenschilder in Französisch und Elsässisch.

Wann ?

Touristen-Information:
Tel. +33-389-725666
info@tourisme-paysdebrisach.com
www.tourisme-paysdebrisach.com
Mai bis Sep
Mo bis Sa von 09:00 bis 12:30
und   von 13:30 bis 18:00
So   von 09:00 bis 12:30
und   von 13:30 bis 17:00

Wo ?

Individualverkehr:
Von der B31 vor Breisach über die Rheinbrücke nach Frankreich, dann übetr die N415 und die D468 ins Zentrum, gute Parkmöglichkeit am Place d´Armes Général de Gaulle.
ÖPNV:
Vom Bahnhof Breisach mit dem SBG Bus 1076, Fahrplan siehe www.rvf.de

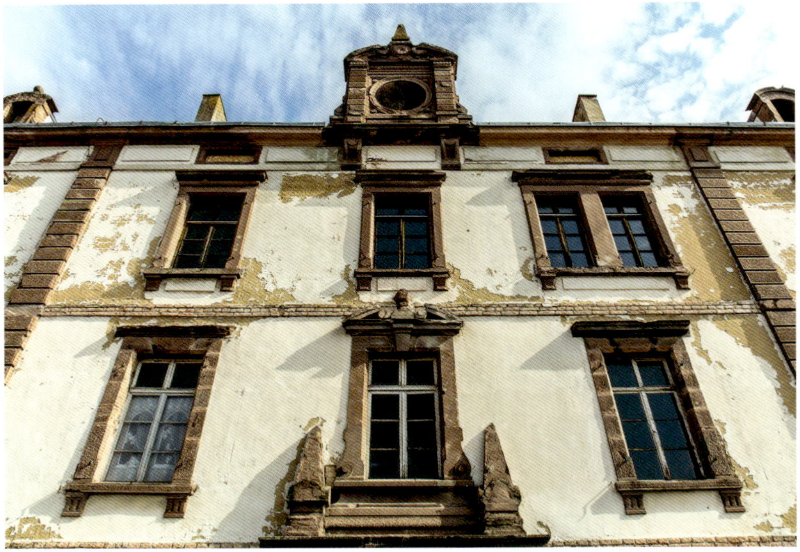

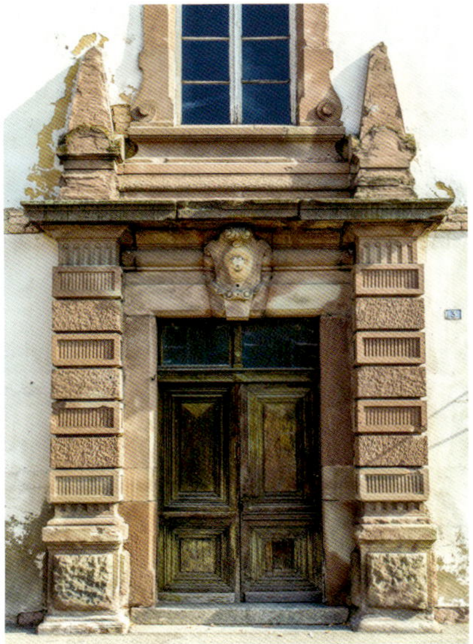

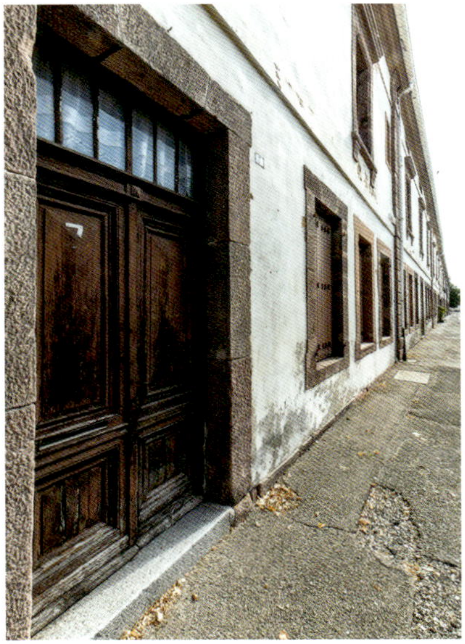

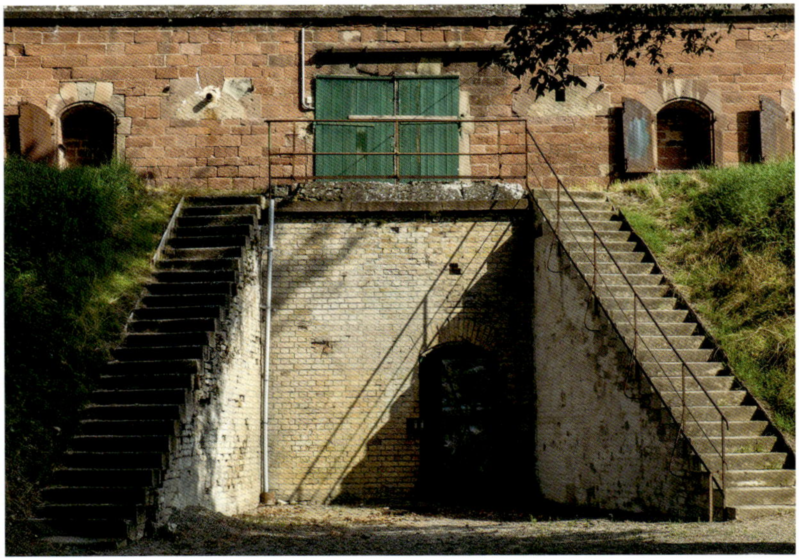

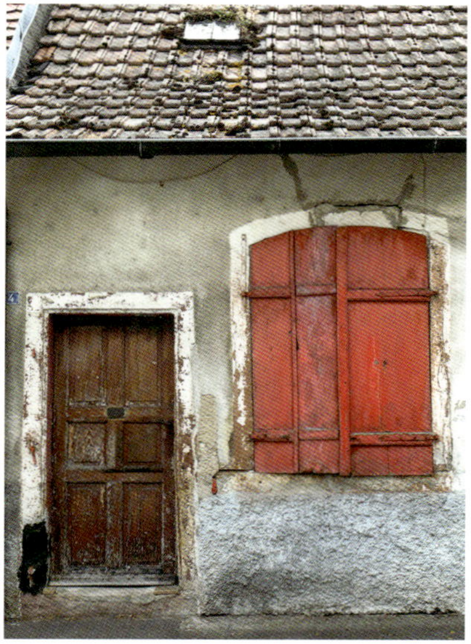

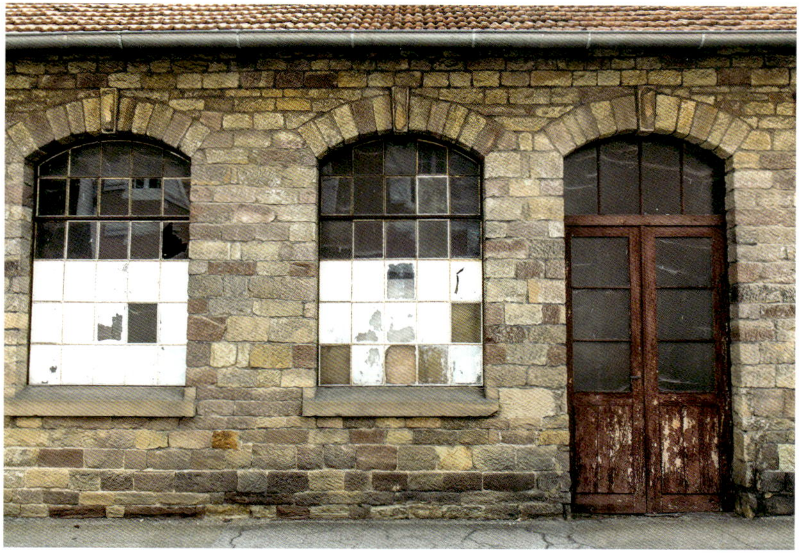

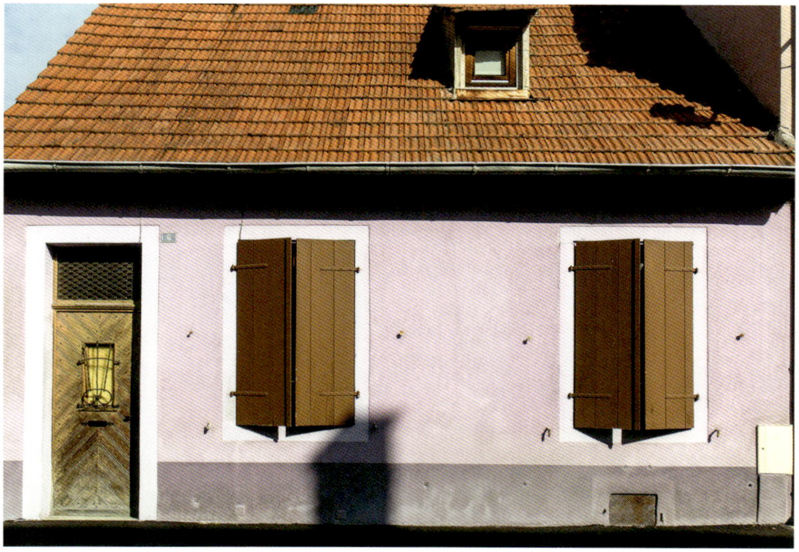

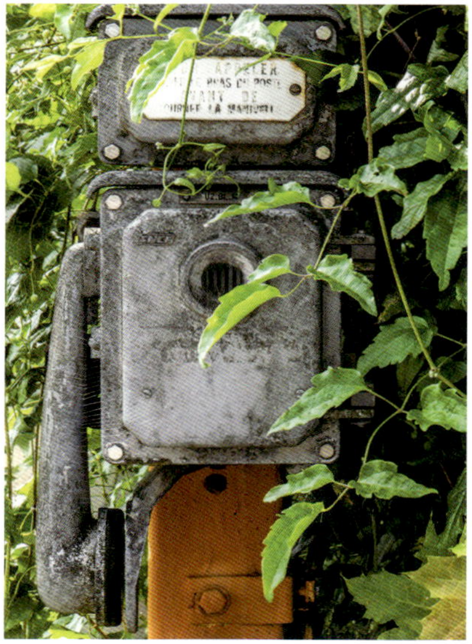

Neuf-Brisach (F)
Kirche St. Louis

Die Teilnahme der Soldaten am Sontagsgottesdienst war obligatorisch und so wurde in Neuf-Brisach, ebenso wie in den anderen Vauban-Festungen, im Zentrum der Anlage eine katholische Kirche erbaut. Aus Geldmangel allerdings mit einer zeitlichen Verzögerung von über 30 Jahren, die Kirche wurde erst 1736 fertiggestellt, geweiht wurde sie erst 1777. Der Kirchturm hatte nicht nur religiöse Aufgaben, er diente auch als Beobachtungsposten und zum Versenden optischer Signale.

Was ?

Großzügiger Kirchenraum.
Hauptaltar aus dem 18. Jh.
Kreuzigungsgruppe aus
dem 18. Jh.
Interessante Seitenkapelle in Grün.
Kirchturm mit militärischen
Funktionen.

Wann ?

Zugang:
Außen jederzeit frei zugänglich.
Innen tagsüber geöffnet.

Wo ?

Die Kirche liegt am zentralen Plaz
Place d´Armes Général de Gaulle.

Neuf-Brisach (F) Befestigung

1699 begannen die Bauarbeiten für die Befestigung, vier Jahre später war die Stadt in einem verteidigungsbereiten Zustand. Dazu waren der Einsatz von 1.500 Soldaten für die Erdarbeiten und die Ziegelherstellung sowie von 3.000 Facharbeitern aus Frankreich und dem Ausland erforderlich. Für den Transport der Steine wurde der 28 Kilometer lange Vauban-Kanal zu den Steinbrüchen in Pfaffenheim angelegt.

Kernstück der Befestigung sind 8 fünfeckige Bollwerke mit bis zu 3 Meter dicken Mauern. Die Kanonen auf den oberen Plattformen beherrschten die Verteidigungswerke und das Glaci, die in den unteren Kasematten sicherten den breiten Wallgraben. In jedem der 8 Bollwerke befindet sich eine Kasematte, in der 300 Soldaten Platz fanden. Heute dient eines der Bollwerke als „Turm der bildenden Künste", in dem regelmäßig Kunstausstellungen stattfinden. In den Sommermonaten helfen Kunstobjekte im Wallgraben, den strengen militärischen Charakter etwas aufzulockern.

Was ?

Den besten Eindruck von der Befestigung bekommt man durch einen Rundgang im Wallgraben.
Acht fünfeckige Bollwerke.
Breiter Wallgraben.
„Turm der bildenden Künste" mit Kunstausstellungen.
In den Sommermonaten Kunstobjekte im Wallgraben.

Wann ?

Zugang:
Der Wallgraben ist jederzeit frei zugänglich.
Tour des Beaux-Arts
Sa und So von 14:00 bis 18:00
Tel. +41-78-6441590

Wo ?

Den Wallgraben erreicht man über Treppen oder Rampen an den 4 Toren.
Die Tore sind vom zentralen Place d´Armes Général de Gaulle über die 4 Hauptstraßen zugänglich.

Neuf-Brisach (F)
Tore

Die Festung Neuf-Brisach besitzt vier Tore. Nach SO die Port de Bale, nach NO die während der Belagerung 1870 schwer beschädigte Port de Strasbourg, nach NO die Port de Colmar, die ursprünglich über eine Zugbrücke zugänglich war und nach SW die Port de Belfort, deren Fassade bis heute im Originalzustand erhalten geblieben ist.

Die Situation von Toren in Festungen ist ambivalent. Einerseits sind sie Eingangspforten, die den in die Stadt kommenden Besucher mit ihrem Prunk möglichst beeindrucken wollen, andererseits sind sie die Schwachstelle jeder Befestigungsanlage. Darum kombinierte Vauban in Neuf-Brisach Prunkfassaden wie an der Port de Belfort mit tunnelartigen Zugängen, die leicht zu verteidigen waren. Von der Stadtseite her gesehen waren die Tore wesentlich schlichter.

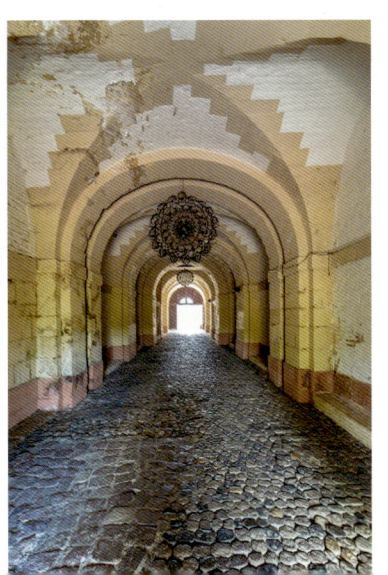

Was ?

Prunkfassade der Port de Belfort. Tunnelartige Zugänge in den Toren. Schlichte Ansicht von der Stadtseite an der Port de Belfort und der Port de Colmar.

Wann ?

Zugang:
Die Tore sind jederzeit frei zugänglich.

Wo ?

Die Tore sind entweder vom zentralen Place d´Armes Général de Gaulle über die 4 Hauptstraßen zugänglich oder sie können auf einem Rundgang durch den Wallgraben besichtigt werden.

Neuf-Brisach (F) Vauban-Museum

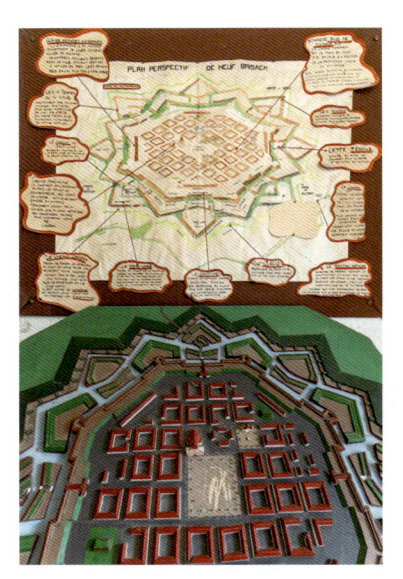

Sebastian le Prestre de Vauban wurde 1633 im Burgund geboren, studierte Latein und Mathematik und wurde mit 22 Jahren in das Korps der Königlichen Ingenieure König Ludwig XIV aufgenommen. 1678 wurde er vom König zum Generalkommisar der Festungen ernannt und baute in der Folge dutzende von Städten und Zitadellen. Das 1699 bis 1703 erbaute Neuf-Brisach war sein letztes Werk. 1703 wurde er zum Marschall ernannt, 1707 starb er.

Das Vauban-Museum befindet sich im Port de Belfort, dem nach SW führenden Tor der Befestigung. Sehenswert sind insbesondere ein großer Reliefplan, eine Nachbildung des im „Musée des Invalides" in Paris ausgestellten Originals, sowie eine Büste Vaubans. Dazu kommen zahlreiche Pläne, Dokumente, alte Fotos sowie militärische Gegenstände. Die Ausstellung ist auf Räume beiderseits der Torduchfahrt verteilt und die Präsentation könnte etwas übersichtlicher und informativer sein.

Was ?

Ausstellung in den historischen Räumen der Port de Belfort zu beiden Seiten der Tordurchfahrt.
Kopie eines Reliefplans der Stadt.
Büste Vaubans.
Zahlreiche Pläne, Dokumente und Fotos.
Militärische Gegenstände.

Wann ?

Öffnungszeiten:
Von Mai bis Sep
von 10:00 bis 12:00 und
von 14:00 bis 17:00
Informationen:
Tel. +33-89-720393

Wo ?

In der Räumen zu beiden Seiten der Tordurchfahrt der Port de Belfort.
Diese erreicht man von der zentralen Place d´Armes Général de Gaulle über die Rue de Belfort.

Ihringen
Ortsbild

Die Gemeinde mit rund 6.000 Einwohnern war schon immer eine beliebte Wohngegend. Etwa 500 Meter südwestlich des Ortes liegt die größte keltische Grabhügelgruppe der südbadischen Oberrheinebene. Erstmals erwähnt wurde der Ort in der 2. Hälfte des 10. Jh. als „uringa". Durch seine Zugehörigkeit zur Markgrafschaft Baden wurde der Ort in der Reformation protestantisch. Die ev. Kirche wurde in der 2. Hälfte des 19. Jh. neu gebaut. Das Ortsbild ist unübersehbar stark vom Weinbau geprägt.

Was ?

Schönes Ortsbild,
geprägt vom Wein.
Zahlreiche Restaurants, Gasthöfe,
Weinstuben und Weingüter.
Große Winzergenossenschaft.
Heimatmuseum.
Naturzentrum Kaiserstuhl.
Alter Stockbrunnen.
Mehrere Weinwanderwege.
Duft- und Kräutergarten.

Wann ?

Zugang:
Von außen jederzeit frei zugänglich.
Heimatmuseum und Naturzentrum
Kaiserstuhl siehe dort.
Informationen:
Kaiserstuhl Touristik e.V.
Te. +49-7668-9343
tourist.info@ihringen.de

Wo ?

Individualverkehr:
Von der A5, Abfahrt Freiburg Mitte, über die B31 und die L115 nach Bötzingen, von dort über die L114 nach Ihringen in die Bachenstraße.
ÖPNV:
www.rvf.de, www.sweg.de
Station „Ihringen-Stockbrunnen"

Ihringen
Heimatmuseum

Kirschenmarkt beim Stockbrunnen.

Was ?

Einblick in das Leben vor der Industrialisierung. Zahlreiche Exponate aus Küche und Stube sowie aus dem Leben der Weinbauern und der Handwerker vom alten Feuerwehrauto bis zum Hühnerfreund. Historische Fotos aus Ihringen. Es lohnt, sich Zeit für die Details zu nehmen.

Wann ?

Öffnungszeiten:
So von 17:00 bis 19:00
Anfrage wegen Besuchsterminen:
Kaiserstuhl-Touristik e.V.
Bachenstraße 38
79241 Ihringen a.K.
Tel. +49-7668-9343
tourist.info@ihringen.de

Wo ?

Heimatmuseum Ihringen e.V.
Bachenstraße 42 | 79241 Ihringen
Individualverkehr:
Von der A5, Abfahrt Freiburg Mitte, über die B31 und die L115 nach Bötzingen, von dort über die L114 nach Ihringen in die Bachenstraße.
ÖPNV:
www.rvf.de, www.sweg.de
Station „Ihringen-Stockbrunnen"

Ihringen
Naturzentrum Kaiserstuhl

40

Was ?

Zentrale Informationsstelle für die Naturschönheiten des Kaiserstuhls.
Ständige Ausstellung zur Natur und Geologie des Kaiserstuhls.
Informationen zu Exkursionen, Gruppenführungen, Ausstellungen und Vorträgen.
Informative Modelle, Exponate und Schautafeln.

Wann ?

Öffnungszeiten:
Mär bis Jul und Sep bis Okt:
Mo und Do von 10:00 bis 12:00
Sa   von 15:00 bis 17:00
Aug:
Mo und Do von 10:00 bis 12:00
Informationen:
Tel. +49-7668-710880
naturzentrum@ihringen

Wo ?

Naturzentrum Kaiserstuhl
Bachenstraße 42 | 79241 Ihringen
Individualverkehr:
Von der A5, Abfahrt Freiburg Mitte, über die B31 und die L115 nach Bötzingen, von dort über die L114 nach Ihringen in die Bachenstraße.
ÖPNV:
www.rvf.de, www.sweg.de
Station „Ihringen-Stockbrunnen"

Ihringen
Weingut Dr. Heger

Dieses Weingut hat Historie: Was im Jahre 1935 als eine Liebhaberei von Dr. Max Heger begann, entwickelte sich in den folgenden Jahrzehnten zu einer veritablen Erfolgsgeschichte. Der Familienname Heger ist untrennbar mit dem Ihringer Winklerberg verbunden, eine der berühmtesten Weinlagen überhaupt. Extrem steil, extrem heiß und extrem steinig liefert der Winklerberg mit seiner Öffnung zur burgundischen Pforte die idealen Voraussetzungen für ausdrucksstarke Terroirweine. Gleiches gilt für den Achkarrer Schlossberg. Spätburgunder, Grauburgunder, Weißburgunder und Riesling aber auch Silvaner, Muskateller und Gewürztraminer bringen hier tiefgründige Charakterweine hervor, die aufgrund der Vulkanverwitterungsböden von einer äußerst feingliedrigen Mineralität und Eleganz geprägt sind.

Das Weingut Dr. Heger keltert Weine der VDP.ERSTEN LAGE und der VDP.GROSSEN LAGE sowie Spezialitäten außerhalb der VDP. Klassifikation wie der Ausnahme-Silvaner „Pferd Willi" oder Spätburgunder Rosé Fumé. Im Weinhaus Heger, das 1986 von Joachim und Silvia Heger gegründet wurde, finden Weinfreunde Weine für jeden Tag: fruchtbetont, saftig und wie für Heger üblich, stets trocken.

Was ?

Große Gewächse aus den GG Parzellen am Winklerberg und Schlossberg.
Erste Lage Weine aus Ihringer Winklerberg und Breisacher Eckartsberg.
Unkomplizierte Genuss-Weine von Weinhaus Heger, sowie Brände und Sekt.
Vinothek zum Verkosten und Einkaufen.
Geführte Weinproben auf Anfrage.

Wann ?

Öffnungszeiten Vinothek:
Mo bis Fr   von 09:30 bis 12:00
und   von 13:30 bis 17:30
Mär bis Okt bis 18:30
Sa   von 10:00 bis 14:00
Sep und Okt   bis 16:00
Tel. +49-7668-99511-0
info@heger-weine.de
www.heger-weine.de

Wo ?

Weingut Dr. Heger, Weinhaus Heger
Bachenstraße 19/21
79241 Ihringen am Kaiserstuhl
Individualverkehr:
Von der A5, Abfahrt Freiburg Mitte, über die B31 und die L115 nach Bötzingen, von dort über die L114 nach Ihringen in die Bachenstraße.
ÖPNV:
www.rvf.de, www.sweg.de
Station „Ihringen-Stockbrunnen"

Ihringen-Wasenweiler
Kapelle St. Vitus

Die Vitus Kapelle steht im Ortsteil Neunkirch zwischen Ihringen und Wasenweiler inmitten eines kleinen Friedhofs. Von außen wirkt sie eher wie eine der vielen regionalen Kapellen, dabei beherbergt sie zwei der bedeutendsten Kunstwerke des Breisgaus. Erwähnt wird die Vitus-Kirche in den Archiven erstmals im 13. Jh., hat aber vermutlich ältere Ursprünge. Wasenweiler war Besitz des elsässischen Klosters Murbach, wurde dann aber im 14. Jh. vom Deutschen Ritterorden übernommen, der die heutige Kapelle im 15. und 16. Jh. errichten ließ.

Aus dem 15. Jh. stammen auch die Wandmalereien, die lange vom Putz verdeckt waren und die erst zu Beginn des 20. Jh. wieder entdeckt wurden. Sie umfassen u.a. einen Zyklus der Apostelbilder und die Darstellung der Vitus-Legende. Das zweite Hauptwerk der Kirche ist der Schnitzaltar aus dem frühen 16. Jh., der Sixt von Staufen zugeschrieben wird, von dem auch mehrere Kunstwerke im Freiburger Münster stammen.

Was ?

Wandmalereien aus dem 15. Jh. mit Zyklus der Apostelbilder und Vitus-Legende.
Schnitzaltar aus dem 16. Jh., der Sixt von Staufen zugeschrieben wird.
Sakramenthäuschen vom Beginn des 16. Jh.
Schöne Lage inmitten eines kleinen Friedhofs.

Wann ?

Zugang:
Außen jederzeit frei zugänglich.
Die Kapelle ist ständig verschlossen.
Kontakt:
Den Schlüssel verwaltet Herr Helm.
Merdingerstraße 8a in Wasenweiler.
Tel. +49-7668-5080

Wo ?

Individualverkehr:
Von der A5, Abfahrt Freiburg Mitte, über die B31 und die L115 nach Bötzingen, von dort über die L114 Richtung Ihringen. Die Kapelle liegt hinter Wasenweiler rechts an der L114. **ÖPNV:**
www.rvf.de, www.sweg.de
Station „Wasenweiler Sonne", dann ca. 1 Kilometer Fußweg.

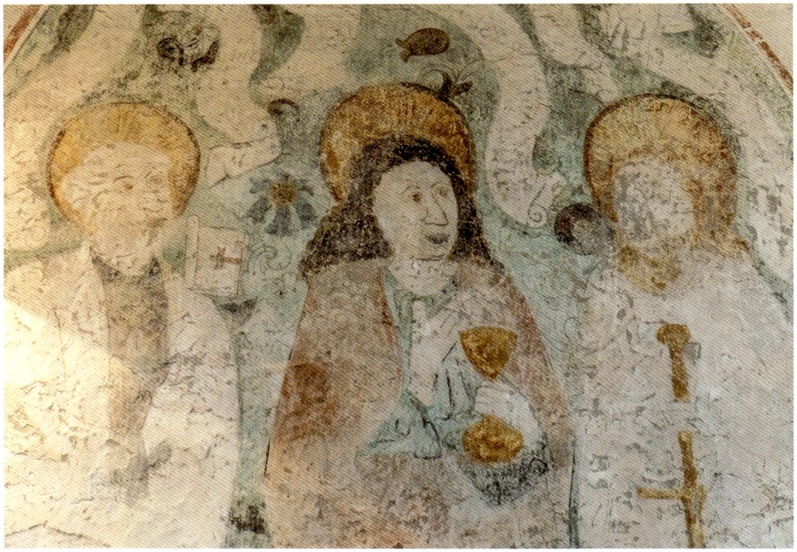

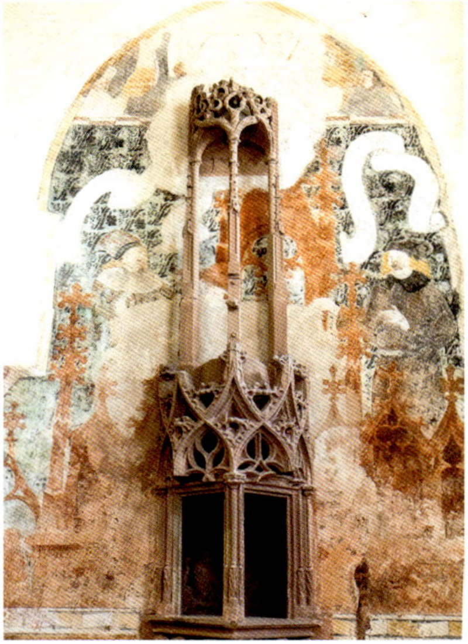

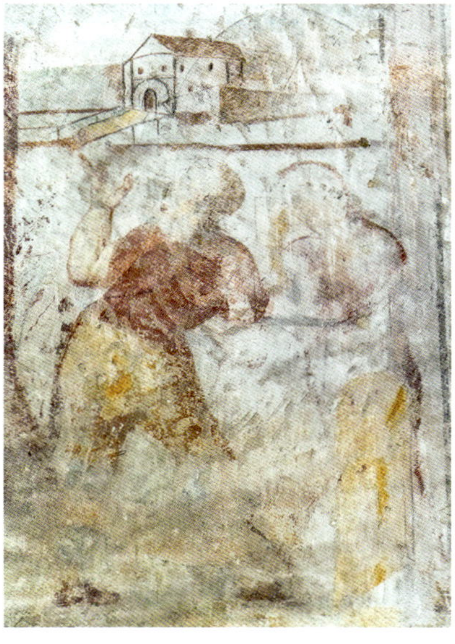

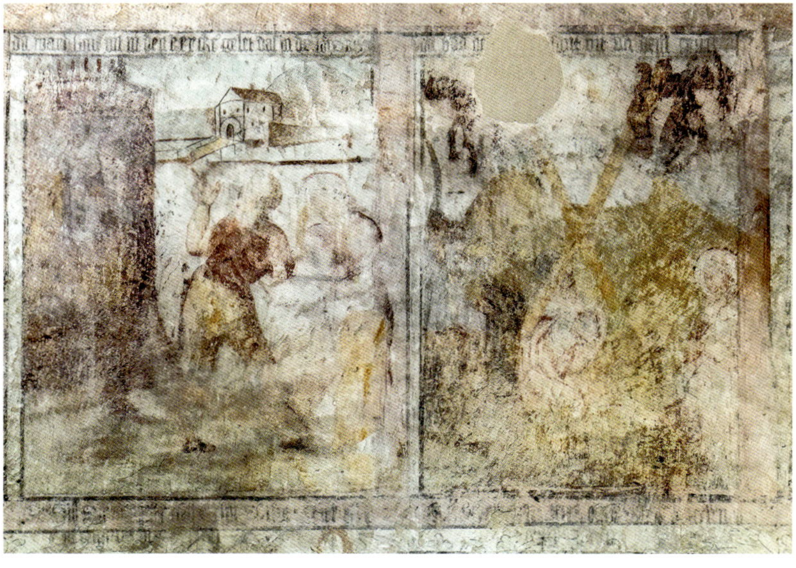

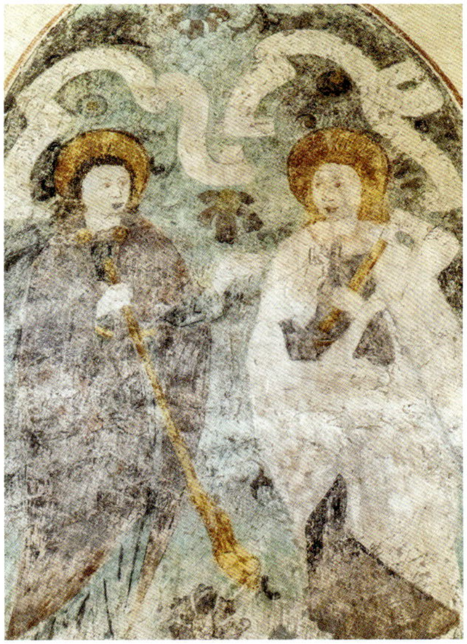
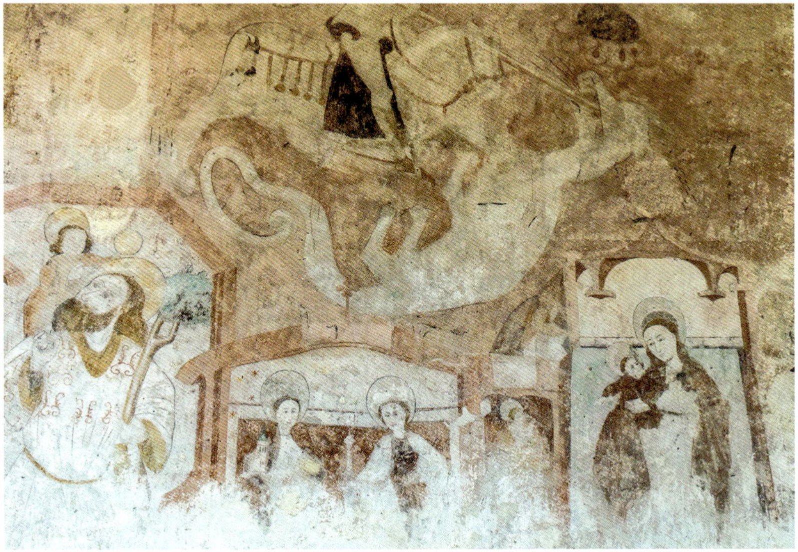
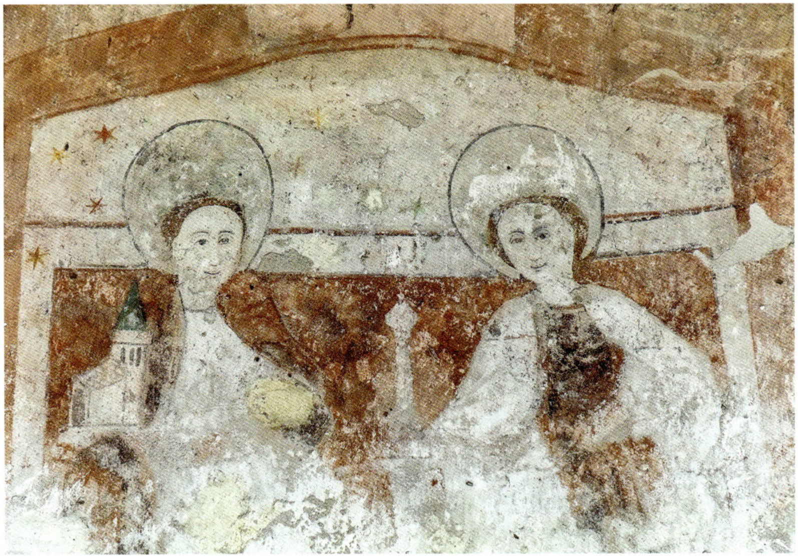
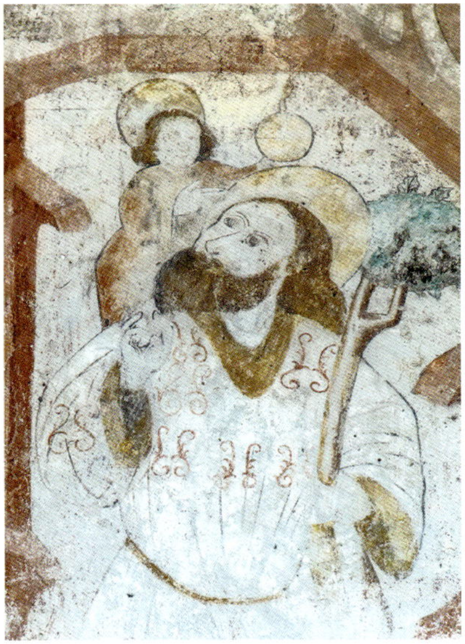

Ihringen
Liliental

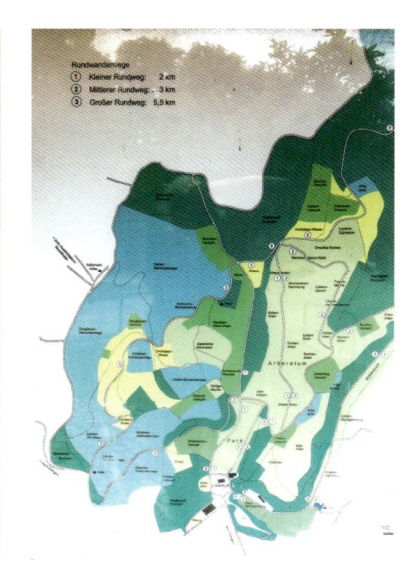

Das Liliental war im 19.Jh. ein ausgedehnter Herrschaftsbesitz. 1957 richtete das Land Baden-Württenberg dort ein Versuchsgelände für Pflanzenhaltungen sowie ein Arboretum, eine Sammlung seltener Bäume, ein. Zu den Sehenswürdigkeiten gehört neben rund 20 Orchideenarten und dem Arboretum auch ein Wald aus Mammutbäumen. Diese wurden aus Samen, die aus Kalifornien stammen, gezogen und dann 1960 im Liliental angepflanzt.

Was ?

Gastwirtschaft und großer Kinderspielplatz beim Eingang.
3 makierte Wanderwege zwischen 2 und 5,5 Kilometer Länge.
Arboretum seltener Bäume.
Orchideenblüte im Mai/juni.
Wald aus Mammutbäumen.

Wann ?

Zugang:
Die Anlage mit den Wanderwegen und dem Kinderspielplatz ist jederzeit frei zugänglich.
Gastwirtschaft:
Mär bis Nov
Mi bis So von 11:00 bis 18:00
Tel. +49-7668-9956393

Wo ?

Individualverkehr:
Von der A5, Abfahrt Freiburg Mitte, über die B31 und die L115 nach Bötzingen, von dort über die L114 Richtung Ihringen. Kurz hinter der Vitus-Kapelle Wegweiser nach rechts, der Straße ca. 2 km folgen.
ÖPNV:
www.rvf.de, www.sweg.de
Station „Wasenweiler-Sonne"
Dann ca. 3 Kilometer Fußweg.

Gottenheim
Ortsbild

Die Gemeinde Gottenheim liegt am nordöstlichen Ausläufer des Tunibergs und zählt knapp 3.000 Einwohner. Stein- und bronzezeitliche Funde belegen, dass das Gebiet schon sehr früh besiedelt war. Auch die Römer siedelten hier, wie mehrere Fundstellen belegen. Schriftlich wird der Ort erstmals gegen Ende des 11. Jh. erwähnt. Viele der historischen Bauten haben die Zerstörungen durch den 2. Weltkrieg nicht überstanden. Die verbliebenen Gebäude stammen meist vom späten 18. und frühen 19. Jh. Dazu gehören das Rathaus mit seinem Staffelgiebel und der modernen Wasserskulptur sowie mehrere historische Gaststätten und Weingüter. Dies alles kann sehr gut auf einer „Historischen Tour" an 25 Stationen erkundet werden, die sehr informativ durch den Ort führt. Eine Besonderheit in Gottenheim ist der „Alte Rebberg", der mit seinen kleinen Parzellen und den Lößhohlwegen einen Eindruck vom Tuniberg vor der Flurbereinigung vermittelt.

Was ?

Historische Tour mit 25 Stationen.
Rathaus mit moderner
Wasserskulptur.
Historische Gaststätten und
Weingüter.
Kirche St. Stephan.
Rebenwanderung durch den
Alten Rebberg.

Wann ?

Die Historische Tour und der
Alte Rebberg sind jederzeit frei
zugänglich.
Zugang Kirche St. Stephan
siehe dort.
Informationen:
Tel. +49-7625-9811-0
gemeinde@gottenheim.de
www.gottenheim.de

Wo ?

Hauptstraße 25
79288 Gottenheim
Individualverkehr:
Von der A5, Abfahrt Freiburg Mitte, auf der L115 über Umkirch nach Gottenheim, dann in die Hauptstraße .
ÖPNV:
www.sweg.de, www.rvf.de
Station „Gottenheim Bahnhof"

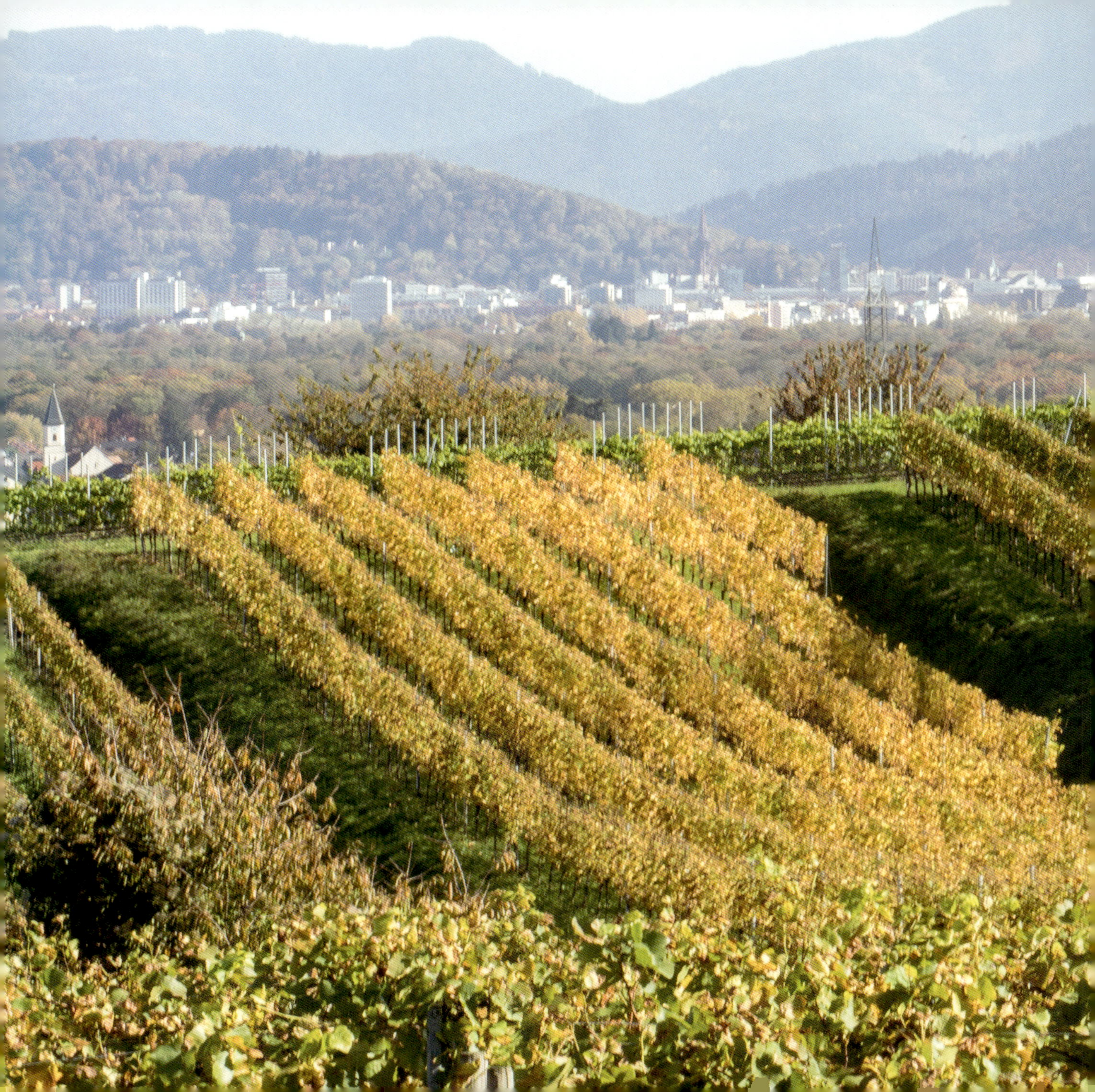

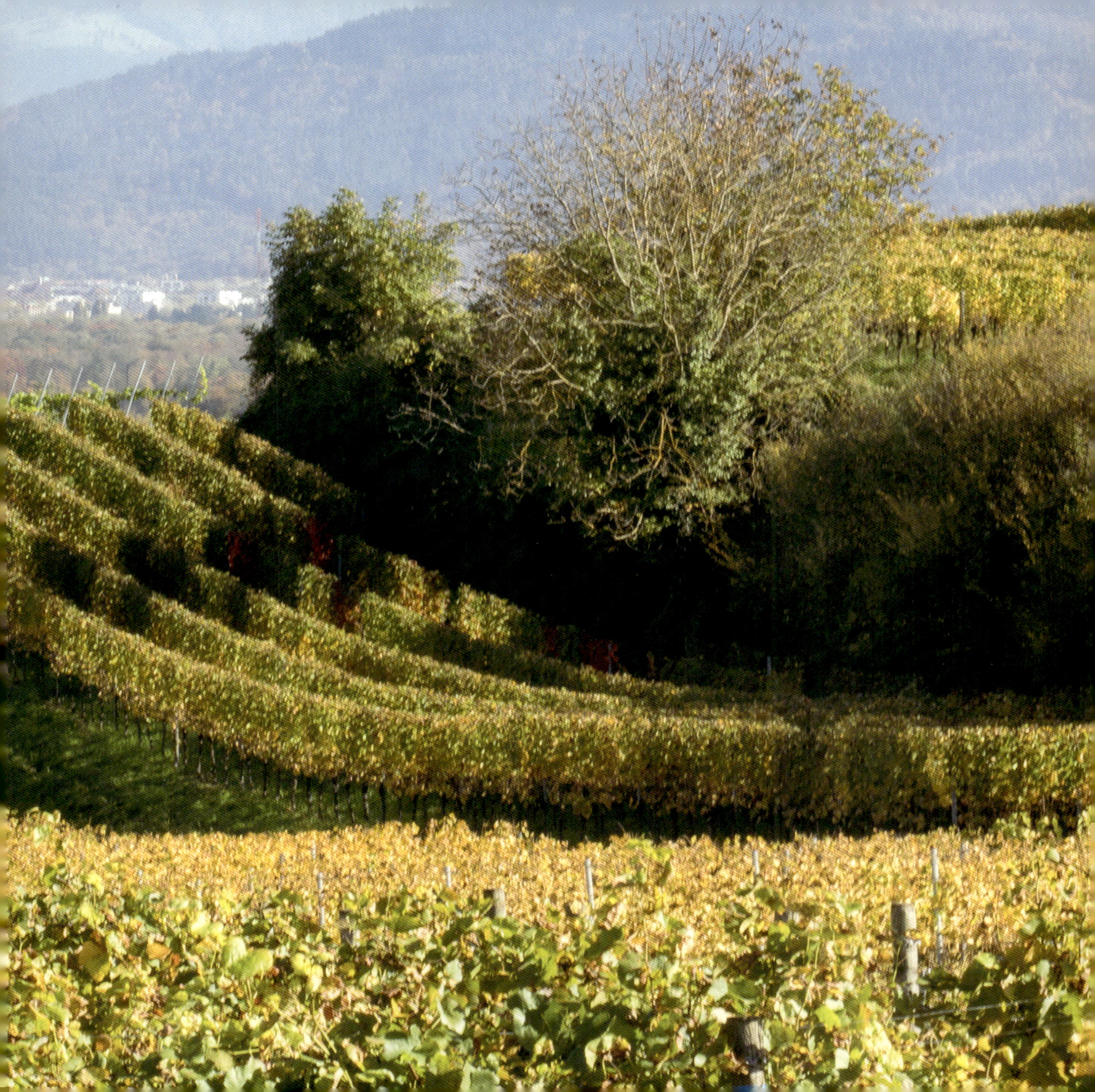

Gottenheim
Kirche St. Stephan

Gegen Ende des 11. Jh. erscheint in den Urkunden des Klosters St. Georgen im Schwarzwald erstmals ein Hinweis auf „Goteheim". Gegen Mitte des 12. Jh. bestätigt Papst Innozens II dem Basler Bischof seinen Besitz in Gottenheim einschließlich einer Kapelle. Diese wurde zur Kirche ausgebaut und erhielt in der 2. Hälfte des 15. Jh. einen spätgotischen Chorturm mit hochwertigen Wandmalereien, die Ende des 19. Jh. wieder entdeckt und 1938 restauriert wurden. Die Freude war aber nur von kurzer Dauer, da 1944 ein alliierter Bombenangriff den Turm völlig zerstörte. Er wurde Mitte der 50er Jahre neu errichtet.

Der Chorraum, die Barockaltäre sowie einige Statuen, darunter Moses mit den Zehn Geboten, überlebten das Inferno und so bietet die Kirche heute eine interessante Mischung aus Barockaltären, spätgotischen und barocken Statuen sowie modernen Werken des Breisacher Bildhauers Helmut Lutz.

Was ?

Barockaltäre.
Spätgotische und barocke Statuen (informatives Faltblatt mit Erläuterungen zu den Statuen liegt in der Kirche auf).
Werke des Breisacher Bildhauers Helmut Lutz.

Wann ?

Zugang:
Außen jederzeit frei zugänglich.
Innen tagsüber geöffnet.
Informationen:
Pfarrbüro Kath. Kirchengemeinde March-Gottenheim
Tel. +49-7665-94768-10
pfarrbuero.gottenheim@kath-margot.de

Wo ?

Kirchstraße 10
79288 Gottenheim
Individualverkehr:
Von der A5, Abfahrt Freiburg Mitte, auf der L115 über Umkirch nach Gottenheim, dann über die Hauptstraße in die Kirchstraße.
ÖPNV:
www.sweg.de, www.rvf.de
Station „Gottenheim Bahnhof"

Umkirch
Schloss Büningen

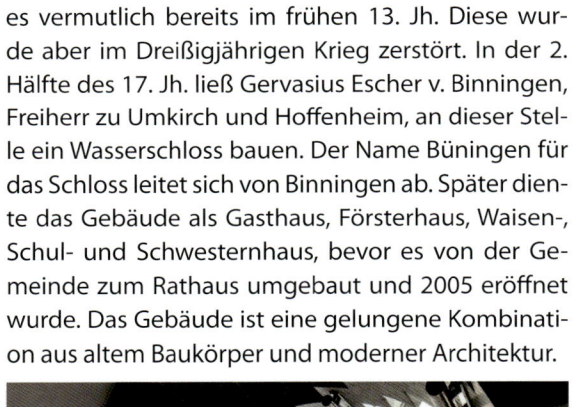

Eine Burg an Stelle des heutigen Rathauses gab es vermutlich bereits im frühen 13. Jh. Diese wurde aber im Dreißigjährigen Krieg zerstört. In der 2. Hälfte des 17. Jh. ließ Gervasius Escher v. Binningen, Freiherr zu Umkirch und Hoffenheim, an dieser Stelle ein Wasserschloss bauen. Der Name Büningen für das Schloss leitet sich von Binningen ab. Später diente das Gebäude als Gasthaus, Försterhaus, Waisen-, Schul- und Schwesternhaus, bevor es von der Gemeinde zum Rathaus umgebaut und 2005 eröffnet wurde. Das Gebäude ist eine gelungene Kombination aus altem Baukörper und moderner Architektur.

Was ?

Wasserschloss aus der 2. Hälfte des 17. Jh., 2005 renoviert und zum Rathaus umgebaut.
Von vorne und innen gute Kombination aus alter und neuer Architektur.
Von der Rückseite guter Eindruck vom alten Schloss.
Am Platz vor dem Schloss der renovierte Gutshof mit Gaststätte.
Schöner Blick auf die Kirche.

Wann ?

Zugang:
Außen jederzeit frei zugänglich.
Öffnungszeiten Rathaus:
Mo bis Fr von 08:00 bis 12:00
Di   von 14:00 bis 16:00
Mi   von 15:00 bis 18:00

Wo ?

Individualverkehr:
Von der A5, Abfahrt Freiburg Mitte über die B31 und die L115 nach Umkirch. Der Gutshof steht an der Abzweigung in der Waltershofer Str., das Schloss Büningen am Platzende.
ÖPNV:
www.vag-freiburg.de
Station „Umkirch-Schloss"

Umkirch
Schlossmühle und Heimatmuseum

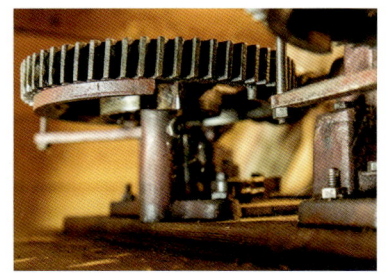

Die ersten Hinweise auf Mühlen in Umkirch gehen auf das 9. Jh. zurück. In der Folge erlebten die Mühlen, auch in Folge der häufigen Hochwässer und Gerinneverlegungen an der Dreisam, eine sehr wechselhafte Geschichte. Als der letzte Müller 1989 verstarb verfiel die Mühle. Dank eines Fördervereins konnte das Gebäude 2002 bis 2005 instand gesetzt werden, das mächtige Mühlrad mit über 5 Metern Durchmesser kam 2009 dazu. Heute erzeugt die Mühle zwar kein Mehl mehr aber elektrische Energie.

Was ?

Historische Mühle, teilweise aus der Mitte des 18. Jh. Anschauliche Darstellung des Arbeitsvorgangs in einer Mühle. Mächtiges Mühlrad mit über 5 Metern Durchmesser. Moderne Fischtreppe.
In einem der Räume befindet sich das Umkirchner Heimatmuseum, in dem regelmässig Wechselausstellungen stattfinden.

Wann ?

Termine für die Mühle:
nach Vereinbarung
mit Herrn Boris Lemler
Tel. +49-7665-8931 oder
Frau Christa Strecker-Schneider
Tel. +49-7665-7529
Termine für das Heimatmuseum:
nach Vereinbarung
Herr Stephan Kaltwasser
Tel. +49-7665-7245

Wo ?

Individualverkehr:
Von der A5, Abfahrt Freiburg Mitte über die B31 und die L115 nach Umkirch, dann von der L115 ins Mühlegässle. Die Mühle liegt an der Ecke Mühlegässle und Schlossweg.
ÖPNV:
www.vag-freiburg.de
Station „Umkirch-Schloss"

Hugstetten
Englischer Garten und Schloss

Das Hugstetter Schloss wurde Anfang des 19. Jh. durch Conrad von Andlau angelegt, später ging es an die Herren von Mentzingen über, die es bis heute bewohnen. Conrad von Andlau ließ auch in der ersten Hälfte des 19. Jh. den Schloßpark im Stil eines Englischen Gartens anlegen, der zu den schönsten seiner Art in Süddeutschland gehört. Zu den Besuchern zählten auch der Komponist Felix Mendelssohn-Bartholdy und seine Schwester Fanny.

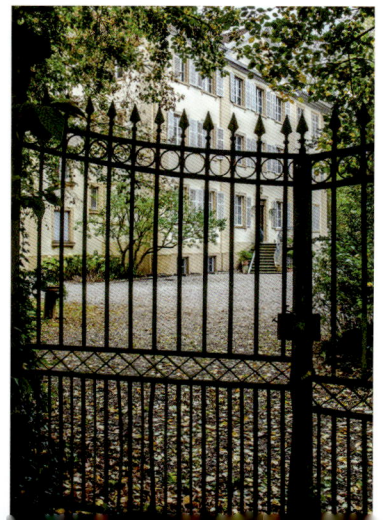

Was ?

Schöner Englischer Garten.
Belvedere mit Aussichtsterrasse.
Antonius-Statue.
Schloss-Mühle.
Teehäuschen.
Wappen des Conrad von Andlau an der Front des Alten Schlosses zur Dorfstraße.

Wann ?

Zugang:
Das Schloss ist Privatbesitz und daher nicht zugänglich. Durch das Tor ist ein Blick auf die Fassade möglich. Der Englische Garten ist teilweise öffentlich und jederzeit frei zugänglich, der übrige Teil ist unzugänglicher Privatbesitz.
Führungen durch den Garten:
englischer-garten-hugstetten@gmx.de

Wo ?

Individualverkehr:
Von der A5 Abfahrt Freiburg Mitte über die B31 und L116 nach Hugstetten, dann über die Dorfstraße in Am Felsenkeller.
ÖPNV:
www.rvf.de, www.sweg.de
Station
„March-Hugstetten-Apotheke".

128

Kapitel II

Der Kaiserstuhl

Kapitel II
Der Kaiserstuhl

49 S. 134 Bötzingen - Ortsbild
50 S. 136 Bötzingen - Ortsbild
51 S. 138 Bötzimgen - Kirche St. Laurentius
52 S. 140 Bötzingen - Pestkapelle St. Alban
53 S. 144 Oberbergen - Kirche St. Mauritius
54 S. 146 Vogtsburg - Totenkopf
55 S. 150 Bickensohl - Lösshohlwege-Pfad
56 S. 152 Achkarren - Weinbaumuseum
57 S. 154 Achkarren - Weinlehrpfad
58 S. 158 Niederrotweil - Kirche St. Michael
59 S. 160 Niederrotweil - Kirche St. Pantaleon
60 S. 162 Bischoffingen - Kirche St. Laurentius
61 S. 164 Burkheim - Schloss
62 S. 166 Burkheim - Oberstadt
63 S. 168 Burkheim - Burkheimer Winzer
64 S. 170 Burkheim - Mittelstadt
65 S. 174 Burkheim - Kirche St. Pankratius
66 S. 176 Burkheim - Korkenziehermuseum
67 S. 178 Burkheim - Marionettenbaukunst
68 S. 180 Burkheim - Weingut Bercher
69 S. 182 Jechtingen - Burg Sponeck
70 S. 184 Jechtingen - Kirche St.Cosmas/ Damian
71 S. 186 Leiselheim - Brunnen und Kirche
72 S. 188 Sasbach - Kirche St. Martin
73 S. 190 Sasbach - Litzelbergkapelle
74 S. 192 Sasbach - Ruine Limburg
75 S. 194 Marckolsheim - Mem. Ligne Maginot
76 S. 196 Kiechlinsbergen - Ortsbild
78 S. 200 Bahlingen - Ortsbild
79 S. 202 Nimburg - Bergkirche

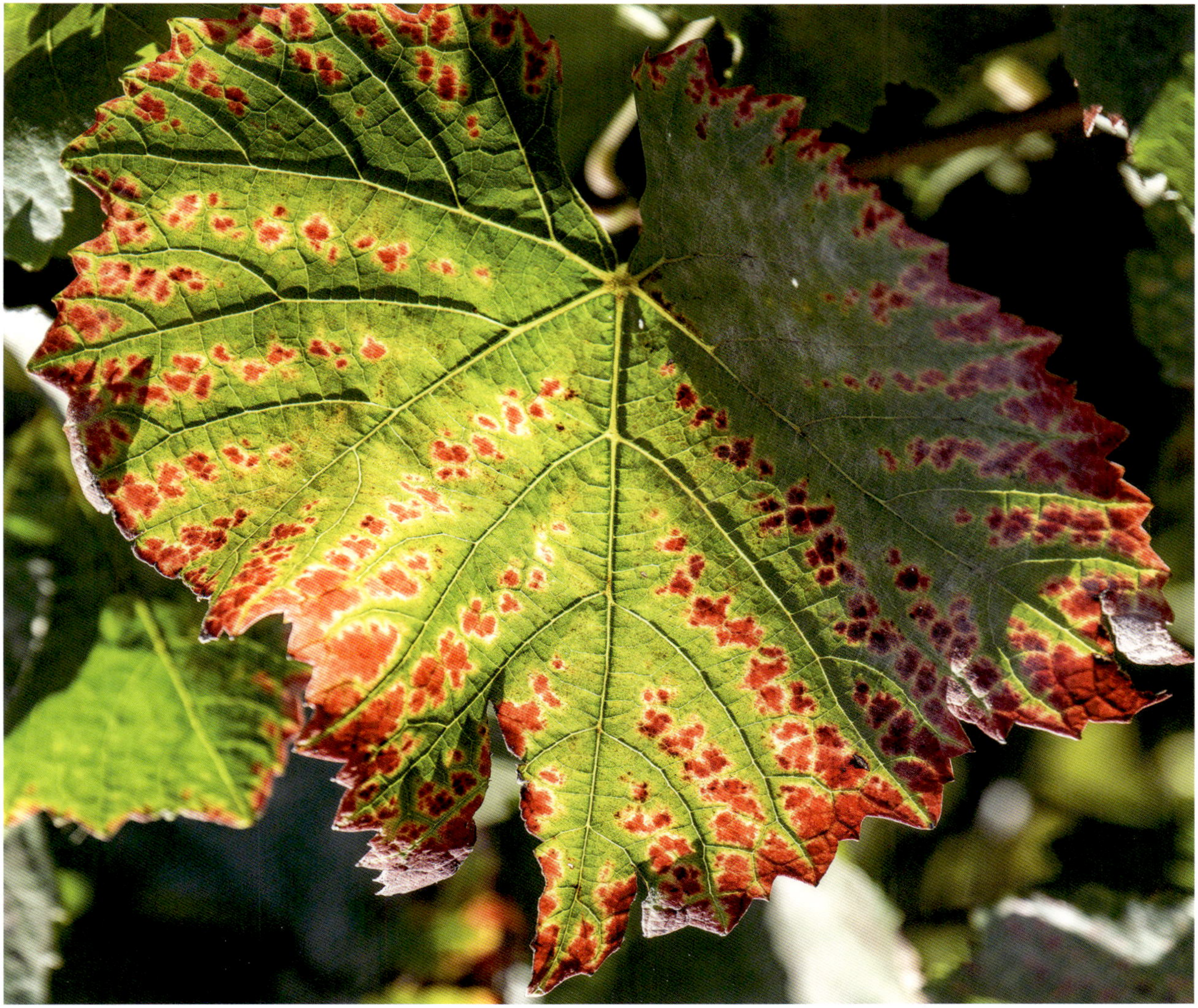

Map

- Marckolsheim 75
- Sasbach 74, 72, 73
- Leiselheim 71
- Jechtingen 70
- 69
- 61, 62, 63, 64
- Burkheim
- 65, 66, 67, 68
- Bischo... 60
- Ober.
- Vogtsburg
- Ob...
- Niederrotweil 58, 59
- Bick... 55
- L104
- Achkarren 56, 57
- Rhein
- 5 km

Königschaffhausen

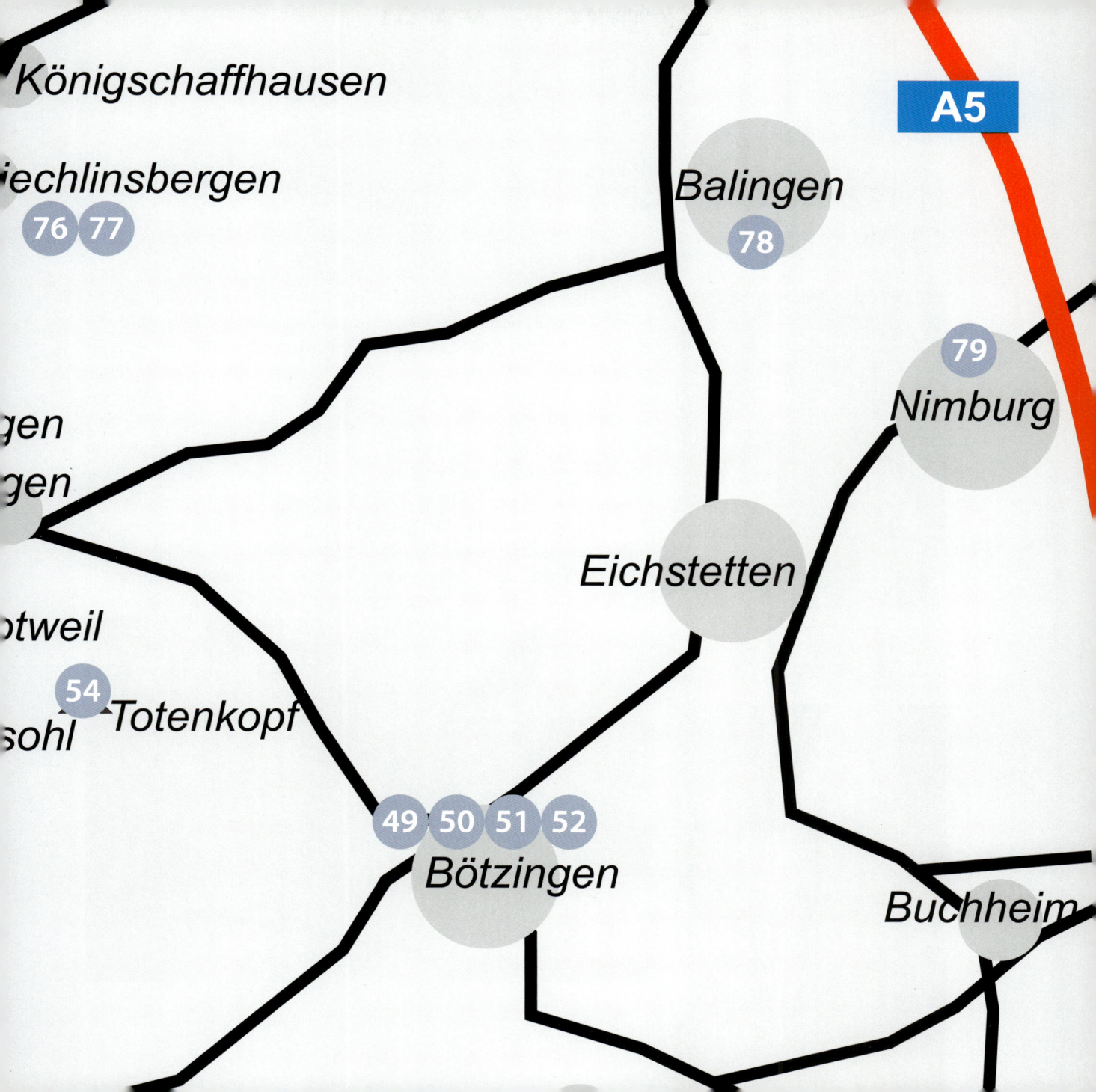

iechlinsbergen

76 77

Balingen
78

A5

79
Nimburg

gen

gen

otweil

54
sohl   Totenkopf

Eichstetten

49 50 51 52
Bötzingen

Buchheim

Bötzingen
Ortsbild

Die über 5.000 Einwohner zählende Weinbaugemeinde gehört zu den wärmsten Orten Deutschlands. Urkundlich erwähnt wurde der Ort erstmals in der 2. Hälfte des 8. Jh., selbstverständlich im Zusammenhang mit Weinbau. Die heutige Gemeinde entstand in der 1. Hälfte des 19.Jh. durch den Zusammenschluß der Orte Bötzingen und des etwas höher Richtung Kaiserstuhl gelegenen Oberschaffhausen. Beide Ortsteile verfügen über eine schöne alte Bausubstanz, auffallend sind an der Hauptstraße das Schulgebäude mit seinem Volutengiebel sowie das alte Feuerwehrhaus und das mächtige Fachwerkhaus mit seinem großen Walmdach, beide an der Kirche St. Laurentius und dem Stockbrunnen gelegen. Besuchenswert sind auch der Weinlehrpfad und der Brunnenpfad.

Was ?

Blumengeschückte Häuser mit schöner Bausubstanz vor allem entlang der Hauptstraße und der Bergstraße.
Schulhaus mit Volutengiebel.
Altes Feuerwehrhaus.
Kath. Kirche St. Laurentius.
Pestkapelle St. Alban.

Wann ?

Zugang:
Außen jederzeit frei zugänglich.
Informationen:
Tourismusbüro
Gemeinde Bötzingen
Allmendenweg 5
79268 Bötzingen
Tel. +49-7663-9310-13
gemeinde@boetzingen.de
www.boetzingen.de

Wo ?

Individualverkehr:
Von der A5, Abfahrt Freiburg Mitte, über die B31 und die L115 in die Hauptstraße.
ÖPNV:
www.rvf.de, www.sweg.de
Station „Bötzingen - Hauptstraße/ Schule "

Bötzingen Winzergenossenschaft

Weinbau in Bötzingen wurde erstmals in der zweiten Hälfte des 8. Jh. erwähnt. Damit ist der Ort die älteste Weinbaugemeinde Badens.

Auch die Winzergenossenschaft blickt mit ihrer Gründung im Jahr 1935 auf eine lange Tradition zurück. Heute zählt sie mit rund 300 Mitglieder zu den großen Winzergenossenschaften der Regio. Die 370 Hektar Rebfläche, ausschließlich Terrassenlagen, sind zu rund 60 Prozent mit Reben der Burgunderfamilie bestockt.

Was ?

Ältester Weinbauort in Baden.
Eine der größten Winzergenossen-
schaften der Regio.
Schöner und stimmungsvoller
Verkaufsraum.
Räumlichkeiten für Weinproben.
Moderner und eindrucksvoller
Stahltankkeller.
Fasskeller mit großen Holzfässern.

Wann ?

Öffnungszeiten:
Jan bis Mär von Mo bis Fr
  von 08:30 bis 12:30 und
  von 14:00 bis 17:00
Apr bis Dez von Mo bis Fr
  von 08:30 bis 12:30 und
  von 14:00 bis 18:00
Sa von 09:00 bis 13:00
Führungen und Weinproben:
Tel. +49-7663-9306-0
info@wg-boetzingen.de

Wo ?

Hauptstraße 13
79268 Bötzingen
www.wg-boetzingen.de
Individualverkehr:
Von der A5, Abfahrt Freiburg
Mitte, über die B31 und die L115
in die Hauptstraße.
ÖPNV:
www.rvf.de, www.sweg.de
Station „Bötzingen - Hauptstraße/
Schule "

Bötzingen
Kirche St. Laurentius

Die Kirchentradition in Bötzingen geht vermutlich auf das 8. Jh. zurück, darauf deuten das Patronat des hl. Laurentius sowie die Erwähnung des Ortes in Urkunden in der 2. Hälfte des 8. Jh. hin. Turm und Chor der heutigen Kirche sind gotisch, das Langhaus aus der 2. Hälfte des 18. Jh. barock. Um die Jahrtausendwende wurde das Kircheninnere grundlegend renoviert, dabei entstand auch der Altar aus 24 Tonblöcken des Freiburger Künstlers Bernard Jensch, ein spannender Gegensatz zu dem dahinter stehenden Barockaltar mit einer Madonna von 1500.

Was ?

Gotischer Turm und Chor.
Modern renoviertes barockes Langhaus.
Interessanter moderner Altar aus 24 Tonblöcken.
Barocker Altar mit Madonna von 1500.

Wann ?

Zugang:
Außen jederzeit frei zugänglich.
Innen tagsüber geöffnet.
Informationen:
Pfarrbüro Kath. Kirchengemeinde March-Gottenheim
Tel. +49-7665-94768-10
pfarrbuero.gottenheim@kath-margot.de

Wo ?

Individualverkehr:
Von der A5, Abfahrt Freiburg Mitte, über die B31 und die L115 in die Hauptstraße. Die Kirche legt gegen Ortsende Richtung Eichstetten.
ÖPNV:
www.rvf.de, www.sweg.de
Station „Bötzingen - Hauptstraße/Schule"

Bötzingen
Pestkapelle St. Alban

Die Pestkapelle steht in Oberschaffhausen, das bis zur 1. Häfte des 19. Jh. eine eigenständige Gemeinde war, bevor es zu Bötzingen kam. In der 2. Hälfte des 15. Jh. beschlossen die beiden Gemeinden, für eine Pestkapelle zu sammeln, sofern sie von der gerade in Freiburg ausgebrochenen Pest verschont würden. 1475 wurde mit den Bau der Kapelle begonnen. Anfang des 19. Jh. sollte sie abgerissen werden, was der Pfarrer verhindern konnte, sie blieb aber in schlechtem Zustand. Erst in den 60er Jahren wurde sie renoviert, dabei wurden die Wandmalereien aus dem 15. Jh. freigelegt. Zur Erläuterung der Wandmalereien liegt in der Kapelle eine sehr informative Broschüre auf.

Was ?

Tympanon am Eingang mit dem Grabtuch Christi. Darüber Statue des hl. Alban. Altarkreuz mit Christus mit natürlichem Haupthaar.
An der linken Seitenwand Vita des hl. Sebastian und des hl. Alban. Bild des Ritters Mauritius als Symbol für den Deutschen Ritterorden, der das Kirchenrecht besaß.

Wann ?

Zugang:
Außen jederzeit frei zugänglich. Die Kapelle ist nur So geöffnet, sonst geschlossen.

Kontakt:
Den Schlüssel verwaltet Fam. Hunn, Bergstraße 87, Bötzingen-Oberschaffhausen. Das Haus steht schräg gegenüber vom Kapellenaufgang.

Wo ?

Individualverkehr:
Vom Parkplatz bei der Kirche St. Michael ca. 400 Meter der L115 Richtung Oberrotweil folgen, rechts über die Bahn und scharf links am Kirchweg parken, dann über den Kreuzweg zur Kirche.
ÖPNV:
www.rvf.de, www.sweg.de
Station „Niederrotweil Kirche"

142

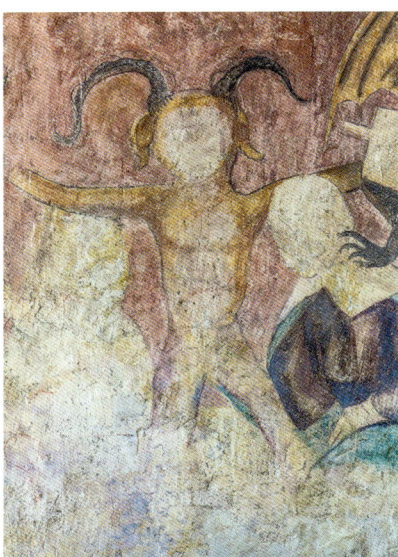

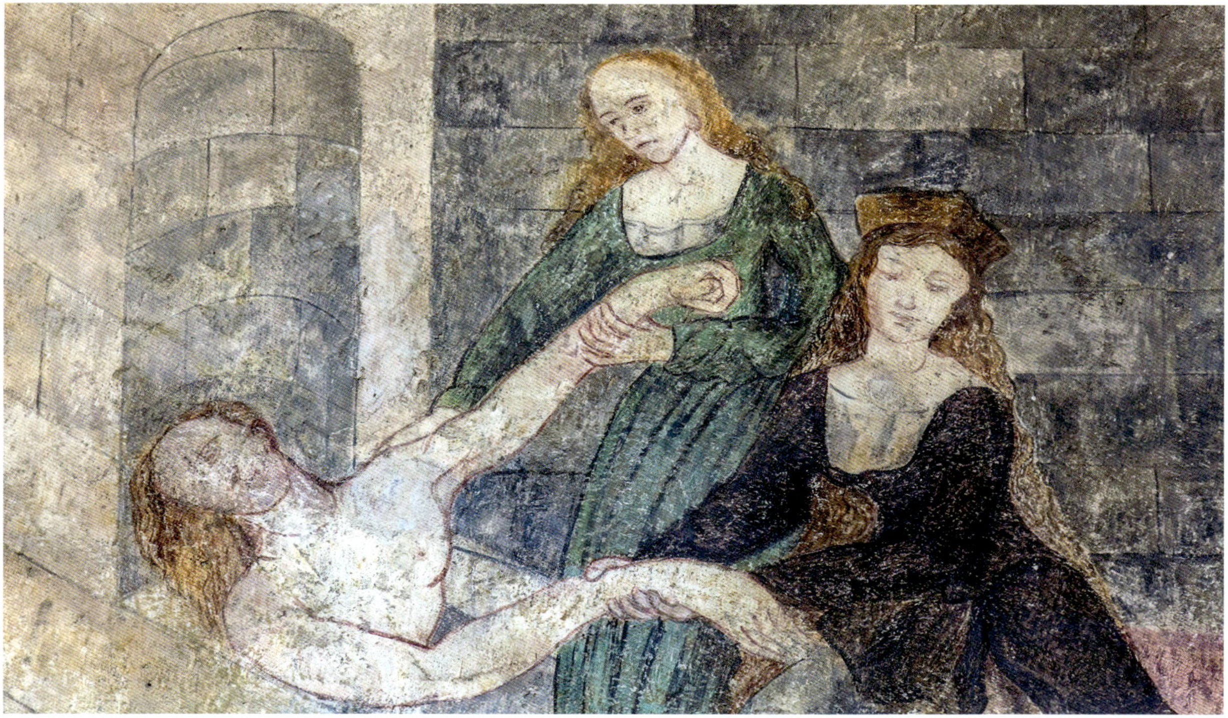

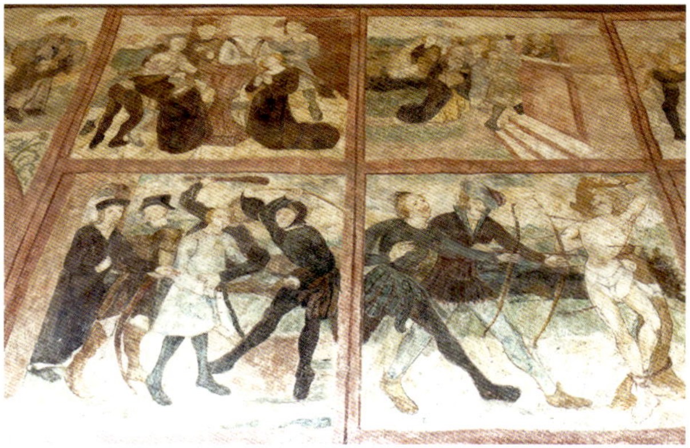

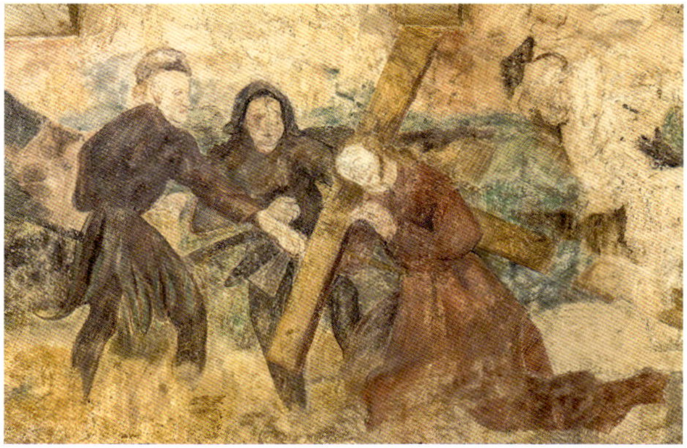

Vogtsburg-Oberbergen
Kirche St. Mauritius

Oberbergen kam in der 2. Hälfte des 10. Jh. unter dem Namen „Berga" an das Kloster Einsiedel. Die Kirche wurde erstmals in der 1. Hälfte des 12. Jh. erwähnt. Von der einst gotischen Kirche sind nur der untere Teil des Turms sowie der Chor erhalten geblieben. Das Erdgeschoss des Turms ist durch eine Tür im Chor zugänglich. Die dort freigelegten Wandgemälde, darunter eine Anbetung der Heiligen Drei Könige, stammen aus dem 16. Jh., sind aber nur sehr fragmentarisch erhalten.

Sehenswert sind auch das Sakramentshäuschen, eine Pieta sowie die Kreuzigungsgruppe hinter dem Altar, beide stammen vermutlich aus der gotischen Vorgängerkiche. Die beiden Bilder mit der Kreuzigungsszene und der Darstellung des hl. Mauritius stammen aus dem 18. Jh.

Was ?

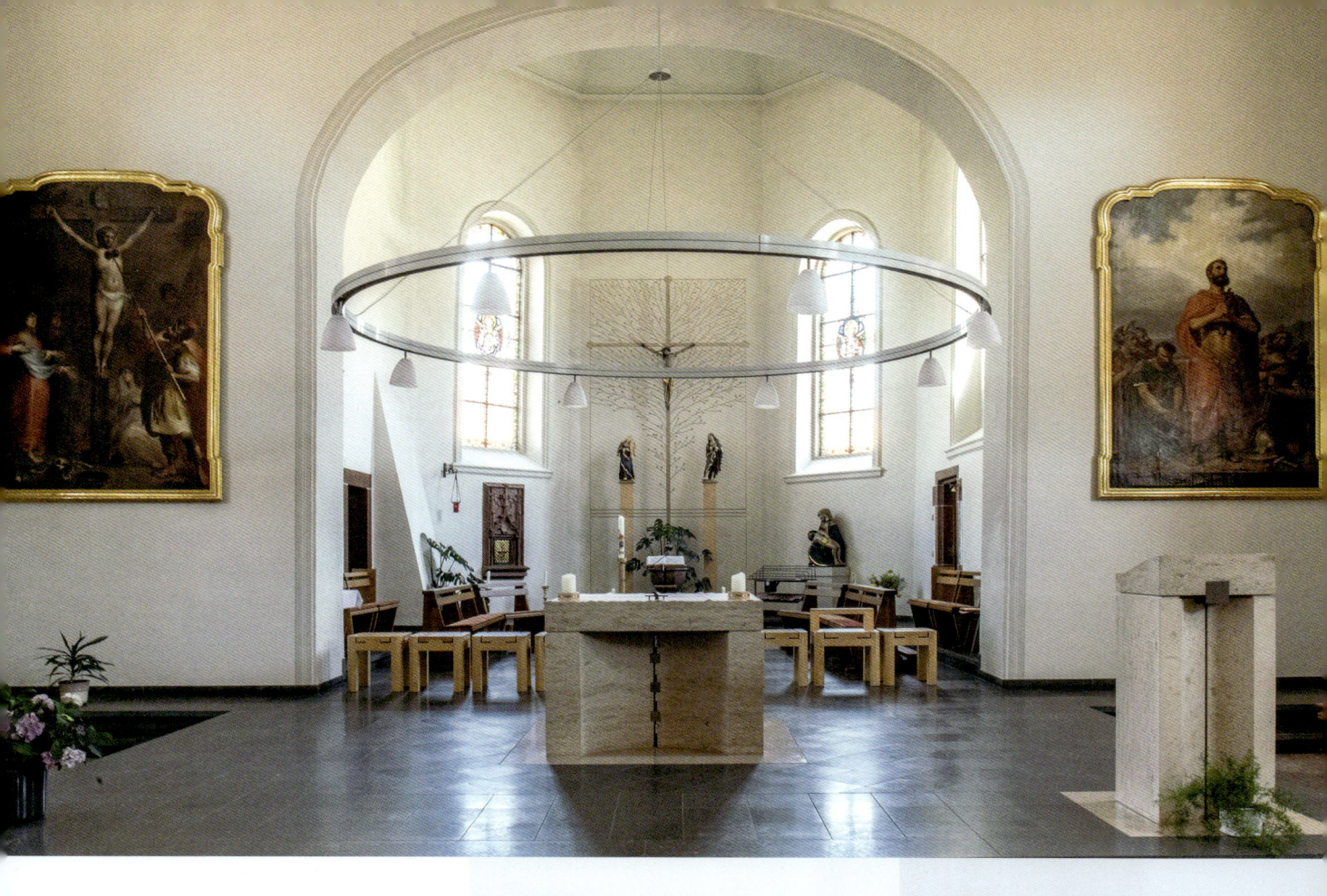

Gotische Wandbilder aus dem 16. Jh. im Erdgeschoss des Turm. Gotisches Sakamenthäuschen. Pieta und Kreuzigungsgruppe aus der gotischen Vorgängerkirche. Bilder mit der Kreuzigungsszene und dem hl. Mauritius aus dem 18. Jh. Etwas großer Ringleuchter über dem Altar.

Wann ?

Zugang:
Außen jederzeit frei zugänglich.
Innen tagsüber geöffnet.

Informationen:
Kath. Kirchengemeinde Vogtsburg i.K.
Tel. +49-7662-283
sekretariat@seelsorgeeinheit-vogtsburg.de

Wo ?

Individualverkehr:
Von der A5 Abfahrt Freiburg Mitte und die L115 durch Bötzingen nach Oberbergen, dort in die Kirchstraße.
ÖPNV:
www.rvf.de, www.sweg.de
Station „Oberbergen-Badbergstraße"

Vogtsburg im Kaiserstuhl
Totenkopf

Der Totenkopf ist mit rund 557 Metern die höchste Erhebung des Kaiserstuhls und ist dank seinem rund 150 Meter hohen Fernmeldeturm aus Stahlbeton auch weithin unübersehbar.

Nur rund 170 Meter entfernt liegt mit dem 555 Meter hohen Neulindenbuck die höchste frei zugängliche Erhebung des Kaiserstuhls. Auf ihm steht seit 1900 der 14 Meter hohe Neulindenturm, der eine eindrucksvolle Aussicht über den Kaiserstuhl ermöglicht.

Im 14. Jh. standen hier eine Wallfahrtskapelle sowie Wohnbauten für Paulinereremiten, Fundamente sind noch erhalten. Die Gruft der Mönche befand sich auf dem Totenkopf, dessen Name sich aber nicht von dieser Gruft sondern von grausamen Hinrichtungen ableiten soll, die hier angeblich König Otto III gegen Ende des 10. Jh. exekutieren ließ.

Durch seine Höhe bedingt ist der Bergrücken mit Mischwald bedeckt, was einen schönen Kontrast zu den Weinbergen bietet.

Was ?

Höchste Erhebung (Totenkopf) und höchste frei zugängliche Erhebung (Neulindenbuck) des Kaiserstuhls.
150 Meter hoher Fernmeldeturm.
Aussichtsturm mit schönem Rundblick über den Kaiserstuhl.
Fundamente eines alten Klosters.
Schöne Wanderwege von Vogtsburg, Ihringen oder Bötzingen.

Wann ?

Die Wanderwege und der Neukindenturm sind jederzeit frei zugänglich.
Der Fernmeldeturm am Totenkopf sowie die Zufahrtsstraße sind nicht zugänglich.

Wo ?

Individualverkehr:
Von der A5 Abfahrt Freiburg Mitte und die L115 durch Bötzingen nach Oberbergen oder Bickensohl, von dort weiter über Wanderwege.
ÖPNV:
www.rvf.de, www.sweg.de
Station
„Oberbergen-Badbergstraße"

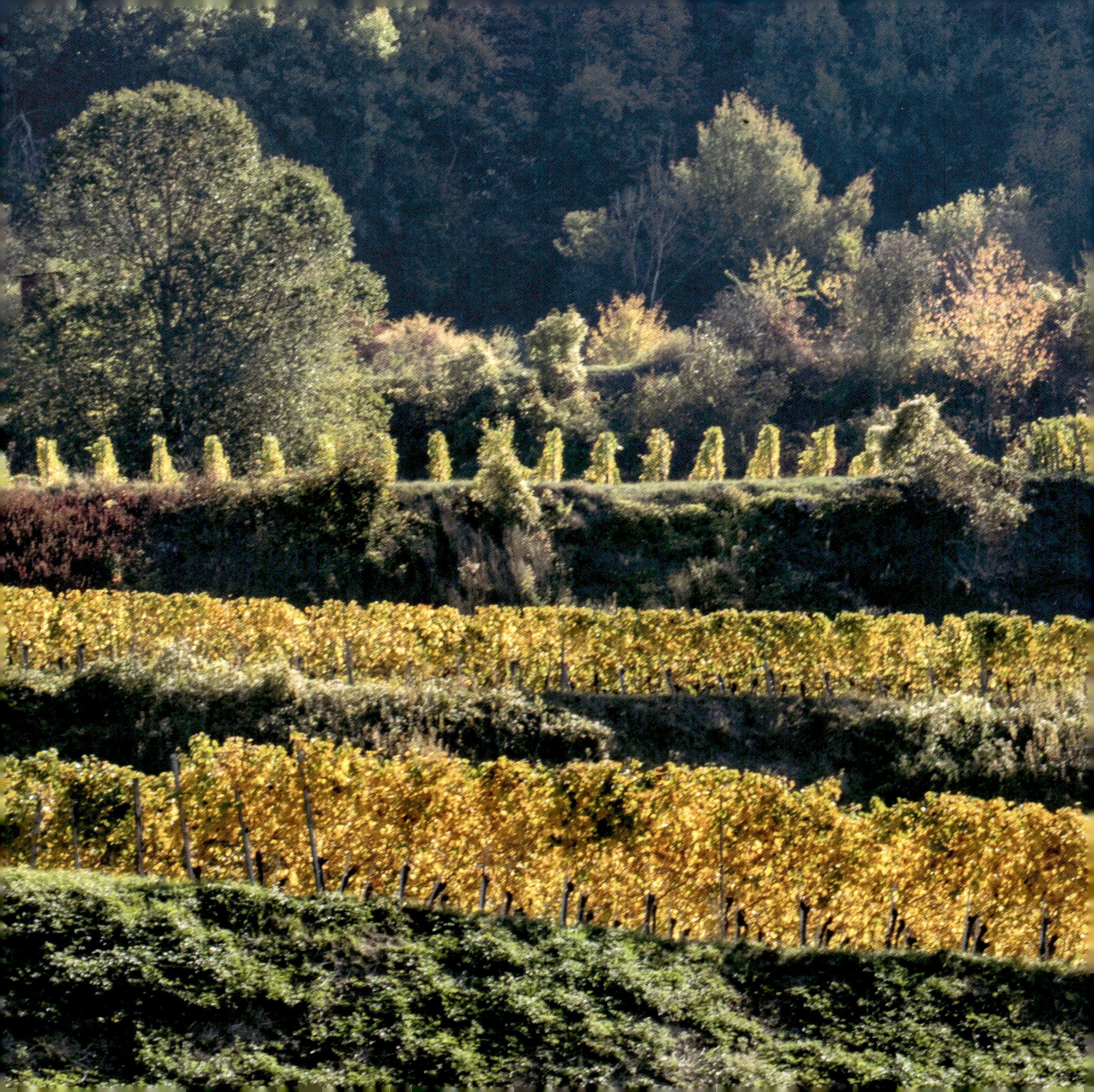

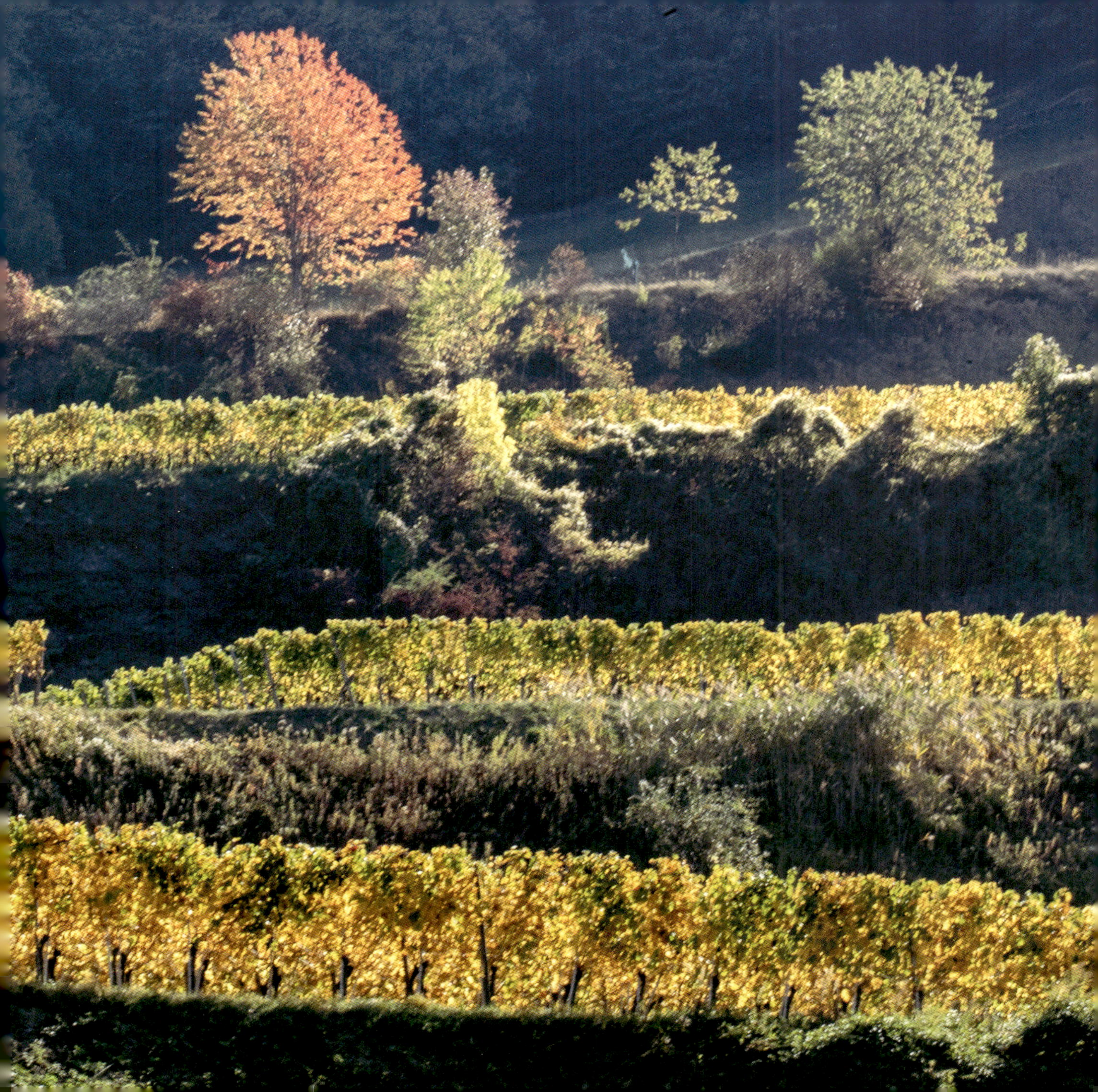

Vogtsburg - Bickensohl
Lösshohlwege-Pfad

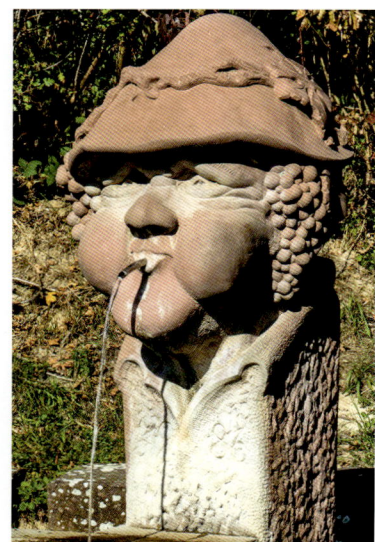

Der Lösshohlwege-Pfad führt als rund 7 Kilometer langer Rundweg durch 6 Lösshohlwege, der eindrucksvollste ist wohl die Eichgasse mit ihren fast 15 Meter hohen Losswänden. Der Zugang zur Eichgasse liegt in Bickensohl unweit des Bacchus-Brunnen. Entlang des Rundpfades erläutern 17 Schautafeln die Entstehung der Lösshohlwege sowie die reichhaltige Pflanzen- und Tierwelt, denen sie Lebensraum bieten.

Löss ist ein feines Mineralgemisch aus etwa zur Hälfte Quarz sowie Kalk,- Dolomitstaub und anderen Mineralien, das vor über 2 Millionen Jahren aus den Schotterfeldern des Oberrheins an die Hänge des Kaiserstuhls verblasen wurde und dort eine bis zu 40 Meter mächtige Schicht bildete. Wird dieses wasseraufnahmefähige Material an der Oberfläche verdichtet, z.B. durch Wirtschaftswege, setzt Erosion ein, die mit der Zeit zur Bildung der Hohlwege führt. Von den ursprünglichen Lösshohlwegen sind 80 Prozent im Zuge der Flurbereinigung in den 70er Jahren verschwunden.

Was ?

Lösshohlwege sind geschützte Naturdenkmäler. Lebensraum für zahlreiche Pflanzen und Tiere. 7 Kilometer langer Rundweg mit 6 Hohlwegen. Eichberggasse mit bis zu 15 Meter hohe Losswänden. Pausbäckige Brunnenfigur des Bacchus beim Zugang zur Eichberggasse.

Wann ?

Jederzeit frei zugänglich.

Wo ?

Individualverkehr:
Von der A5, Abfahrt Bad Krozingen über die B31 Richtung Breisach, dann über die L104, K4928 und K4927 nach Bickensohl, dann über die Hohlgasse zum Bacchusbrunen.
ÖPNV:
www.rvf.de, www.sweg.de
Station „Bickensohl-Ort"

Vogtsburg-Achkarren
Kaiserstühler Weinbaumuseum

Das Kaiserstühler Weinbaumuseum ist im ehemaligen Zehntgebäude der Johanniter untergebracht. Zu Beginn des 14. Jh. erwarben die Johanniter vom Kluniazenserkloster St. Ulrich dessen Klosterhof in Achkarren samt allem Zubehör, den Weinbergen und dem Kirchenpatronat. Das Zehntgebäude, die „Sant Johaneser Trotte" wurde erstmals zu Beginn des 14. Jh. erwähnt. Für das Museum wurde das Gebäude renoviert und durch das Einziehen von Zwischendecken ausgebaut.

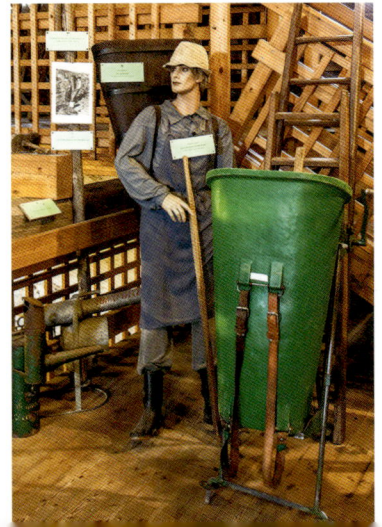

Was ?

Historisches Zehntgebäude der Johanniter.
Umfangreiche Sammlung zur Geschichte des Weinbaus, zu Traubensorten und zur Geologie. Überblick zum früheren Leben der Weinbauern am Kaiserstuhl.

Wann ?

Öffnungszeiten:
Palmsonntag bis Allerheiligen
Di bis Fr   von 14:00 bis 17:00
Sa und So/Ft von 11:00 bis 17:00
Informationen und Anmeldung zu Führungen:
Touristik-Information Vogtsburg
Tel. +49-7662-94011
info@vogtsburg.de

Wo ?

Schlossbergstraße 34
79235 Vogtsburg-Achkarren
Individualverkehr:
Von der A5, Abfahrt Bad Krozingen über die B31 Richtung Breisach, dann über die L104, K4928 und K4927 nach Achkarren.
ÖPNV:
www.rvf.de, www.sweg.de
Station „Achkarren-Weinbaumuseum"

Vogtsburg-Achkarren
Weinlehrpfad

Der Wein hat Gott
gegeben
zur Freude und zur
Lust
er soll den Mut uns heben
und erleichtern uns die
Brust!

Was ?

2,5 Kilometer langer geologischer Weinbaulehrpfad durch den Achkarrener Schlossberg.

Wann ?

Jederzeit frei zugänglich.

Wo ?

Individualverkehr:
Von der A5, Abfahrt Bad Krozingen über die B31 Richtung Breisach, dann über die L104, K4928 und K4927 nach Achkarren.
ÖPNV:
www.rvf.de, www.sweg.de
Station
„Achkarren-Weinbaumuseum"

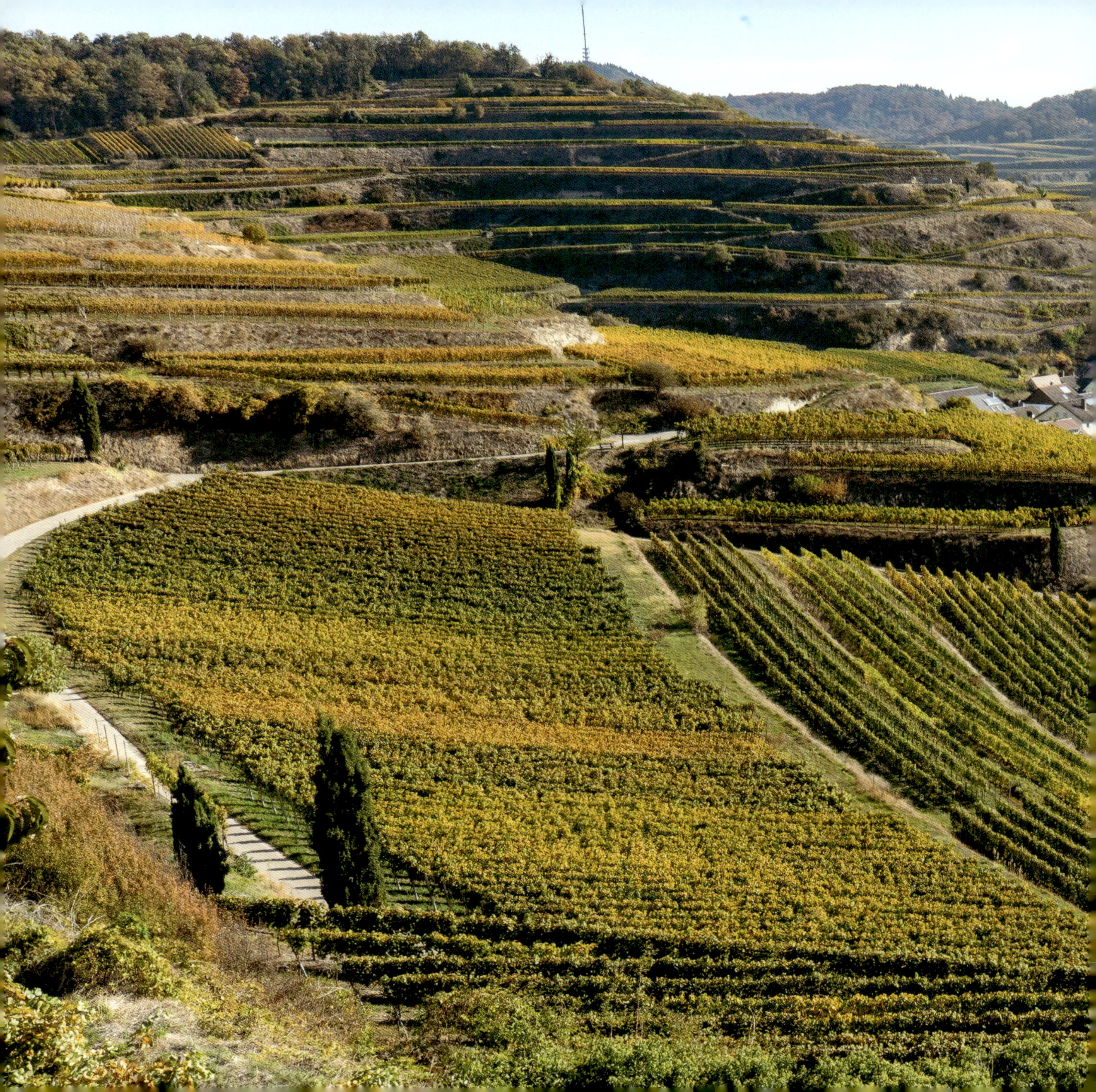

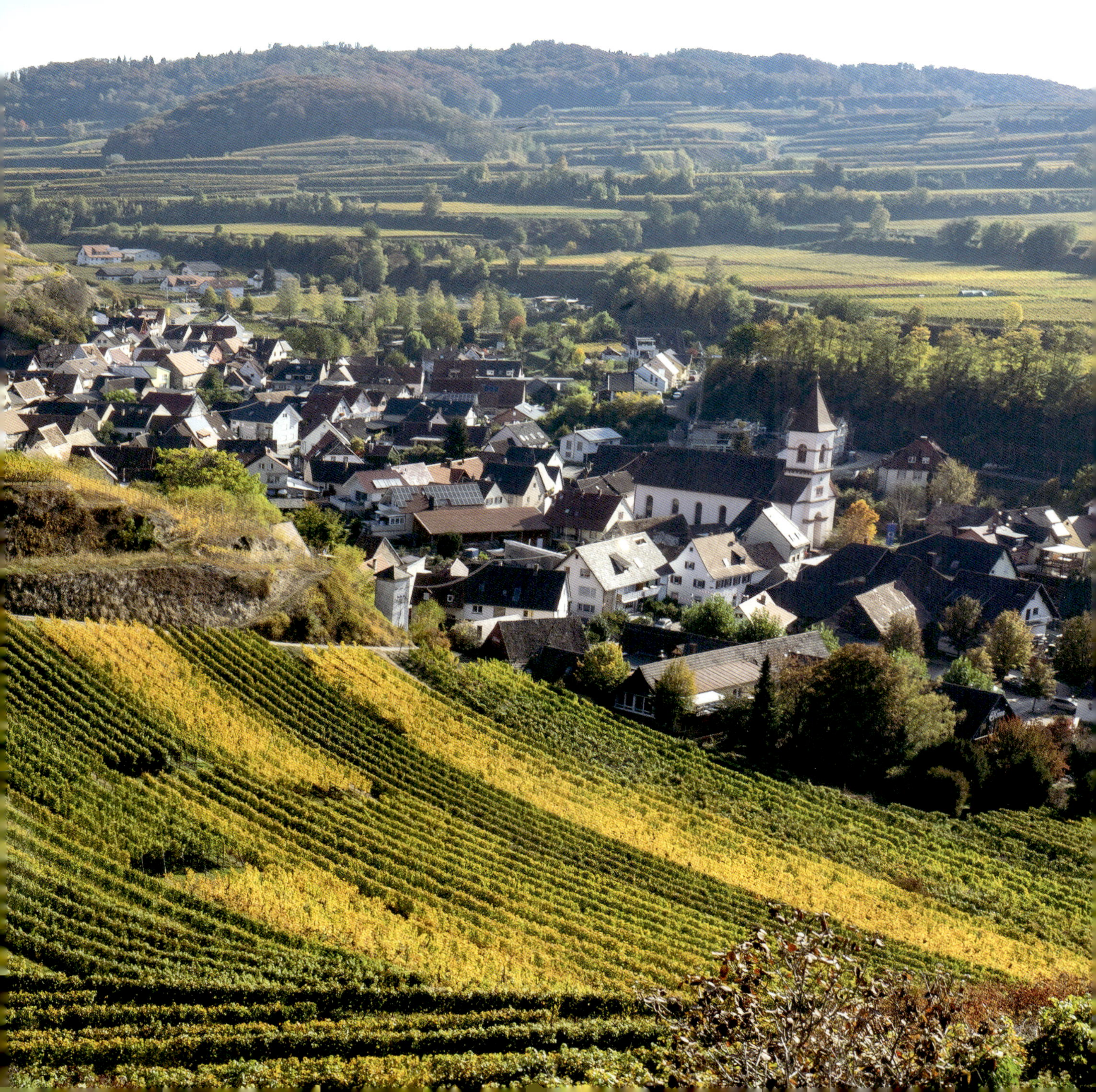

Vogtsburg-Niederrotweil Kirche St. Michael

Die kath. Kirche St. Michael ist die älteste Kirche des Kaiserstuhls und eine der ältesten des Breisgaus. Der romanische Kirchenbau stammt aus dem 11. Jh., davon sind der untere Teil des Turms und der Chor erhalten. Mitte des 14. Jh. kam die Kirche in den Besitz des Klosters St. Blasien, das für eine gotische Umgestaltung sorgte. Die Ausgestaltung des Chorgewölbes mit Christus, den vier Evangelistensymbolen und Michaels Kampf mit dem Drachen gehört zu den besten gotischen Malereien in Südbaden.

Das Prunkstück der Kirche ist der von 1525 stammende Hochaltar von Hans Loi, der auch den Hochaltar im Breisacher Münster geschaffen hat. Die zentrale Marienkrönung, darunter die Predella mit den 12 Apostel sowie die Reliefarbeiten der beiden Seitenflügel sind Meisterwerke am Übergang von Spätgotik und Barock. Das Sakramentshäuschen aus spätgotischer Keramik stammt vom Ende des 15. Jh. Die Orgel wurde Mitte des 18. Jh. geschaffen und ist damit die älteste im Breisgau.

Was ?

Gotische Ausmalung des Chors. Hochaltar mit Holzschnitzarbeiten von Hans Loy, dem Meister des Altars im Breisacher Münster. Sakramentshäuschen aus spätgotischer Keramik.
Älteste erhaltene Orgel des Breisgaus.

Wann ?

Zugang:
Von Außen jederzeit frei zugänglich.
Innen:
Apr bis Okt tgl. von 14:00 bis 17:00
Informationen:
Kath. Pfarramt Oberotweil
Tel. +49-7662-283

Wo ?

Niederrotweil 36
79235 Vogtsburg-Niederrotweil
Individualverkehr:
Von der A5, Abfahrt Bad Krozingen über die B31 Richtung Breisach, dann über die L104, K4928 und K4926 nach Niederrotweil.
ÖPNV:
www.rvf.de, www.sweg.de
Station „Niederrotweil Kirche"

Vogtsburg-Niederrotweil
Kirche St. Pantaleon

Die Wallfahrtskapelle ist dem Hl. Pantaleon, einem Arzt aus der Türkei, geweiht. Eine Vorgängerkapelle wurde im Dreißigjährigen Krieg zerstört, die jetzige stammt aus der 1. Hälfte des 18. Jh. und wurde zusammen mit einer Einsiedelei errichtet. Die alljährliche Wallfahrt zum Hl. Pantaleon findet am 27. Juli statt, am darauf folgenden Sonntag gibt es ein Fest mit Pferdeweihe. Die Prozession folgt einem Kreuzweg mit 14 Stationen. In der Kirche stehen 3 barocke Altäre aus der 1. Hälfte des 18. Jh.

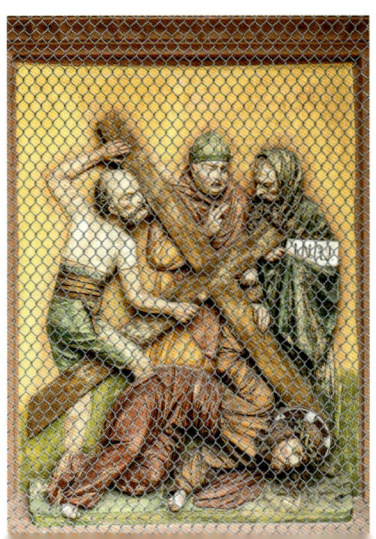

Was ?

Wallfahrtskapell mit schöner Aussicht auf die umliegenden Weinberge.
Kreuzweg mit 14 Stationen.
Drei Barockaltäre.

Wann ?

Zugang:
Außen jederzeit frei zugänglich.
Innen:
Zugänglich, aber mit Absperrgitter für den Kirchenraum.
Informationen:
Kath. Pfarramt Oberotweil
Tel. +49-7662-283

Wo ?

Individualverkehr:
Vom Parkplatz bei der Kirche St. Michael ca. 400 Meter der L115 Richtung Oberrotweil folgen, rechts über die Bahn und scharf links am Kirchweg parken, dann über den Kreuzweg zur Kirche.
ÖPNV:
www.rvf.de, www.sweg.de
Station „Niederrotweil Kirche"

Vogtsburg-Bischoffingen
Kirche St. Laurentius

Die Bischoffinger Pfarrkirche St. Laurentius wird erstmals in der 1. Hälfte des 12. Jh. urkundlich erwähnt. Gegen Ende des 14. Jh. gingen Gemeinde und Kirche an den Markgrafen von Baden und Durlach und wurden so Mitte des 16. Jh. in der Reformation protestantisch. Der Turm und der Chorraum der Kirche sind spätgotisch, das Langhaus wurde Mitte des 18. Jh. erneuert. Zu Beginn des 20. Jh. entdeckte man bei Renovierungsarbeiten am Chorraum spätgotische Wandmalereien aus dem 15./16. Jh., darunter ein Narrenbaum als Lebensbaum. An den Wurzeln des Baums nagen zwei Mäuse für Tag und Nacht als Symbol der Zeit, darüber bedrohen das Einhorn als Symbol der Angst und ein Ritter als Symbol des Todes den Lebensbaum, in dem der Mensch als Narr den weltlichen Genüssen nachjagt, verführt vom Teufel, beschützt vom Engel als Gewissen und über allem wacht Christus. Das Motiv war im Mittelalter zwar recht beliebt, für eine kleine Gemeinde am Kaiserstuhl ist es höchst ungewöhnlich.

Was ?

Chorraum mit Wandgemälden aus dem 15./16. Jh.
Darstellung des Lebensbaums als Narrenbaum.
Darstellung des Pilgerheiligen Jakobus und möglicherweise des Kirchenpatrons Laurentius, Patron der Winzer.
Auf Weinreben und das Wort Christi spielt auch das moderne Glasfenster im Chor an.

Wann ?

Zugang:
Außen jederzeit frei zugänglich.
Innen bei gutem Wetter tagsüber geöffnet.

Informationen:
Ev. Kirchengemeinde Bischoffingen
Talstraße 4
79235 Vogtsburg-Bischoffingen
Tel. +49-7662-6779
bischoffingen@kbz.ekiba.de

Wo ?

Individualverkehr:
Von der A5 Abfahrt Bad Krozingen über die B31, die L104 und die K4924 in die Dorfstraße, die Kirche liegt Ecke Talstraße.

ÖPNV:
www.rvf.de, www.sweg.de
Station „Bischoffingen-Amthofplatz"

Vogtsburg-Burkheim Schloss

Eine Burg in Burkheim wurde erstmals zu Beginn des 13. Jh. genannt. Von der 1. Hälfte des 14. Jh. an gehörte Burkheim, von zeitweisen Verpfändungen abgesehen, für fast 500 Jahre zum habsburgischen Vorderösterreich. Ob die Burg durch den Zahn der Zeit zur Ruine wurde oder in der 1. Hälfte des 16. Jh. im Bauernkrieg zerstört wurde, ist strittig.

Eine Blütezeit erlebten Stadt und Schlossberg in der 2. Hälfte des 16. Jh. durch Lazarus von Schwendi, der als Feldherr in österreichischen Diensten zu Ruhm und Geld kam. Er war u.a. Oberbefehlshaber der kaiserlichen Truppen in Ungarn und militärischer Berater Kaiser Maximilian II. Aus seiner Zeit als Burgvogt in Breisach kannte und schätzte er den Oberrhein. Neben Burkheim, das durch Pfand in seinen Besitz kam, umfasste sein kleines Territorium u.a. Kienzheim und Kirchhofen sowie Hohenlandsberg und Kaysersberg im Elsass. Er kümmerte sich um soziale Verbesserungen und ließ an Stelle der Burgruine ein prächtiges Renaissanceschloss errichten, das dann in der 2. Hälfte des 17. Jh. im Holländischen Krieg von den Franzosen zerstört wurde. Sein besonderes Interesse galt dem Wein und der Landwirtschaft, so unterhielt er im Schlosspark einen Versuchsgarten für italienische Früchte.

Gegen Ende des 18. Jh. nahm der damalige Besitzer der Ruine, Joseph Karl von Fahnenberg, die Tradition auf und richtete auf dem Schlossberg einen Weinberg ein. Er führte damit den Nachweis, dass guter Wein nicht nur auf Lössboden sondern auch direkt auf Vulkangestein wächst.

Heute teilen sich zwei Weingüter den Besitz der Schlossruine und nutzen sie als Veranstaltungsort für Hochzeiten und andere Feste. Der Zugang zum Schloss erfolgt durch ein Tor am Ende der Mittelstadt.

Was ?

Schlossruine mit bewegter Geschichte.
Die Ruinen können aus der Entfernung vom Weg, der vom Parkplatz an der Oberstadt Richtung Schloss führt, eingesehen werden.

Wann ?

Zugang:
Ein Zugang ist nur bei Veranstaltungen der Weingüter möglich.
Informationen:
Weingut Leopold Schätzle
Tel. +49-7642-3361
leopold@schaetzle-weingut.de
Weingut L. Bastian
Tel. +49-7642-6009
service@weingut-bastian.de

Wo ?

Individualverkehr:
Von der A5 Abfahrt Bad Krozingen über die B31, die L104, die Winzer straße und die Bündlegasse zum Parkplatz Am Kirchberg.
ÖPNV:
www.rvf.de, www.sweg.de
Station „Mühlenstraße"

Vogtsburg-Burkheim
Oberstadt

Was ?

Der mächtige Turm von St. Pankratius dominiert das Bild der Oberstadt. Der Charakter der Oberstadt ist deutlich dörflicher als der Eindruck von der Mittelstadt. Schöne Fachwerkhäuser mit vielen nette Details.

Wann ?

Zugang:
Außen jederzeit frei zugänglich. Kirche St. Pankratius siehe dort.

Wo ?

Individualverkehr:
Von der A5 Abfahrt Bad Krozingen über die B31, die L104, die Winzer straße und die Bündlegasse zum Parkplatz Am Kirchberg. Von dort zu Fuß über Am Kirchberg Richtung St. Pankratius.
ÖPNV:
www.rvf.de, www.sweg.de
Station „Mühlenstraße"

Vogtsburg-Burkheim
Burkheimer Winzer

Burkheim hat eine lange Weinbautradition, die bis in die zweite Hälfte des 8. Jh. zurück reicht. Damit gehört Burkheim mit seinem mittelalterlichen Flair zu den ältesten Weinorten Baden-Württembergs. Heute bewirtschaften rund 40 Winzerfamilien ca. 116 ha Rebfläche der Kooperative. Ein kleines aber feines Gebiet. Die Spitzenlagen Feuerberg mit seinem mineralischen Vulkanverwitterungsgestein und dem Schlossgarten mit den tiefgründigen, fruchtbaren Lössböden sind prädestiniert für besondere Burgunderweine. Der Betrieb gehört zu jenen, deren Weine und Sekte auf Landesebene, aber auch international immer wieder ausgezeichnet werden. Besonders stolz sind die Burkheimer Winzer darauf, als erster Betrieb in Baden zwei Ehrenpreise erhalten zu haben. Neben dem Weinpreis wurden Sie mit dem Landesehrenpreis als bester Sekterzeuger ausgezeichnet. Dies ist Ausdruck einer konsequenten Qualitätsphilosophie, die kontinuierlich fortgesetzt wird. Weinbau wird hier seit Jahrzehnten qualitätsorientiert mit Leidenschaft und Begeisterung von den Burkheimer Winzerfamilien praktiziert und gelebt.

Was ?

Kleiner aber qualitativ sehr hochwertiger Winzerbetrieb. Sehenswerter Holzfasskeller. Veranstaltung „Offene Winzerkeller" Weinproben und Kellerführungen. Ca. 5 Kilometer langer Weinlehrpfad. Traktorfahrten im Weinberg. Rundgang mit dem Burkheimer Nachtwächter.
www.burkheimerwinzer.de

Wann ?

Öffnungszeiten:
ganzjährig:
Mo bis Fr von 09:00 bis 12:00
Sa   von 09:00 bis 16:00
Apr bis Okt
Mo bis Fr von 13:30 bis 18:00
Nov bis Mär
Mo bis Fr von 13:30 bis 17:00
Mär bis Dez
So   von 10:00 bis 16:00
Tel. +49-7662-9393-0

Wo ?

Burkheimer Winzer am Kaiserstuhl
Winzerstraße 8
79235 Vogtsburg-Burkheim
Individualverkehr:
Von der A5 Abfahrt Bad Krozingen über die B31, die L104 in die Winzerstraße
ÖPNV:
www.rvf.de, www.sweg.de
Station „Mühlenstraße"

Vogtsburg-Burkheim Mittelstadt

Die erste schriftliche Erwähnung des Ortes stammt aus der 2. Hälfte des 8. Jh., aus dieser Zeit gibt es auch schon Hinweise auf Weinbau. Mitte des 14. Jh. bekam Burkheim das Stadtrecht, das es dann 1975 im Zuge der Gemeindereform am Kaiserstuhl in die neue Stadt Vogtsburg eingebracht hat. Bis zum Übergang an die Markgrafschaft Baden war die Stadt fast 500 Jahre lang Teil des habsburgischen Vorderösterreichs. Heute zählt der Ort rund tausend Einwohner und Wein und Landwirtschaft sind nach wie vor wichtige Erwerbsquellen. Die Funktion einer Zollstation hat Burkheim, das früher direkt an einem Rheinarm lag, durch die Rheinregulierung im 19. Jh. verloren. Dafür kommen, vor allem dank der malerischen Mittelstadt, zahlreiche Touristen und bewundern das barocke Stadttor, das ehemalige Gasthaus „Zu den fünf Türmen" mit seinem mächtigen Fachwerk und das Renaissance-Rathaus mit dem Wappen Vorderösterreichs.

Was ?

Eines der schönsten Stadtbilder am Kaiserstuhl. Barockes Stadttor. Fachwerkhaus „Zu den fünf Türmen". Renaissance-Rathaus. Nette Cafès und Restaurants. Marionettenbaukunst. Korkenziehermuseum. Interessante Hausmarken und Architekturdetaile.

Wann ?

Zugang:
Jederzeit frei zugänglich. Öffnungszeiten Marionettenbaukunst und Korkenziehermuseum siehe dort.

Wo ?

Individualverkehr:
Von der A5 Abfahrt Bad Krozingen über die B31, die L104, die Winzer straße und die Bündlegasse zum Parkplatz Am Kirchberg. Von dort zu Fuß über Am Kirchberg Richtung St. Pankratius und Stadttor.
ÖPNV:
www.rvf.de, www.sweg.de
Station „Mühlenstraße"

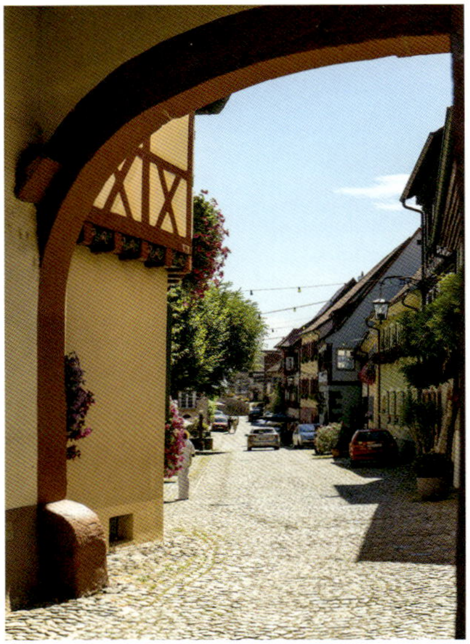

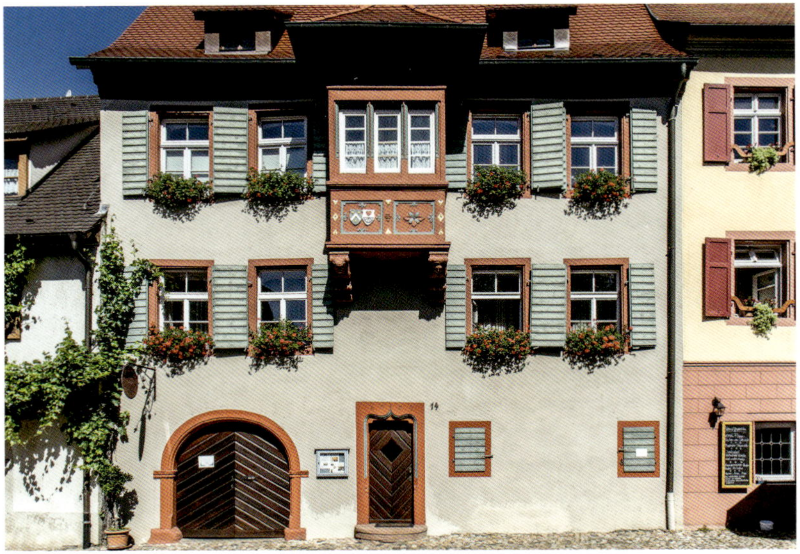

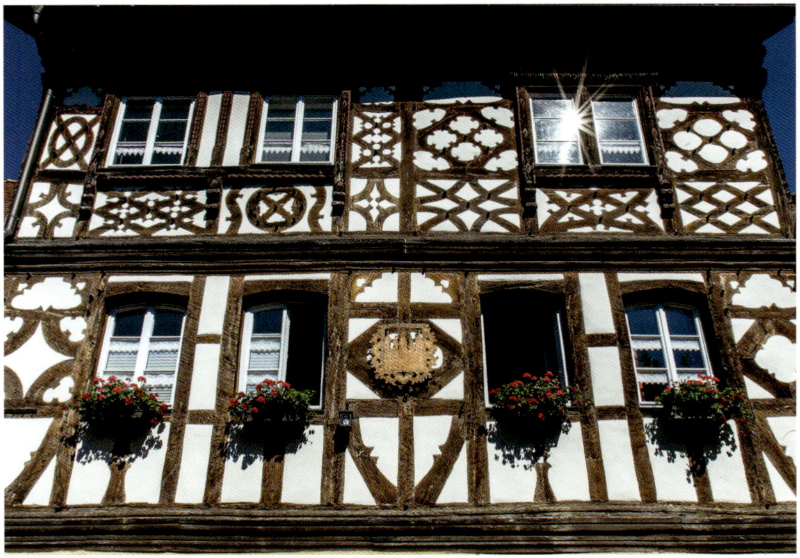

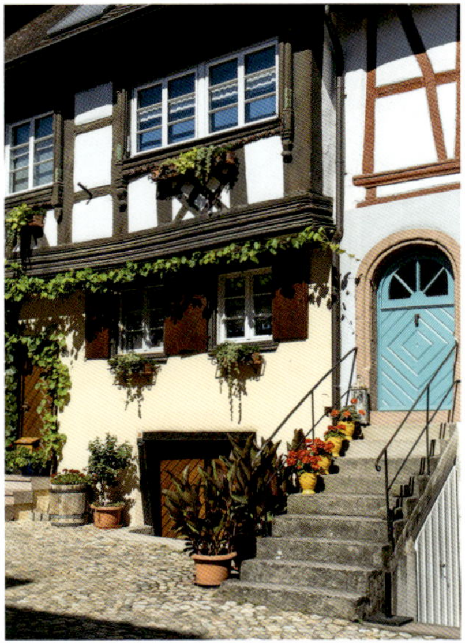

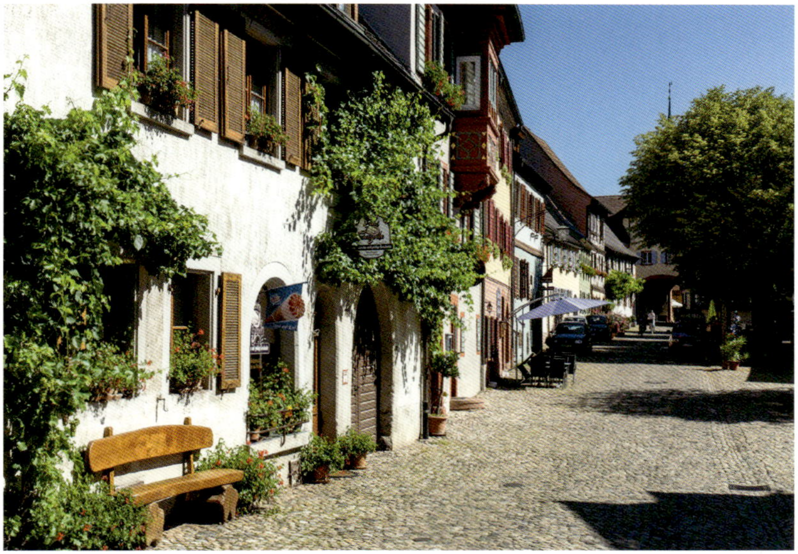

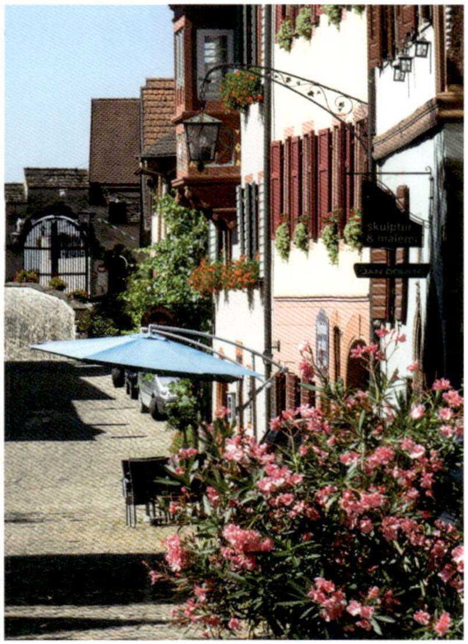
skulptur
& malerei

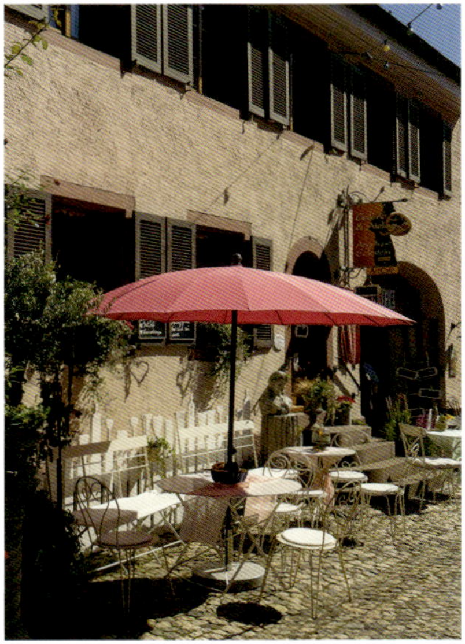

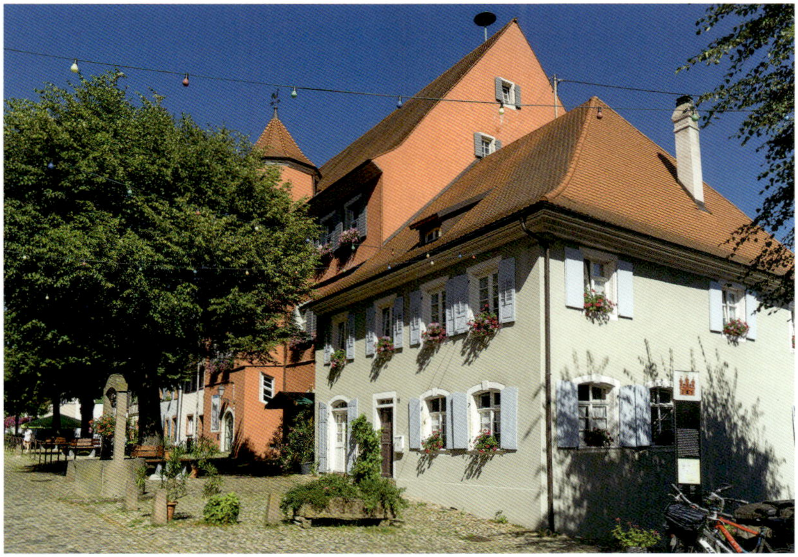

Vogtsburg-Burkheim
Kirche St. Pankratius

Chor, Sakristei und Turm im gotischen Stil stammen aus der Mitte des 14. Jh., das Langhaus aus dem 18. Jh., wobei das Erdgeschoss des Turms in das Langhaus integriert ist. Seine Deckenbemalung zeigt die Symbole der vier Evangelisten. Der Choraltar aus dem 18. Jh. wird durch den vergoldeten Tabernakelblock geprägt. Im Langhaus stehen die Zunftstangen der drei städtischen Zünfte der Bauern, Handwerker und Fischer, die bei Prozessionen und Begräbnissen als Lichtquelle dienten.

Was ?

Vergoldeter Tabernakelblock am Hauptaltar.
Deckengemälde mit Evangelistensymbolen.
Zunftstangen.
Taufstein aus dem 15. Jh.

Wann ?

Zugang:
Außen jederzeit frei zugänglich.
Innen tagsüber geöffnet.
Informationen:
Kath. Kirchengemeinde Vogtsburg i.K.
Tel. +49-7662-283
sekretariat@seelsorgeeinheit-vogtsburg.de

Wo ?

Individualverkehr:
Von der A5 Abfahrt Bad Krozingen über die B31, die L104, die Winzerstraße und die Bündlegasse zum Parkplatz Am Kirchberg. Von dort zu Fuß über Am Kirchberg Richtung St. Pankratius.
ÖPNV:
www.rvf.de, www.sweg.de
Station „Mühlenstraße"

Vogtsburg-Burkheim
Korkenziehermuseum

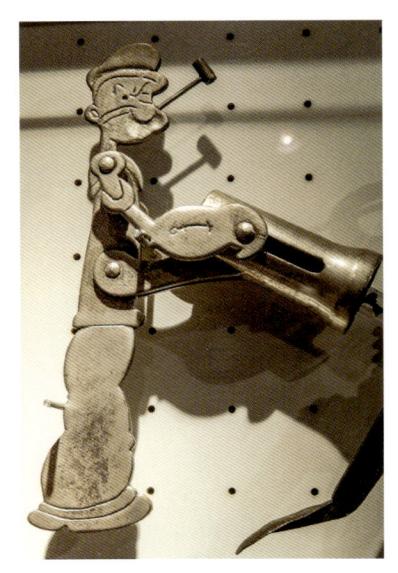

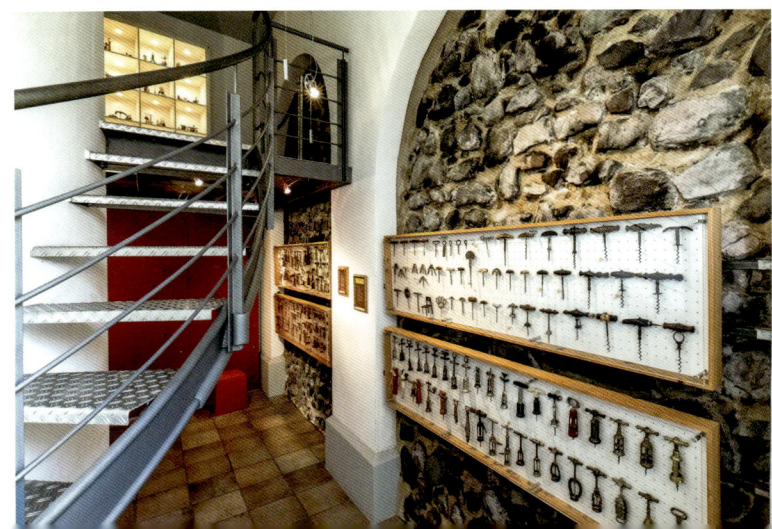

Was ?

Sammlung von mehr als 1.200 Korkenziehern, davon ein Drittel ständig ausgestellt.
Korkenzieher-Peepshow mit erotischen Motiven.
Galerie Peter Gaymann.
Kaiserstuhlshop.

Wann ?

Öffnungszeiten:
Von Ostern bis Dez
Mi bis Sa von 11:00 bis 18:00
Führungen nach Vereinbarung:
Tel.   +49-7662-9475-25
Mob. +49-173-7001242
b.maurer@korkenzieher.de
www.korkenzieher.de
Kaiserstuhlshop:
service@kaiserstuhlshop.de
www.kaiserstuhlshop.de

Wo ?

Korkenzieher Museum
Bernhard Maurer
Mittelstadt 18
79235 Burkheim
Individualverkehr:
Der Laden liegt in der Mittelstadt gegenüber dem Gasthof Krone.
ÖPNV:
www.rvf.de, www.sweg.de
Station „Mühlenstraße"

Vogtsburg-Burkheim
Marionettenbaukunst

Was ?

Seit 1982 baut und verkauft Frau Mutgard Dross in ihrem kleinen Laden eine große Auswahl an Marionetten.
Auf Wunsch fertigt sie auch Marionetten nach Fotos an, ein tolles Geschenk.

Wann ?

Öffnungszeiten:
Von Apr bis Okt
Do bis Mo von 10:00 bis 12:00
und   von 14:30 bis 17:30
Von Nov bis Mär
nach telefonischer Vereinbarung
Tel. +49-7662-94201
webmaster@
marionetten-burkheim.de
www.marionetten-burkheim.de

Wo ?

Marionettenbaukunst
Mutgard Dross
Mittelstadt 11
79235 Burkheim
Individualverkehr:
Der Laden liegt in der Mittelstadt im Haus neben dem Rathaus am Brunnen.
ÖPNV:
www.rvf.de, www.sweg.de
Station „Mühlenstraße"

Vogtsburg-Burkheim
Weingut Bercher

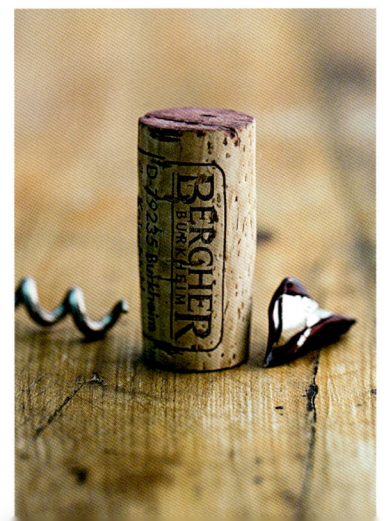

Die Geschichte der Familie Bercher lässt sich bis zur Mitte des 15. Jahrhunderts zurückverfolgen. Nach dem Dreißigjährigen Krieg kam sie aus der Schweiz nach Burkheim und errichtete 1756 in der Mittelstadt ein Gutshaus mit imposantem Kreuzgewölbekeller, in dem noch heute die Weine reifen. Arne und Martin Bercher führen das Weingut in der mittlerweile zehnten Winzergeneration.

Alle Reben des VDP-Weinguts gedeihen am vulkanisch geprägten Westrand des Kaiserstuhls, der mit den Ortschaften Burkheim, Jechtingen und Sasbach unmittelbar an den Rhein grenzt. Herzstück ist die Lage Burkheimer Feuerberg mit den Großen Lagen Haslen und Kesselberg. Vom Haslen stammen die Großen Gewächse Grau- und Weißburgunder, während der Spätburgunder GG dem Kesselberg vorbehalten bleibt. Die dunklen Vulkanverwitterungsböden bringen geradlinige, elegante Weine hervor, die den Kaiserstuhl in besonderer Weise erlebbar machen.

Was ?

VDP-Weingut mit über 250-jähriger Tradition in der zehnten Winzergeneration. Gutshaus in der historischen Burkheimer Mittelstadt. Große Lagen Villinger (Grauburgunder), Haslen (Grau- und Weißburgunder) und Kesselberg (Spätburgunder).

Wann ?

Öffnungszeiten:
Mon bis Sa   von 09:00 bis 11:30
und   von 13:30 bis 17:00
Voranmeldung für Gruppen:
Tel. +49-7662-212
info@weingutbercher.de
www.weingutbercher.de

Wo ?

Mittelstadt 13
79235 Vogtsburg-Burkheim
Individualverkehr:
Auf der A5 von Süden her Ausfahrt Bad Krozingen Richtung Breisach, von Norden Ausfahrt Riegel über Sasbach nach Burkheim Mittelstadt.
ÖPNV:
www.rvf.de, www.sweg.de
Station „Mühlenstraße"

Sasbach-Jechtingen
Burg Sponeck

Der Felssporn, auf dem heute die wieder aufgebauten Gebäude der Burg Sponeck stehen, war bis zur Rheinregulierung im 19. Jh. an drei Seiten vom Rhein umflossen und nur von Osten her zugänglich. Im 4. Jh. hatten hier die Römer ein Kastell zur Grenzverteidigung gegen die Germanen angelegt, von dem die Fundamente einer Mauer und zweier Türme erhalten sind. Ende des 13. Jh. wurde auf den Resten des Kastells eine Hochburg errichtet, die sehr wechselhafte Besitzverhältnisse erlebte und die bereits Mitte des 16. Jh. baufällig war, bevor sie im Dreissigjährigen Krieg zur Ruine wurde. Von dieser Burg sind nur Mauerreste erhalten geblieben. Die heutigen Bauwerke ließ Hans Adolf Bühler, der die Anlage 1917 erworben hatte, als Wohnturm mit Atelier neu bauen. Bühler war ein bekannter Maler und einer der führenden Kunstfunktionäre während der NS-Zeit. Heute ist die Anlage nach wie vor in Privatbesitz und bietet rund um die Mauerreste des Kastells eine interessante Freiluftausstellung moderner Skulpturen.

Was ?

Reste römischer Kastellmauern. Nachgebauter Burgturm mit Resten des ursprünglichen Mauerwerks an der Nordseite und mit aufgesetztem Maleratelier. Freiluftausstellung moderner Skulpturen.

Wann ?

Zugang:
Der Park mit den Kastellresten und den Skulpturen ist jederzeit zugänglich.
Die Burg ist Privatgelände.

Wo ?

Individualverkehr:
Von der A5 Abfahrt Bad Krozingen über die B31 und die L104 nach Jechtingen, von dort über die Sponeckstraße zum Parkplatz am Fuß der Burg.
ÖPNV:
www.rvf.de, www.sweg.de Station „Jechtingen- Ortschaftsamt", dann ca. 2,5 Kilometer Fußweg auf der Sponeckstraße.

Sasbach-Jechtingen
Kirche St. Cosmas und Damian

Im 15. Jh. erhielt die Universität Freiburg von den Habsburgern das Patronat für die Kirche. Daraus erzielte die Universität Einkünfte, musste aber auch einen Teil der Baulast tragen sowie den Pfarrer bezahlen und mit Wein versorgen. In der 2. Hälfte des 18. Jh. wurde die heutige Barockkirche vom Freiburger Baumeister Johann Baptist Häring errichtet. Aus der romanischen Zeit ist im Erdgeschoss des Turms ein dreiköpfiges Kapitel erhalten geblieben, die anderen Kapitele sind schmucklos.

Was ?

Dreiköpfiges romanisches Kapitel im Erdgeschoss des Turms. Kleine Barockfigur des hl. Nepomuk über dem Eingangsportal. Marienstatue im Langhaus.

Wann ?

Zugang:
Außen jederzeit frei zugänglich.
Innen tagsüber geöffnet.
Informationen:
Kath. Kirchengemeinde Am Litzelberg
Pfarrbüro:
Di und Do von 08:30 bis 12:00
Mi von 14:30 bis 17:00
Tel. +49-7642-1445
sasbach@am-litzelberg.de

Wo ?

Individualverkehr:
Von der A5 Abfahrt Bad Krozingen über die B31 und die L104 nach Jechtingen, dort von der L104 in den St. Martin-Platz.
ÖPNV:
www.rvf.de
www.sweg.de
Station „Jechtingen-Ortschaftsamt"

Sasbach-Leiselheim
Brunnen und Kirche

In Leiselheim, einem der ältesten Orte des Kaiserstuhls, stand vermutlich bereits im 6. Jh. ein fränkischer Herrenhof. Wahrzeichen des Ortes ist der Stockbrunnen aus dem frühen 17. Jh., der unweit der Ev. Kirche steht. Von deren ursprünglichen gotischen Bau sind noch der Turm und der Chor mit den Fratzen an den Gewölberippen erhalten. Das Langhaus entstand Mitte des 18. Jh. in einem sparsamen Barockstil. Wertvollstes Ausstattungstück ist die Orgel aus dem späten 18. Jh.

Was ?

Stockbrunnen von 1607. Kirche mit gotischen und barocken Elementen. Gesichtsfratzen Am Fuß der Gewölberippen im Chor. Wertvolle Orgel aus dem späten 18. Jh.

Wann ?

Zugang:
Stockbrunnen und die Kirche von außen sind jederzeit frei zugänglich.

Wo ?

Individualverkehr:
Von der A5 Abfahrt Bad Krozingen über die B31, die L104 und die L105 nach Leiselsheim. Stockbrunnen und Kirche liegen an der Durchgangsstraße.
ÖPNV:
www.rvf.de
www.sweg.de
Station „Leiselsheim"

Sasbach
Kirche St. Martin

An frühere Kirchenbauten, die bis ins 8. Jh. zurückreichen, erinnert nur mehr der romanische Turm. Das Obergeschoss des Turms, das Langhaus und das Portal zum Kirchhof entstanden in der Mitte des 18. Jh. Im Inneren fällt eine barocke Kanzel mit Fanfarenengel auf. An der Decke findet sich, dem Patronat entsprechend, der hl. Martin samt Gans und die Beschriftungen der beiden Beichtstühle mit „Gott sieht alles" und „Gott hört alles" sind wohl Warnungen und Anregungen zur Beichte.

Was ?

Torbogen mit Voluten zum Kirchplatz.
Turmuhr mit Sonne, Mond und Stern.
Schreckmasken am Turm.
Deckengemälde mit Gans.
Barocke Kanzel mit Fanfarenengel.
Beichtstühle mit Warnung.

Wann ?

Zugang:
Außen jederzeit frei zugänglich.
Innen tagsüber geöffnet.
Informationen:
Kath. Kirchengemeinde Am Litzelberg
Pfarrbüro:
Di und Do von 08:30 bis 12:00
Mi   von 14:30 bis 17:00
Tel. +49-7642-1445
sasbach@am-litzelberg.de

Wo ?

St. Martinsplatz 2
79361 Sasbach a.K.
Individualverkehr:
Von der A5 Abfahrt Bad Krozingen über die B31 und die L104 zum St. Martinsplatz.
ÖPNV:
www.rvf.de, www.sweg.de
Station „Sasbach a.K.-Wyhler Straße"

Sasbach
Litzelbergkapelle

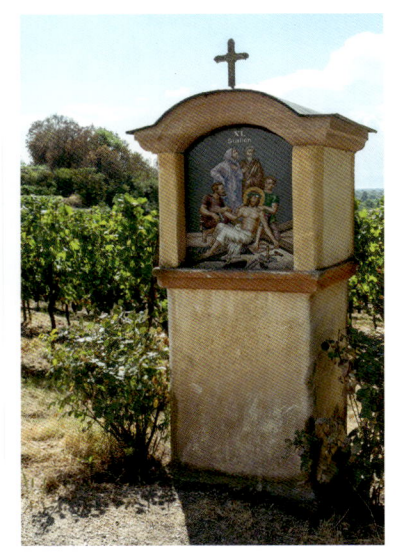

Die Kapelle liegt in wunderschöner Lage auf einer Anhöhe mitten in den Weinbergen, die Umgebung der Kapelle steht unter Naturschutz. Die ursprüngliche Kapelle wurde im Dreißigjährigen Krieg beschädigt und in der 2. Hälfte des 17. Jh. durch die jetzige Kapelle ersetzt. 1871 wurde die heute mächtige Linde von zurückkehrenden Soldaten des Frankreichfeldzugs gepflanzt. Die 14 Kreuzwegstationen wurden Ende des 19. Jh. errichtet und führen durch die Reben zur Kapelle.

Was ?

Wunderschöne Lage
in den Weinbergen.
Mächtige Linde von 1871.
Schöner Kreuzweg durch
die Reben.
Hochaltar aus dem 18. Jh.

Wann ?

Zugang:
Außen jederzeit frei zugänglich.
Innen tagsüber geöffnet.
Informationen:
Kath. Kirchengemeinde
Am Litzelberg
Pfarrbüro:
Di und Do von   08:30 bis 12:00
Mi   von   14:30 bis 17:00
Tel. +49-7642-1445
sasbach@am-litzelberg.de

Wo ?

Individualverkehr:
Von der A5 Abfahrt Bad Krozingen über die B31 und die L104 nach Sasbach, dann über die K5144 Richtung Marckolsheim, nach ca. 700 Meter Abzweigung in die Weinberge.
ÖPNV:
www.rvf.de, www.sweg.de
Station „Sasbach a.K.-Wyhler-Straße", dann Fußweg.

Sasbach
Ruine Limburg

Die Ruine Limburg liegt unmittelbar am Zusammenfluss des Rheins mit dem Grand Canal d`Alsace. Aus dieser Lage auf einem Felssporn an der Südspitze des Limberges, rund 40 Meter über dem Fluss, bezog die Burg auch ihren strategischen Nutzen, denn sie kontrollierte den Saßbacher Rheinübergang und kassierte die Fähr- und Zollgebühren. In der zweiten Hälfte des 11. Jh. bewohnte Berthold I. von Zähringen eine Burg auf dem Limberg. Im frühen 13. Jh. befand sich die Burg im Besitz der Habsburger und war nach der Überlieferung die Geburtsstätte von Rudolf von Habsburg. Die im 16. Jh. noch bewohnbare Burg wurde vermutlich im Dreißigjährigen Krieg zerstört und war zu Beginn des 18. Jh. vollständig ruiniert. Der Zweite Weltkrieg besorgte dann den Rest, sodass heute nur noch wenige Ruinenteile erhalten sind. Die Burg bietet einen weiten Blick ins Elsass bis zu den Vogesen und ist Ausgangspunkt zweier Lehrpfade sowie eines Rundweges auf der Insel von Marckolsheim.

Was ?

Ruinenreste auf der Südspitze des Limbergs.
Nach der Überlieferung Geburtsstätte von Rudolf von Habsburg. Schöner Blick ins Elsass. Ausgangspunkt für zwei Lehrpfade und einen Rundweg über die Insel von Marckolsheim.

Wann ?

Jederzeit frei zugänglich.

Wo ?

Individualverkehr:
Von der A5 Abfahrt Riegel über die L113 bis kurz vor dem Rheinübergang, dann auf die K5144.
ÖPNV:
www.rvf.de, www.sweg.de
Station „Sasbach-Zollhäusle"

Marckolsheim
Memorial de la Ligne Maginot

Nach den Erfahrungen mit den Kriegen gegen Deutschland 1871 und 1914-18, insbesondere aus der Schlacht um Verdun, baute Frankreich ab 1932 an seiner Nord- und Ostgrenze ein tiefgestaffeltes Verteidigungssystem aus Bunkern, Forts und Kasematten. Namensgeber war Andrè Maginot, von 1930-32 Verteidigungsminister, der den Auftrag zum Bau der, auch unter französischen Militärs, nicht unumstrittenen starren Verteidigungsanlage erteilte. Zu Beginn des Zweiten Weltkrieges war die Linie nur teilweise fertiggestellt, insbesondere im Bereich der Ardennen, wo die Franzosen aufgrund des bergigen Geländes mit keinem Deutschen Angriff rechneten. Als der dann genau dort erfolgte, wurden aus anderen Bereichen Artillerie und Truppen abgezogen, so auch im Elsass. Als die Deutschen dann Mitte Juni 1940 im Raum Breisach den Rhein übersetzten, konnten sie die Maginot-Linie in nur drei Tagen überwinden. Das Museum in der Kasematte Nr. 35/3 gibt einen guten Einblick in die Geschehnisse.

Was ?

Kasematte der Maginot-Linie aus dem Zweiten Weltkrieg. Zahlreiche Exponate zeigen das Leben der Besatzung sowie das Waffenarsenal beider Seiten. Stählerne Beobachtungskuppeln mit Granateneinschlägen. Russische Beutekanone und amerikanische Panzer.
Sehr informative deutschsprachige Broschüre.

Wann ?

Öffnungszeiten
15. Jun bis 15. Sep
täglich von 09:00 bis 12:00
und   von 14:00 bis 18:00
15. Mär bis 14. Jun und
16. Sep bis 15. Nov
Sp/Ft   von 09:00 bis 12:00
und   von 14:00 bis 18:00
Anmeldung zu Führungen:
+33-388-925698

Wo ?

Route du Thin
F-67390 Marckolsheim
Individualverkehr:
Von der A5 Abfahrt Bad Krozingen über die B31 und die L104 nach Sasbach, dann über die K5144 Richtung Marckolsheim, auf der L113 über den Rhein, und über D424, D20 und D10 der Beschilderung folgen.

Endingen-Kiechlinsbergen Ortsbild

Die rund 1000 Einwohner zählende Gemeinde, die seit der Gemeindereform in den 70er Jahren zu Endingen gehört, zählt zu den ältesten Weinbaugemeinden des Kaiserstuhls. Seit dem 9. Jh. war der Ort im Besitz des Klosters Andlau, Mitte des 14. Jh. wurde er an das Kloster Tennenbach verkauft, das am Ortsrand eine mächtige Probstei errichtete. Im Gegensatz zum benachbarten Königsschaffhausen war Kiechlinsbergen Teil Vorderösterreichs und blieb in der Reformation daher katholisch.

Was ?

Barocke Probstei aus dem 18. Jh.
Kirche St.Petronella.
Gasthaus zur Stube aus dem 16. Jh.
Fränkische Hofanlage aus der
Mitte des 16. Jh., eines der
ältesten Häuser am Kaiserstuhl.
Alte Schule mit Heimatmuseum.

Wann ?

Alle Gebäude sind von außen
jederzeit zugänglich.
Heimatmuseum in der
Alten Schule siehe dort.
Die Probstei ist Privatbesitz und
daher nur von öffentlichem
Grund einsehbar.

Wo ?

Herrenstraße
79346 Endingen-Kiechlinsbergen
Individualverkehr:
Von der A5, Abfahrt Riegel, über
die L113, L116 und K5145, K5146,
L105 und K5127 in nach Kiech-
linsbergen in die Herrenstraße.
ÖPNV:
www.rvf.de, www.sweg.de
Station „Winterstraße"

Endingen-Kiechlinsbergen
Heimatmuseum

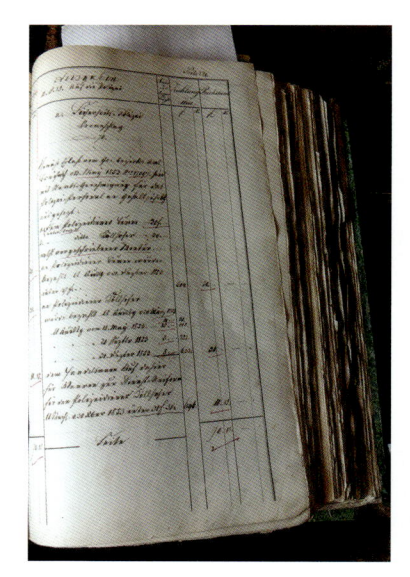

Was ?

Das Museum zeigt an Hand zahlreicher Exponate im Alten Schulhaus das Handwerk und den früheren Alltag in Südbaden, wie einen Klassenraum, Winzerkeller, Schuhwerstätte oder Krämerladen.

Wann ?

Öffnungszeiten:
Apr bis Okt
Letzter So im Monat
von 16:00 bis 18:00
Führungen nach Vereinbarung:
Kaiserstühler Verkehrsbüro
Tel. +49-7642-6899-90

Wo ?

Grienerstraße 13
79346 Endingen-Kiechlinsbergen
Individualverkehr:
Von der A5, Abfahrt Riegel, über die L113, L116 und K5145, K5146, L105 und K5127 in nach Kiechlinsbergen in die Herrenstraße, von dort in die Grienstraße.
ÖPNV:
www.rvf.de, www.sweg.de
Station „Winterstraße"

Bahlingen Ortsbild

Bahlingen ist eine malerische Winzergemeinde am Ostrand des Kaiserstuhls mit rund 4.000 Einwohnern. Das Rathaus mit seiner offenen Treppenanlage ist ein schöner Renaissance-Fachwerksbau aus der Mitte des 15. Jh. An der Front befindet sich eine Wappencartouche zu Ehren der Gerechtigkeit und Klugheit des Markgrafen Karl Friedrich zu Baden und Hochberg aus der Mitte des 18.Jh. Bahlingen gehörte seit Beginn des 15. Jh. zur Markgrafschaft Baden und wurde daher in der Reformation protestantisch.

Der bekannteste Einwohner Bahlingens ist zweifellos der im Foyer des Rathauses auf einem Fassboden stehende und grimmig dreinblickende „Hoselips", der zum Wahrzeichen des Kaiserstuhls geworden ist. Sein Name leitet sich vermutlich vom rebblattverzierten Lendenschurz ab. Die Legende erzählt, dass einst ein Bürgermeister den Hoselips an einen Weinhändler verkauft hätte und daraufhin in Bahlingen für einige Jahre die Weinernte ausgeblieben sei. Da hätte die Gemeinde den Hoselips schnellstens wieder zurück gekauft und seitdem wächst auf den 280 Hektar Rebfläche, die Bahlingen bewirtschaftet, wieder viel Wein. In der Gemeinde findet zur Erinnerung im Herbst der ungeraden Jahre das Hoselips-Fest statt. Das traumatische Ereignis wurde auch in ein Gedicht gefasst: „Im Rathaus sitzt der Hoselips, im Keller muß er sein, denn er allein füllt Bütt und Faß der Bahlinger Gemein".

Was ?

Renaissance-Fachwerksbau.
Wappencartouche an der Front.
Kleiner Brunnen.
Hoselips-Figur im Foyer.
Malerisches Ortsbild.

Wann ?

Zugang:
Außen jederzeit frei zugänglich.
Der **Hoselips** kann während der
Öffnungszeiten des Rathauses
besucht werden:
Mo bis Fr von 08:30 bis 12:00
und Do von 16:00 bis 18:30
Informationen:
Tel. +49-7663-9331-0
gemeinde@bahlingen.de

Wo ?

Webergässle 2
79353 Bahlingen a.K.
Individualverkehr:
Von der A5, Abfahrt Teningen,
über die L114, K5140, Teninger Str.,
Neuer Weg und Laube.
ÖPNV:
www.rvf.de, www.sweg.de
Station „Bahlingen-Hauptstraße"

Nimburg
Bergkirche Nimburg

An Stelle der heutigen Kirche stand bereits im 10. Jh. eine romanische Kapelle. Mitte des 15. Jh. gründete dann das Freiburger Antoniterhaus hier ein Kloster und begann mit dem Bau des bis heute erhaltenen Langhauses, in das romanische Elemente der Urkirche integriert wurden. Mitte des 16. Jh. gaben die Antoniter das Kloster auf. Die Versorgung kranker Menschen wurde jedoch in den ehemaligen Klostergebäuden fortgesetzt. Mitte des 18. Jh. wurde die Kirche umgebaut. Mitte des 20. Jh. restauriert.

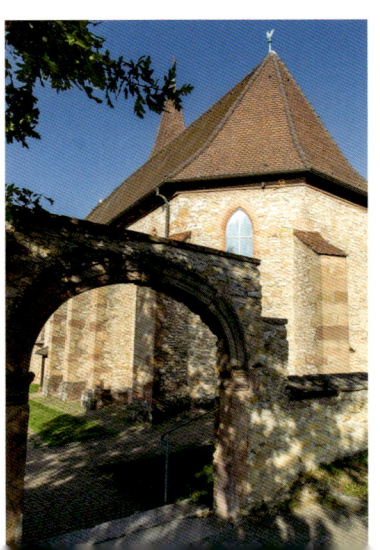

Was ?

Mehrfach umgebaute und restaurierter Kirche vom Anfang des 16. Jh.
Barocker Taufstein aus der Mitte des 17. Jh.
Oberer Freskenzyklus vermutlich aus der ersten Hälfte des 17. Jh.
Schöner Ausblick vom Kirchhof.
Hochkarätige Konzerte durch den Freundeskreis „Musik in der Bergkirche e.V.".

Wann ?

Zugang:
Außen jederzeit frei zugänglich.
Kirche verschlossen.
Infotafeln vorhanden.
Rückfragen für Besichtigungen und Führungen:
Ev. Pfarramt Nimburg
Di und Do von 10:00 bis 11:30
Tel. +49-7663-2260 oder
Familie Kern Tel. +49-7663-3590

Wo ?

Individualverkehr:
Von der A5, Abfahrt Teningen über die L114 Richtung Nimburg, dann über die Bottinger Straße und Burgstraße in die Antoniterstraße.
ÖPNV:
www.rvf.de, www.sweg.de
Station „Nimburg-Langstraße"
dann ca. 1,2 Kilometer Fußweg.

204

Kapitel III

An Elz und Glotter

Kapitel III
An Elz und Glotter

80 S. 210 Holzhausen - Schloss
81 S. 212 Holzhausen - Kirche St. Pankratius
82 S. 214 Reute - Kirche U.L. Frau v. Rosenkranz
83 S. 216 Vörstetten - Alamannen-Museum
84 S. 218 Denzlingen - Altes Rathaus
85 S. 220 Denzlingen - Ev. Kirche St. Georg
86 S. 222 Denzlingen - Storchenturm
87 S. 224 Denzlingen - Heimethues
88 S. 226 Waldkirch - Rathaus
89 S. 228 Waldkirch - Marktplatz
90 S. 230 Waldkirch - Stadtkapelle
91 S. 232 Waldkirch - Kirchplatz
92 S. 234 Waldkirch - Stiftskirche St. Magarethen
93 S. 236 Waldkirch - Elztalmuseum
94 S. 238 Waldkirch - Edelsteinschleiferei
95 S. 240 Waldkirch - Orgelbauersaal
96 S. 244 Waldkirch - Naturerlebnispark
97 S. 246 Waldkirch - Ruine Kastelburg
98 S. 248 Emmendingen - Niederemmendinger Tor
99 S. 250 Emmendingen - Schlosserhaus
100 S. 252 Emmendingen - Ev. Stadtkirche
101 S. 254 Emmendingen - Stadtbild
102 S. 256 Emmendingen - Museen im Markgrafenschloss
103 S. 258 Emmendingen - Jüdisches Museum
104 S. 260 Emmendingen - Deutsches Tagebucharchiv
105 S. 262 Emmendingen - Kirche St. Bonifatius
106 S. 264 Emmendingen - Alter Friedhof
107 S. 266 Emmendingen - Hochburg
108 S. 268 Emmendingen - Eichbergturm
109 S. 270 Emmendingen - Klosterruine Tennenbach

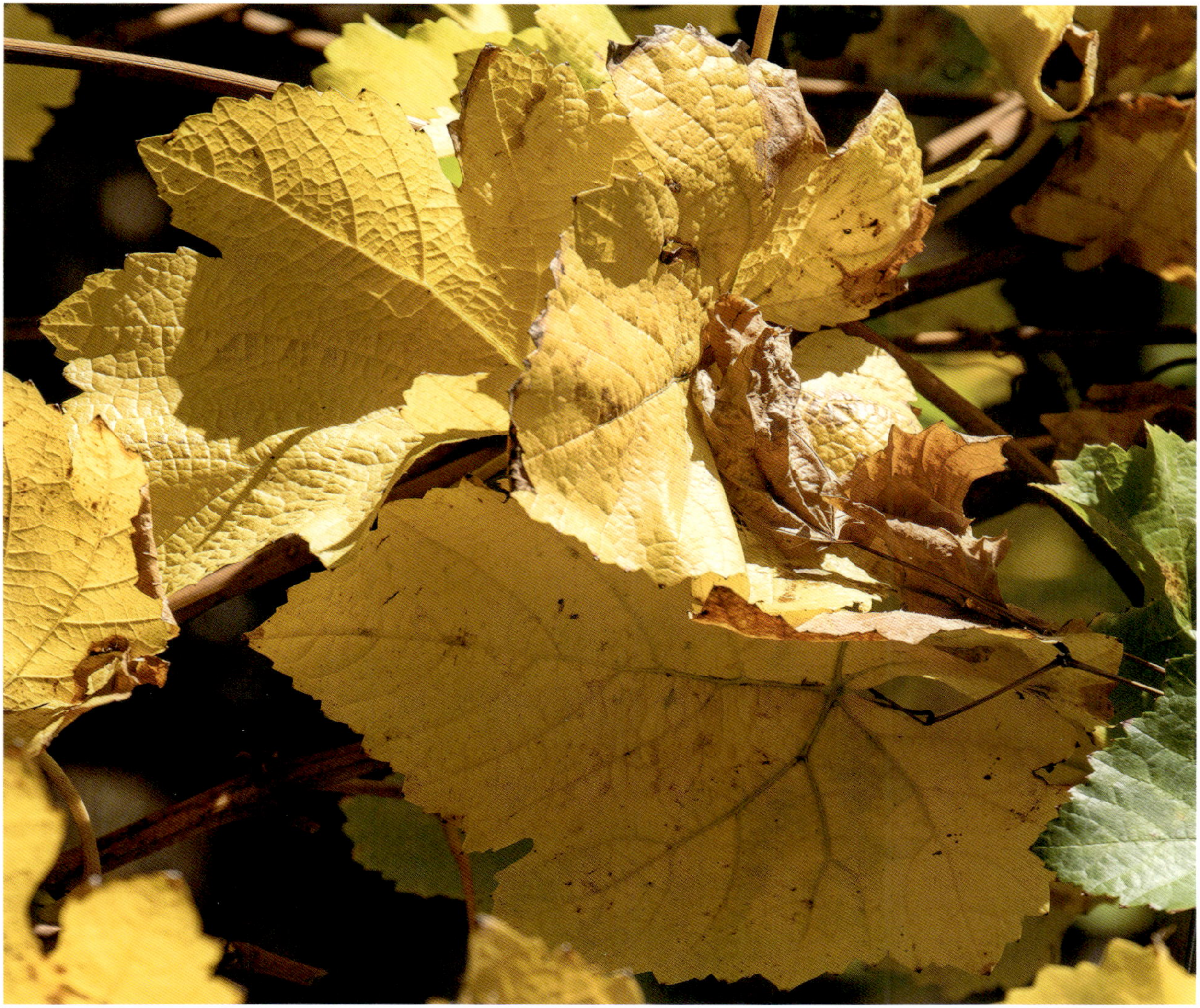

A5

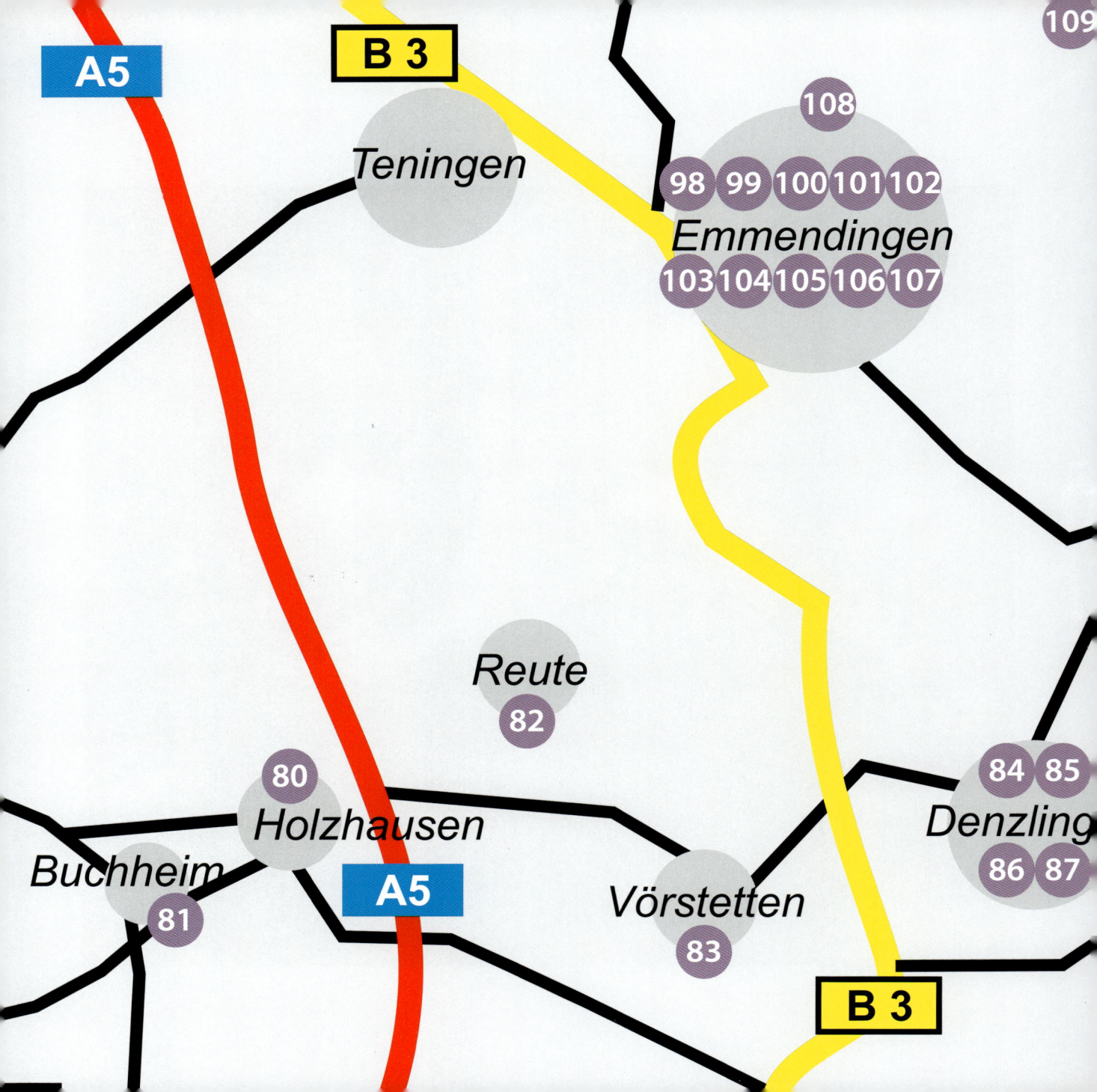

B 3

Teningen

108
98 99 100 101 102
Emmendingen
103 104 105 106 107

109

Buchheim
81

Holzhausen
80

A5

Reute
82

Vörstetten
83

Denzling
84 85
86 87

B 3

Gutach

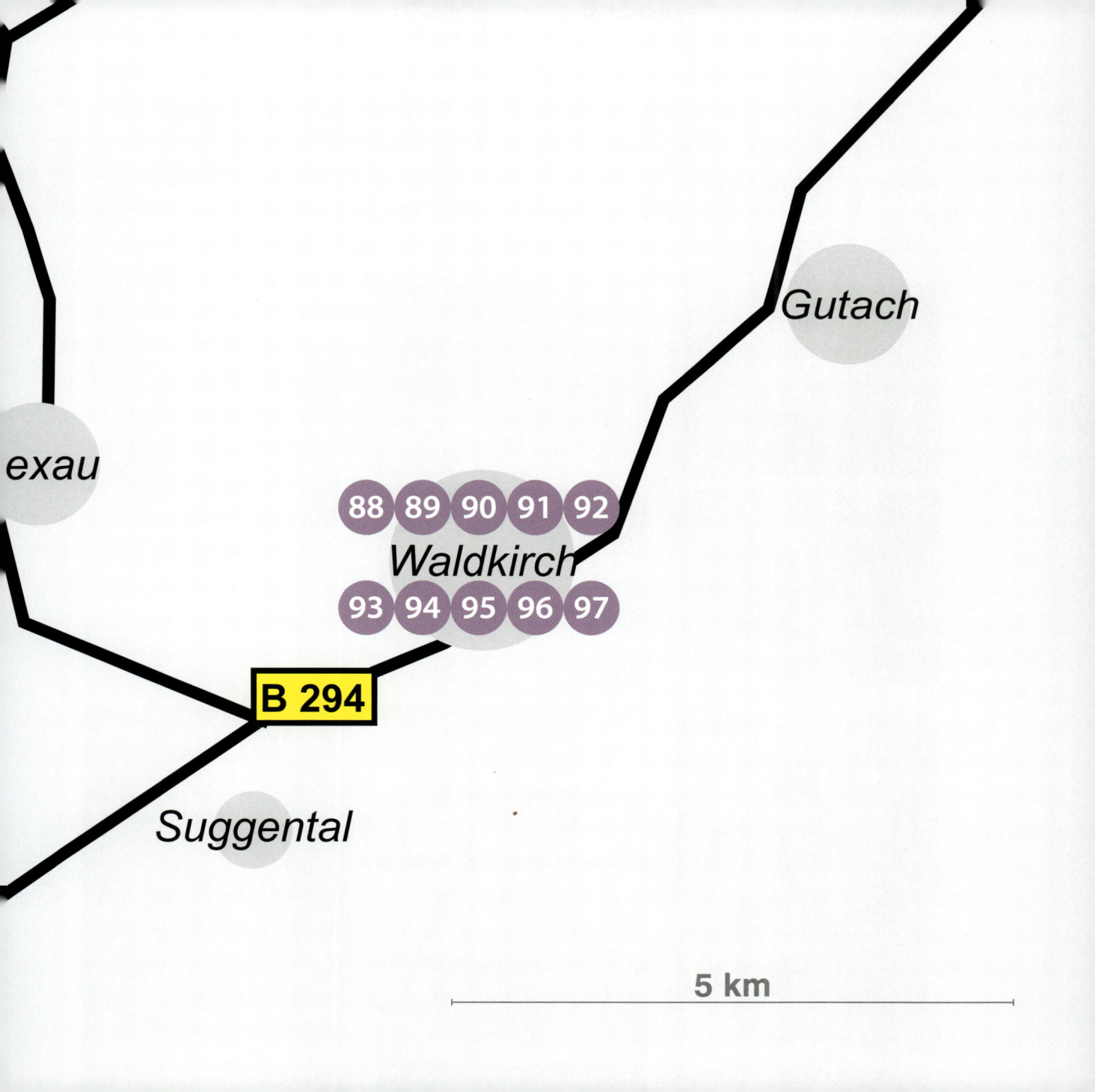

88 89 90 91 92
Waldkirch
93 94 95 96 97

B 294

Suggental

exau

5 km

Holzhausen Schloss

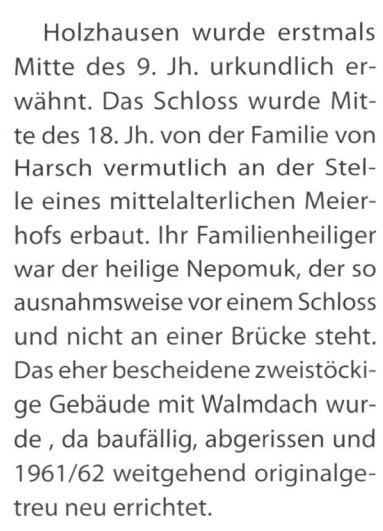

Holzhausen wurde erstmals Mitte des 9. Jh. urkundlich erwähnt. Das Schloss wurde Mitte des 18. Jh. von der Familie von Harsch vermutlich an der Stelle eines mittelalterlichen Meierhofs erbaut. Ihr Familienheiliger war der heilige Nepomuk, der so ausnahmsweise vor einem Schloss und nicht an einer Brücke steht. Das eher bescheidene zweistöckige Gebäude mit Walmdach wurde , da baufällig, abgerissen und 1961/62 weitgehend originalgetreu neu errichtet.

Was ?

Bescheidenes Schloss in einem schönen Garten.
Statue des heiligen Nepomuk.
In der Umgebung des Schlosses stehen einige schöne Fachwerkhäuser.

Wann ?

Zugang:
Von Außen jederzeit frei zugänglich.
Das Schloss ist Privatbesitz und ist daher nicht zugänglich.

Wo ?

Individualverkehr:
Von der A5, Abfahrt Freiburg Nord über die B294 auf die Benzhauser Straße. Das Schloss liegt an der Kreuzung Benzhauser Straße und L187.
ÖPNV:
www.rvf.de, www.sweg.de
Station „March-Holzhausen - Adler".

Holzhausen
Kirche St. Pankratius

Von der ersten, in der zweiten Hälfte des 15. Jh. errichteten Kirche, ist noch der Glockenturm erhalten, der den Endruck eines Wehrturms vermittelt. Er ist damit das älteste Gebäude, das in March erhalten ist. Die Kirche wurde in der zweiten Hälfte des 19. Jh. durch einen Neubau ersetzt. Von der Vorgängerkirche ist auch noch ein Taufstein aus dem frühen 17. Jh. erhalten. Die spätbarocken Altäre gelten als Meisterwerke ihrer Epoche.

Was ?

Schöne leicht erhöhte Lage auf dem ehemaligen Friedhof.
Der Glockenturm ist das älteste Gebäude in March.
Taufstein aus dem frühen 17. Jh.
Meisterhafte spätbarocke Altäre.

Wann ?

Öffnungszeiten:
Von Außen jederzeit frei zugänglich.
Das Innere ist tagsüber geöffnet.
Informationen:
Pfarrbüro Holzhausen
Kirchstraße 4
79232 March-Holzhausen
Tel. +49-7665-1742
pfarrbuero.holzhausen@kath-margot.de
Fr von 14:00 bis 17:00

Wo ?

Kirchstraße 10
79232 March-Holzhausen
Individualverkehr:
Von der A5, Abfahrt Freiburg Nord über die B294, Benzhauser Straße und Buchsweiler Straße in die Kirchstraße.
ÖPNV:
www.rvf.de, www.sweg.de
Station „March-Holzhausen - Adler".

Reute
Kirche U.L. Frau vom Rosenkranz

Einige Fundamente und Wandteile im Bereich des Turms und des Chores stammen aus romanischer Zeit. Die erste schriftliche Erwähnung datiert auf die Mitte des 13. Jh. Der heutige Kirchenraum wurde in gotischer Zeit erbaut. Aus dem Barock stammt auch der heutige Altar. Die Kirche steht inmitten eines alten Friedhofes. Bemerkenswert ist die alte Grabplatte mit dem Familienwappen der beiden Brüder Philipp und Andreas Johannes Held von Arl, die in der zweiten Häflte des 16. Jh. lebten.

Was ?

Gotische Kirche mit romanischen Resten.
Schöne Lage inmitten eines alten Friedhofs.
Barocker Hochaltar.
Reste von Wandgemälden.
Grabplatte mit dem Wappen der Familie Held von Arl an der Rückwand des alten Pfarrhauses.

Wann ?

Öffnungszeiten:
Von Außen jederzeit frei zugänglich.
Das Innere ist täglich
von 14:00 bis 16:00 geöffnet.
Informationen:
Pfarramt
Kirchstraße 6
79276 Reute
Tel. +49-7641-52104

Wo ?

Kronengasse
79279 Unterreute
Individualverkehr:
Von der A5, Abfahrt Freiburg Nord über die L187, K5141 und K5130 nach Unterreute.
ÖPNV:
www.rvf.de, www.sweg.de
Station „Unterreute-Kronengasse".

Vörstetten
Alamannen-Museum

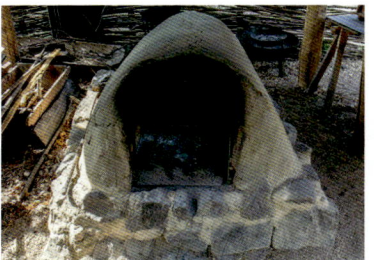

Das Museum zeigt die Ergebnisse von Ausgrabungen, die zwischen 1998 und 2010 in Vörstetten durchgeführt wurden und öffnet damit ein Zeitfenster in die Übergangszeit zwischen Spätantike und Frühmittelalter im 4. und 5. Jh. Die Dauerausstellung zeigt zahlreiche Funde und erläutert mit Schautafeln das Leben der Alamannen in dieser Zeit. Im Freigelände wurde nach dem Konzept der experimentellen Archäologie ein Alamannenhof mit Wohnstall- und Grubenhaus, Backofen und Handwerkerhaus rekonstruiert.

Was ?

Dauerausstellung mit Fundstücken. Informationstafeln zum Leben der Alamannen. Rekonstruktion eines Alamannenhofes nach dem Konzept der experimentellen Archäologie. Garten mit alten Getreide und Gemüsesorten sowie Kräutern.

Wann ?

Öffnungszeiten:
Do von 10:00 bis 17:00
Fr   von 10:00 bis 15:00
Sa von Mai bis Okt
     von 14:00 bis 18:00

Informationen:
Tel. +49-7666-8820042
info@alamannen-museum.de
www.alamannen-museum.de

Wo ?

Alamannen-Museum Vörstetten
Denzingerstraße 24
79279 Vörstetten
Individualverkehr:
Von der A5, Abfahrt Freiburg Nord über die B294 und die K4917 über die Freiburger Straße in die Denzlinger Straße.
ÖPNV:
www.rvf.de, www.sweg.de
Station „Vörstetten-Reutacker"

Denzlingen
Altes Rathaus

Seinen Namen hat Denzlingen vom alemannischen Stammesfürsten Denzilo, der hier im 5. Jh. lebte. Ende des 10. Jh. wurde der Ort erstmals urkundlich erwähnt. Ursprünglich bestand Denzlingen aus zwei Siedlungen, Ober- und Unterdorf, beide an der Glotter gelegen und mittlerweilen zusammengewachsen. Das Alte Rathaus im Zentrum des Oberdorfs wurde Anfang des 20. Jh. errichtet und beherbergt heute den Ratssaal des Gemeinderates. Das Gebäude liegt unmittelbar an der Glotter, die Denzlingen durchzieht und auch den originellen Rathausbrunnen speist. Neben dem Alten Rathaus steht die Storchenplastik von Helmut Lutz.

Was?

Gebäude vom Anfang des 20. Jh. mit Ratssaal des Gemeinderates. Schöne Lage im Zentrum des Oberdorfs an der Glotter. Rathausbrunnen. Storchenplastik von Helmut Lutz.

Wann?

Zugang:
Von außen jederzeit frei zugänglich.

Wo?

Individualverkehr:
Von der A5, Abfahrt Freiburg Nord über die B294 auf die L112/Hauptstraße. Die Alte Rathaus steht in Bahnhofsnähe unmittelbar an der L112/Hauptstraße.
ÖPNV:
www.rvf.de, www.sweg.de
Station „Denzlingen-Bahnhof/Rathaus"
DB-Rheintalbahn, Bhf. Denzlingen

Denzlingen
Evang. Kirche St. Georg

Die ältesten erhaltenen Bauteile der zu Beginn des 14. Jh. erstmals erwähnten Kirche sind gotische Fenster aus dem 14. Jh. und Wandmalereien aus dem 15. Jh., beide im Erdgeschoss des Turms. Da Denzlingen zur Markgrafschaft gehörte, wurde die ursprünglich katholische Kirche mit der Reformation eine evangelische. Bemerkenswert ist der Mitte des 16. Jh. errichtete offene Turmhelm mit seiner Wendeltreppe. Die Spiraltreppe gilt als die älteste der Welt auf einem Kirchturm. Vermutlich wurde der Erbauer der Treppe von einer Veröffentlichung Albrecht Dürers über Spiralkonstruktionen inspiriert, die 10 Jahre vor dem Bau publiziert worden war.

Was ?

Gotische Fenster und Malereien im Erdgeschoss des Turms. Ungewöhnlicher offener Turmhelm mit der ersten Wendeltreppe auf einem Kirchturm. Alte Epitaphen vor der Kirche. Großer Friedhof hinter der Kirche.

Wann ?

Zugang:
Jederzeit frei zugänglich.
Das Innere ist tagsüber geöffnet.
Informationen:
Ev. Kirchengemeinde Denzlingen
Tel. +49-7666-5024
www.ev-denzlingen.de

Wo ?

Individualverkehr:
Von der A5, Abfahrt Freiburg Nord über die B294 auf die L112/Hauptstraße. Die Kirche steht im Zentrum des Oberdorfs.
ÖPNV:
www.rvf.de, www.sweg.de
Station „Denzlingen-Bahnhof/Rathaus"
DB-Rheintalbahn, Bhf. Denzlingen

Denzlingen Storchenturm

Die Kirche St. Michael im alten Dorfzentrum im Unterdorf wurde erstmals in der 2. Hälfte des 13. Jh. schriftlich erwähnt. Nach dem Dreißigjährigen Krieg wurde sie nicht mehr als Kirche genutzt. Später wurde sie zum Fruchtspeicher und Feuerwehrgerätehaus. Den Namen „Storchenturm" verdankt sie dem heute videoüberwachten Storchennest. 1979 wurde die Sakristei durch den bekannten Denzlinger Künstler Theodor Zeller ausgemalt, auch sind dort Bilder von ihm ausgestellt.

Was ?

Alter Kirchturm mit eh. Sakristei. Videoüberwachtes Storchennest. Sonnenuhr mit den Symbolen für die vier Jahreszeiten. Ausstellung mit Bildern des Denzlinger Künstlers Theodor Zeller in der Sakristei.

Wann ?

Öffnungszeiten:
Führungen nach Vereinbarung
Herr Daniel Böhler
d.boehler@kaleas.de
www.hugv-denzlingen.de

Wo ?

Individualverkehr:
Von der A5, Abfahrt Freiburg Nord über die B294 auf die L112/Hauptstraße. Der Storchenturm steht im Unterdorf gegenüber dem Restaurant Rebstock-Stuben.
ÖPNV:
www.rvf.de, www.sweg.de
Station „Denzlingen-Bahnhof/Rathaus"
DB-Rheintalbahn, Bhf. Denzlingen

Denzlingen
Heimethues

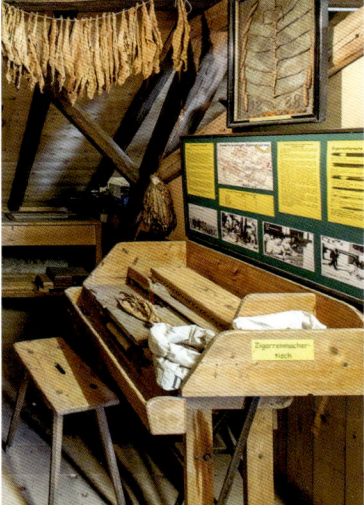

Was ?

Altes, sehr schön renoviertes Anwesen.
Themenbereiche zu altem Handwerk wie Schuster, Schuhmacher, Hanf- und Holzverarbeitung sowie Zigarrenherrstellung.
Rekonstruktion eine alten Küche und eines Schlafzimmers.
Sammlung landwirtschaftlicher Geräte bis hin zum alten Traktor.

Wann ?

Öffnungszeiten:
Führungen nach Vereinbarung
Herr Manfred Wössner
Tel. +49-7666-900457
www.hugv-denzlingen.de

Wo ?

Individualverkehr:
Von der A5, Abfahrt Freiburg Nord über die B294 auf die L112/Hauptstraße. Das Heimethues liegt im Unterdorf neben dem Restaurant Rebstock-Stuben.
ÖPNV:
www.rvf.de, www.sweg.de
Station „Denzlingen-Bahnhof/Rathaus"
DB-Rheintalbahn, Bhf. Denzlingen

Waldkirch Rathaus

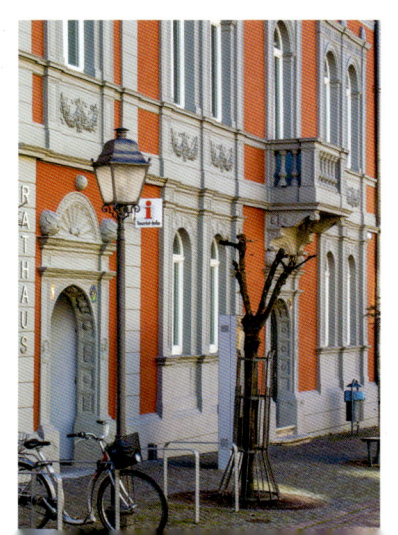

Die Geschichte Waldkirchs geht auf das frühe 10. Jh. und die Gründung des Frauenklosters St. Margarethen zurück. Die Schwarzenberger, unter deren Schutz Kloster und Ansiedlung standen, errichteten die Schwarzenburg und die Kastelburg sowie im 13. Jh. eine Stadtmauer. Im Jahr 1.300 erhielt Waldkirch das Stadtrecht. Mitte des 16. Jh. kam die Stadt durch Kauf an die Habsburger, bei denen es bis zum Übergang an das Großherzogtum Baden Anfang des 19. Jh. verblieb. Die Wirtschaft der Stadt wurde stark vom Silberbergbau, der Textilwirtschaft, der Edelsteinschleiferei und dem Orgelbau geprägt. Steinreliefs im Hof des Rathauses erinnern daran. Dort zeugt auch ein Narrenbrunnen von der wichtigen fünften Jahreszeit. Heute ist Waldkirch Standort mehrerer weltweit tätiger Unternehmen. Auch der Europapark in Rust hat seinen Ursprung in der über zwei Jahrhunderte alten Tradition der in Waldkirch beheimateten Familie Mack mit dem Bau von Kutschen und Orgelwägen.

Was ?

Gebäude im Stil der Spätrenaissance aus der Mitte des 19. Jh. Narrenbrunnen im Innenhof. Steinreliefs mit den wichtigsten Gewerben in der Geschichte Waldkirchs.
Sitz der Tourist-Information.

Wann ?

Von Aussen und der Innenhof sind jederzeit frei zugänglich.
Tourist-Information:
www.stadt-waldkirch.de
Tel. +49-7681-19433
touristinformation@stadt-waldkirch.de

Wo ?

Marktplatz
79183 Waldkirch
Individualverkehr:
Von der A5, Abfahrt Freiburg Nord über die B294 in die Freiburger Straße und Lange Straße. Der Marktplatz ist Fußgängerzone.
ÖPNV:
www.rvf.de, www.sweg.de
Station „Waldkirch-Stadtmitte".

Waldkirch
Marktplatz

89

Was ?

Stadtzentrum umgeben von historischer Bebauung.
Ein Marktbrunnen bestand bereits in der zweiten Hälfte des 16. Jh. Der heutige Marienbrunnen wurde 1953 errichtet.
Zahlreiche schöne Nasenschilder von Gasthäusern, Restaurants und Cafe`s.
Zwei mal wöchentlich Markttag.

Wann ?

Jederzeit frei zugänglich.
Markt:
Mi und Sa von 07:30 bis 12:00.

Wo ?

Marktplatz
79183 Waldkirch
Individualverkehr:
Von der A5, Abfahrt Freiburg Nord über die B294 in die Freiburger Straße und Lange Straße. Der Marktplatz ist Fußgängerzone.
ÖPNV:
www.rvf.de, www.sweg.de
Station „Waldkirch-Stadtmitte".

Waldkirch Stadtkapelle

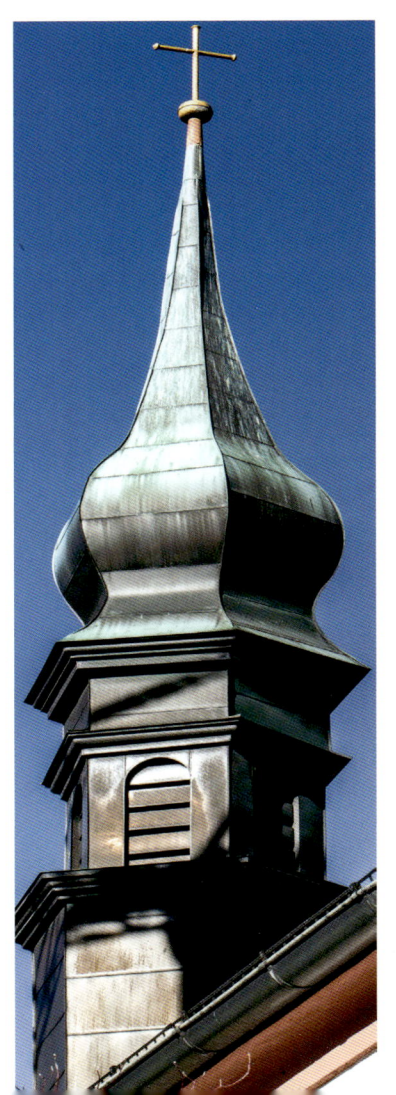

Ursprünglich mussten die Bürger der Stadt zum Gottesdienst die Stadt verlassen und zur auserhalb der Stadtmauern gelegenen Kirche St. Walburga gehen. Das war vor allem im Winter beschwerlich und in unsicheren Zeiten auch gefählich. So wurde in der ersten Hälfte des 14. Jh. die Stadtkapelle Unserer Lieben Frau errichtet, die damit wohl auch das älteste Gebäude in Waldkirch ist. Anfang der 30er Jahre wurde dann der Chor ergänzt und ein barocker Hochaltar aufgestellt.

Was ?

Ältestes Gebäude in Waldkirch aus der ersten Hälfte des 14. Jh. Barocker Hochaltar.

Wann ?

Zugang:
Von Außen jederzeit frei zugänglich.
Die Kapelle ist tagsüber zugänglich.
Informationen:
Pfarrbüro Waldkirch
Kirchplatz 9
79183 Waldkirch
Tel. +49-7681-7208
buero-waldkirch@ksew.de
www.kath-waldkirch.de

Wo ?

Lange Straße Ecke Turmstraße
79183 Waldkirch
Individualverkehr:
Von der A5, Abfahrt Freiburg Nord über die B294 in die Freiburger Straße.
ÖPNV:
www.rvf.de, www.sweg.de
Station „Waldkirch-Stadtmitte".

Waldkirch Kirchplatz

In der ersten Hälfte des 10. Jh. wurde das adelige Frauenkloster St. Margarethen gegründet. Gegen Ende des 10. Jh. wurde es vom späteren Kaiser Otto III zum Reichskloster erhoben. In der ersten Hälfte des 15. Jh. verwaiste das Kloster und wurde zu einem Chorherrenstift. Im Zuge der Säkularisierung wurde das Stift Anfang des 19. Jh. aufgehoben. Geblieben ist ein vollständig erhaltenes Ensemble barocker ehemaliger Kanonikerhäuser rund um die ehemalige Stiftskirche St. Margarethen.

Was ?

Nr. 2 Kanonikatshaus
Nr. 1-5 Kaplaneihäuser
Nr. 10 Chorregentenhaus
Nr. 7 Stiftscheuer
Nr. 9 Dekanei
Nr. 14 Propstei,
heute Elztalmuseum
Nr. 16 Stiftisches Amtshaus

Wann ?

Zugang:
Von Außen jederzeit frei zugänglich.

Wo ?

Kirchplatz
79183 Waldkirch
Individualverkehr:
Von der A5, Abfahrt Freiburg Nord über die B294, Freiburger Straße, Schiller- und Probsteistraße auf den Kirchplatz.
ÖPNV:
www.rvf.de, www.sweg.de
Station „Waldkirch-Stadtmitte".

Waldkirch
Stiftskirche St. Magarethen

Das baufällige Münster des Kollegiatstiftes St. Magarethen wurde in der zweiten Hälfte des 18. Jh. durch eine Stiftskirche im Stil des Vorarlberger Barocks ersetzt. Baumeister war Peter Thumb, dem zahlreiche barocke Kirchen in der Region zu verdanken sind. Der Hochaltar und die Deckengemälde vom Maler Franz Bernhard Altenburger stellen Szenen aus dem Leben der Heiligen Margarethe dar. Die Margarethenstatue an der Fassade stammt möglicherweise vom Bildhauer Johann Michael Winterhalter.

Was ?

Prächtige barocke Stiftskirche vom Vorarlberger Peter Thumb. Schöne Decken- und Altargemälde mit Szenen aus dem Leben der Heiligen Margarethe. Margarethenstatue an der Fassade. Orgel von Eberhard Friedrich Walcker, dem großen Orgelbauer des 19. Jh.
Chorgestühl vom Ende des 17. Jh.

Wann ?

Öffnungszeiten:
Von außen jederzeit frei zugänglich.
Das Innere ist tagsüber geöffnet.
Informationen:
Pfarrbüro Waldkirch
Kirchplatz 9
79183 Waldkirch
Tel. +49-7681-7208
buero-waldkirch@ksew.de
www-kath-waldkirch.de

Wo ?

Kirchplatz
79183 Waldkirch
Individualverkehr:
Von der A5, Abfahrt Freiburg Nord über die B294, Freiburger Straße, Schiller- und Probsteistraße auf den Kirchplatz.
ÖPNV:
www.rvf.de, www.sweg.de
Station „Waldkirch-Stadtmitte".

Waldkirch
Elztalmuseum

Was ?

Ehemaliges barockes Chorherrenstift aus dem 18. Jh.
Unter dem Motto „TalGeschichten" wird die 1100jährige Siedlungsgeschichte des Elztals seit 2018 neu präsentiert.
Ein weiteres Herzstück ist die Ausstellung zum Waldkircher Orgelbau und zu den mechanischen Musikinstrumenten, die überwiegend spielbar sind.

Wann ?

Öffnungszeiten:
Di bis Sa   von 13:00 bis 17:00
So   von 11:00 bis 17:00
Öffentliche Orgelführungen:
Mi   um 15:00
So   um 14:30
Weitere Führungen auf Nachfrage:
Tel. +49-7681-478530
info@elztalmuseum.de
www.elztalmuseum.de

Wo ?

Kirchplatz 14
79183 Waldkirch
Individualverkehr:
Von der A5, Abfahrt Freiburg Nord über die B294, Freiburger Straße, Schiller- und Probsteistraße auf den Kirchplatz.
ÖPNV:
www.rvf.de, www.sweg.de
Station „Waldkirch-Stadtmitte".

Waldkirch
Edelsteinschleiferei Wintermantel

Die Tradition der Edelsteinschleiferei geht in Waldkirch auf das 15 Jh. zurück. Anfang des 16. Jh. waren hier bereits etwa 40 Balierer, die die Steine schliffen und polierten, Bohrer zum Herstellen von Löchern und Hohlwerker zur Anfertigung von Gefäßen, vor allem aus Bergkristal, beschäftigt. Grundlagen des Geschäftes waren die von der Elz beigesteuerte Wasserkraft, der in der Umgebung vorkommende Sandstein für die Schleifsteine sowie Bergkristall, Achat, Jaspis, Chalcedon und Karneol aus dem Kaiserstuhl. Als dann in der ersten Hälfte des 16. Jh. Böhmen unter Habsburger Herrschaft kam, wurden vor allem böhmische Granaten verarbeitet.

Trotz zahlreicher Einbrüche durch Pest, Kriege, Revolutionen und Wirtschaftskrisen konnte sich das Gewerbe immer wieder erholen und bis in die zweite Hälfte des 19. Jh. halten. Heute existiert noch die Firma August Wintermantel. Die historische Werkstatt ist seit den 60er Jahren stillgelegt und kann im Rahmen von Führungen besichtigt werden.

Was ?

Historische Edelsteinschleiferei. Technik-Denkmal einer 600-jährigen Tradition im Breisgau. Moderne Werkstatt teilweise noch in Betrieb, zeigt die heutige Handwerkskunst der Edelsteinschleiferei. Juweliergeschäft mit besonderem Schwerpunkt auf echte Edelsteine in hoher Qualität.

Wann ?

Öffnungszeiten Geschäft:
Mo, Di, Do und Fr
            von 09:30 bis 13:00
            von 14:30 bis 18:30
Mi und Sa   von 09:30 bis 13:00
Führungen:
Mai bis Sep am Di um 10:30
Treffpunkt Elzstraße 2
august.wintermantel@t-online.de
Tel. +49-7681-6014

Wo ?

Elzstraße 2
79183 Waldkirch
Individualverkehr:
Von der A5, Abfahrt Freiburg Nord, über die B294 nach Waldkirch, dort über die Lange Straße und die Ringstraße in die Elzstraße.
ÖPNV:
www.rvf.de
Station „Waldkirch-Stadtmitte"

Waldkirch
Orgelbauersaal

Dass Orgeln eine wichtige Rolle in Waldkirch spielen, kann der Besucher schon bei der Einfahrt in die Stadt feststellen. Dort liegen die mit je 7 Meter Länge und 50 Tonnen Gewicht größten Musikwalzen der Welt aus finnischem Granit und ursprünglich zur Papierherstellung gedacht. Mit Metallstiften wurden sie zu Musikwalzen, die untere könnte „La Paloma" spielen. Waldkirch blickt auf eine über 220-jährige Tradition im Orgelbau zurück, dabei reicht das Spektrum von der Flötenuhr und Drehorgeln bis hin zu mächtigen Kirchenorgeln, die in alle Welt exportiert werden. Von den ursprünglich zahlreichen Werkstätten sind heute nur noch fünf in Betrieb, darunter Jäger & Brommer unmittelbar neben dem Orgelbauersaal, in dem über 80 Exponate besichtigt werden können, darunter kostbare Drehorgeln mit beweglichen Figuren. Träger des Orgelbauersaals ist die „Waldkircher Orgelstiftung", die unter anderem mit dem Kulturprojekt „KönigsKinder" Kindern die Welt der Orgeln näher bringt.

Was ?

Die größten Musikwalzen der Welt.
Jäger & Brommer, eine der noch bestehenden Orgelwerkstätten.
www.waldkircher-orgelbau.de
Orgelbauersaal mit über 80 seltenen Exponaten.
www.koenigskinder.online
www.deutsche-orgelstrasse.de

Wann ?

Führungen:
www.waldkircher-orgelstiftung.de
info@waldkircher-orgelstiftung.de
Tel. +49-7681-9396

Wo ?

Waldkircher Orgelstiftung
Gewerbekanal 1 | 79183 Waldkirch
Individualverkehr:
Von der A5, Abfahrt Freiburg Nord über die B294 in die Freiburger Straße, dann über die Hindenburgstr. und Gustav-Vetter-Str. in die Mozartstr.
ÖPNV:
www.rvf.de, www.sweg.de
Station „Waldkirch-Stadthalle".

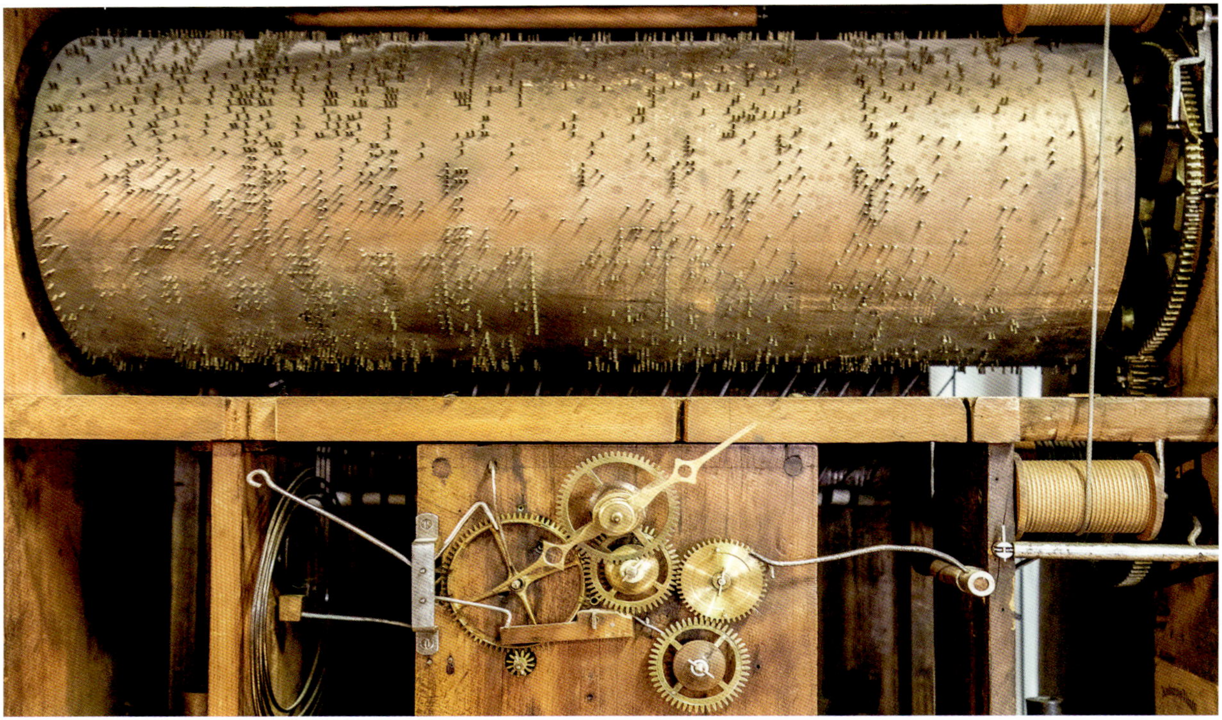

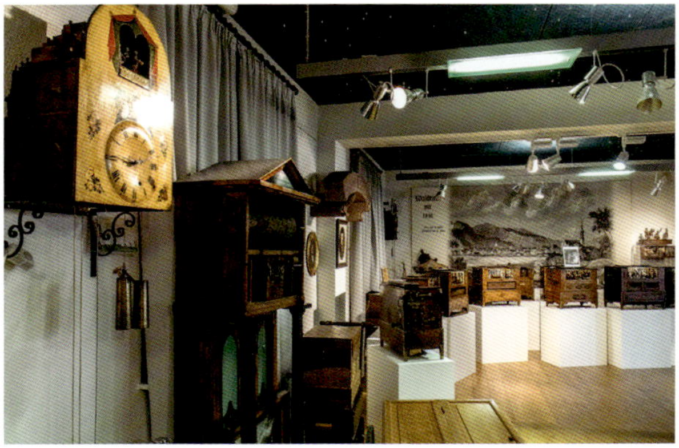

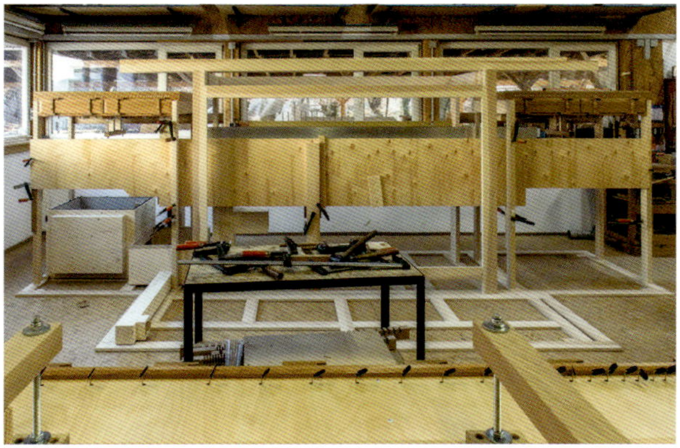

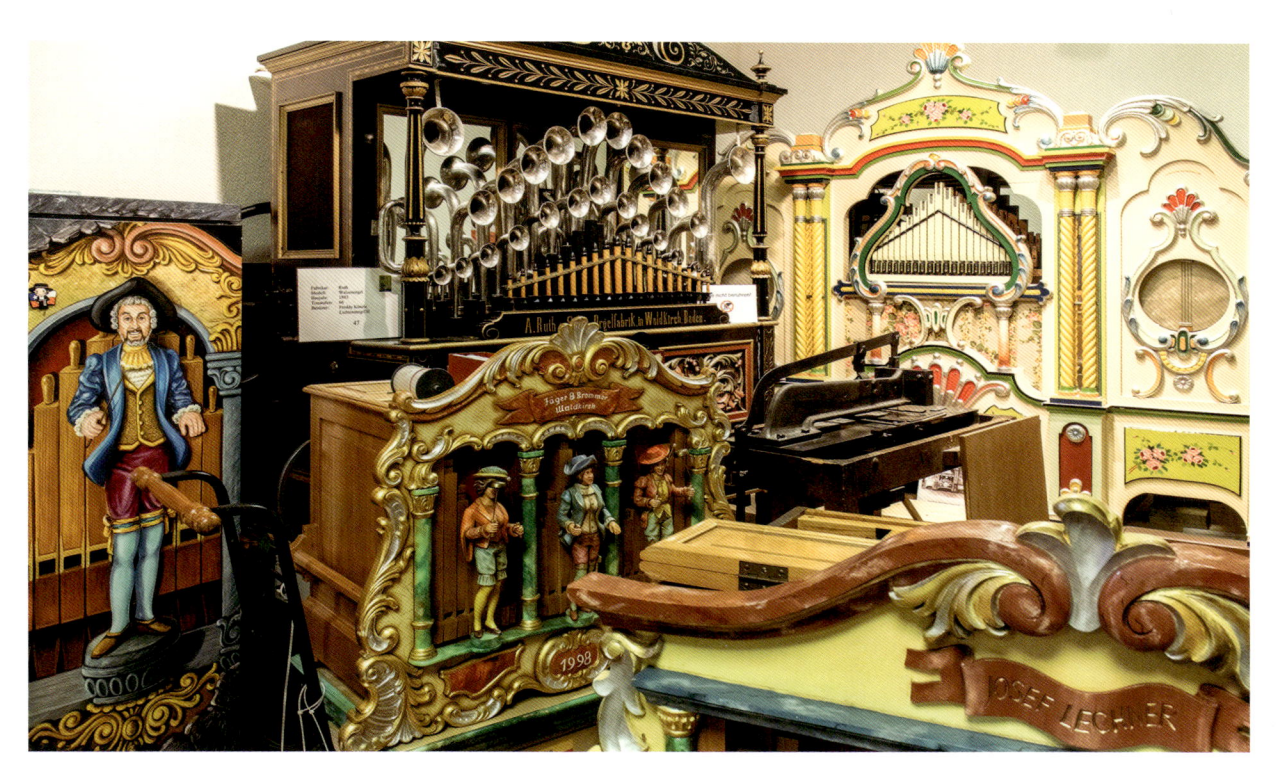

Orgelbauersaal

Waldkircher Orgelstiftung

Waldkirch
Naturerlebnispark

96

Was ?

Stadtrainsee mit Bootsverleih.
Seecafé und Seeterrasse.
Abenteuer-Minigolf.
Orgelbrunnen und Rosengarten.
Kinderspielplatz.
Schwarzwaldzoo.
Baumkronenweg mit Barfuß- und Abenteuerpfad.
Europas längste Röhrenrutsche.

Wann ?

Park und Teich sind jederzeit frei zugänglich, auch in der kalten Jahreszeit einen Besuch und Spaziergang wert.
Schwarzwaldzoo:
Mär und Okt von 09:00 bis 18:00
Nov von 09:00 bis 17:00
Baumkronenweg/Röhrenrutsche:
unter www.baumkronenweg-waldkirch.de

Wo ?

Individualverkehr:
Von der A5, Abfahrt Freiburg Nord über die B294 in die Freiburger Straße. Zum westlichen Ende über die Erwin-Sick-Str., zum östlichen Ende über die Schiller- und Goethestr.
ÖPNV:
www.rvf.de, www.sweg.de
Station „Waldkirch-Elztalstadion".

Waldkirch
Ruine Kastelburg

Die Burg wurde Mitte des 13. Jh. durch die Herren von Schwarzenberg zum Schutz der Waldkirchs und des Handelsweges durch das Elztal erbaut. Aus dieser Zeit stammt der 28 Meter hohe Bergfried, andere Gebäude wurden im 16. Jh. ergänzt. Später wechselten dann mehrfach die Besitzer. Wie bei vielen Burgen im Breisgau während des Dreißigjährigen Krieges wurde sie dann von den kaiserlichen österreichischen Truppen zerstört, um sie nicht den heranziehenden Schweden überlassen zu müssen.

Was ?

Ritterweg von der Stadt auf die Ruine mit acht hölzernen Rittern, die auf Tafeln die Geschichte der Burg, deren Besitzer und über das Leben der Ritter berichten, spannend für Kinder.
Gut erhaltene Burganlage.
28 Meter hoher Bergfried.
Schöner Ausblick auf die Stadt Waldkirch und das Elztal.

Wann ?

Öffnungszeiten:
Jederzeit frei zugänglich.
Der Bergfried kann nur im Rahmen von Führungen bestiegen werden.
Informationen:
Tourist Information Waldkirch
Tel. +49-7681-19433
touristinformation@stadt-waldkirch.de

Wo ?

Individualverkehr:
Von der A5, Abfahrt Freiburg Nord über die B294, Freiburger Straße, Engelstraße, Bahnhofstraße, Bahnhofplatz in den Heitererweg, dort Beginn des Ritterweges.
ÖPNV:
www.rvf.de, www.sweg.de
Station „Waldkirch-Bahnhof".

Emmendingen
Nieder-Emmendinger Tor

Von den ursprünglich 4 Stadttoren Emmendingens ist nur das Nieder-Emmendinger Tor erhalten geblieben. Der Name kommt vom nördlich der Stadt gelegenen Dorf Nieder-Emmendingen. Dort wurde Mitte des 18. Jh. die Karl Friedrich-Straße angelegt. Das Tor wurde im 17. Jh. im spätbarocken Stil errichtet, das Glockentürmchen stammt vom Beginn des 18. Jh. und der zweite Torbogen wurde, wie die Inschrift zeigt, 1929 erstellt. Die stadtauswärts zeigende Fratze sollte wohl heranziehende Feinde verhöhnen, darüber befinden sich die Wappen Badens und Emmendingens.

Was ?

Spätbarockes Stadttor.
Galerie im Tor mit Wechselausstellungen zeitgenössischer Kunst.

Wann ?

Zugang:
Außen jederzeit frei zugänglich.
Öffnungszeiten der Galerie im Tor:
Mi von 14:00 bis 17:00
Sa von 11:00 bis 13:00
So von 11:00 bis 17:00
und nach Vereinbarung.
Kulturkreis Emmendingen e.V
kulturkreis-em@gmx.de

Wo ?

Individualverkehr:
Von der A5, Abfahrt Teningen über die L114 und die B3 auf die Karl-Friedrich-Straße. Parkplätze im Bereich des Bahnhofs.
ÖPNV:
www.rvf.de, www.sweg.de
Station „Emmendingen-Bahnhof" dann über die Cornelia-Passage, die Lammstraße in die Karl-Friedrich Straße.

Emmendingen
Schlosserhaus und Neues Rathaus

Das Schlosserhaus war ursprünglich ein Hof, den Markgraf Jakob III. Ende des 16. Jh. als Wohnsitz für die Landvögte und Oberamtsmänner erworben hatte. Berühmt wurde der Bau durch die Schwester Johann Wolfgang Goethes, Cornelia, die mit Johann Georg Schlosser verheiratet war und die 1777 hier verstarb, begraben ist sie auf dem Alten Friedhof in Emmendingen. Schlosser hatte häufig Besuch von Persönlichkeiten der Aufklärung und des Sturm und Drangs, eine Steintafel neben dem Eingang erinnert daran. Der bekannteste Besucher war wohl Goethe, der zweimal in Emmendingen weilte. Im 19. und frühen 20. Jh. wurde das Gebäude von der ersten Brauerei Emmendingens genutzt. Daran erinnern noch die großen oberirdischen Gewölbekeller der Brauerei, die heute in die modernen Gebäude des Neuen Rathauses integriert sind. Vor dem Rathaus stehen zwei Bronzeskulpturen von Karl Bobek. Das Schlosserhaus wird heute als Stadtbibliothek genutzt.

Was ?

Schlosserhaus als ehemaliger Wohnsitz und Sterbeort der Schwester Johann Wolfgang Goethes, heute Stadtbibliothek. Oberirdische Gewölbekeller der ersten Brauerei Emmendingens. Neues Rathaus mit ansprechender Architektur und gelegentlich Ausstellungen im Foyer. Bronzeskulpturen vor dem Rathaus.

Wann ?

Zugang:
Außen jederzeit frei zugänglich.
Öffnungszeiten Rathaus:
Mo bis Fr von 08:00 bis 12:00
und Do   von 14:00 bis 18:00
Tel. +49-7641-452-0
stadt@emmendingen.de

Wo ?

Individualverkehr:
Von der A5, Abfahrt Teningen über die L114 und die B3 auf die Karl-Friedrich-Straße. Parkplätze im Bereich des Neuen Rathauses.
ÖPNV:
www.rvf.de, www.sweg.de
Station „Emmendingen-Bahnhof" dann an der Stadtmauer entlang in die Landvogtei.

Emmendingen
Evangelische Stadtkirche

Der spätgotische Chor der Kirche aus dem 15. Jh. gehört wohl zu den größten Sehenswürdigkeiten in Emmendingen. Während der gotische Chor erhalten blieb, wurde das Langhaus zuerst Anfang des 19. Jh. durch einen klassizistischen Neubau ersetzt, dann Anfang des 20. Jh. durch einen neugotischen. Erhalten geblieben sind auch das spätgotische Kruzifix aus dem 15. Jh. und einige Grabplatten im Chorraum. Neben der Kirche steht der klassizistische Bau des Alten Pfarrhauses.

Was ?

Spätgotischer Chor.
Spätgotisches Kruzifix.
Epitaph des Markgräflichen Badischen Rats und Oberamtmann Freiherr Otto Wilhelm von Dungern.
Neugotisches Langschiff mit zwei Emporen.
Altes Pfarrhaus im klassizistischen Nach-Weinbrenner-Stil.

Wann ?

Zugang:
Außen jederzeit frei zugänglich.
Innen tagsüber geöffnet.
Informationen:
Evangelisches Pfarrbüro
Tel. +49-7641-8704
stadtkirchengemeinde.emmendingen@kbz.ekiba.de

Wo ?

Individualverkehr:
Von der A5, Abfahrt Teningen über die L114 und die B3 auf die Karl-Friedrich-Straße. Parkplätze unter www.emmendingen.de.
ÖPNV:
www.rvf.de, www.sweg.de
Station „Emmendingen-Bahnhof" dann über die Westend- in die Lammstraße.

Emmendingen Stadtbild

Gegen Ende des 11. Jh. wurde Emmendingen erstmals urkundlich erwähnt. Anfang des 15. Jh. erhielt der Ort das Marktrecht, Ende des 16. Jh. das Stadtrecht. Unter dem Dreißigjährigen Krieg hat die Stadt schwer gelitten, die Einwohnerzahl ging von rund 500 auf etwa 100 zurück. Heute leben knapp 30.000 Menschen in Emmendingen. Der Anschluss an die Bahnlinie Mannheim - Basel Mitte des 19. Jh. forcierte die Stadtentwicklung und die Industrialisierung.

Was ?

Sehenswert sind insbesondere der Marktplatz, die Lammstraße, Westend, Kirchstraße und Markgrafenstraße sowie der Schlossplatz mit dem Markgrafenschloss, dem Lenzhäuschen und die Kirche St. Bonifatius.

Wann ?

Zugang:
Außen jederzeit frei zugänglich.
Tourist-Info:
Apr bis Sep:
Mo bis Fr von 09:00 bis 18:00
Sa   von 10:00 bis 13:00
Okt bis Mär:
Mo bis Fr von 09:00 bis 17:00
Tel. +49-7641-19433
touristinfo@emmendingen.de

Wo ?

Individualverkehr:
Von der A5, Abfahrt Teningen über die L114 und die B3 auf die Karl-Friedrich-Straße. Parkplätze im Bereich des Bahnhofs.
ÖPNV:
www.rvf.de, www.sweg.de
Station „Emmendingen-Bahnhof"
dann über die Westend- in die Lammstraße und zum Marktplatz.

Emmendingen
Museen im Markgrafenschloss

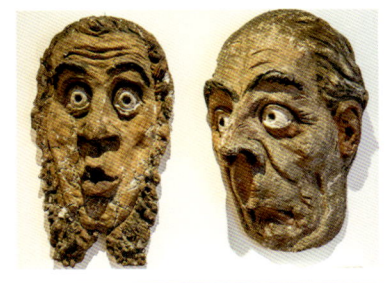

Die Museumsräume im Markgrafenschloss beherbergen zwei Ausstellungen. Die 1995 eingerichtete Stadtgeschichtliche Sammlung mit Exponaten aus der Geschichte Emmendingens zu den Themen Handwerk, Zunftwesen und Industrialisierung sowie das 2003 eröffnete Fotomuseum Hirsmüller, in dem die über 150 jährige Firmengeschichte des Fotohauses anhand von Studio- und Laborgeräten, einer Kamerasammlung und zahlreichen alten Fotos dargestellt wird.

Was ?

Schöne Räumlichkeiten im Markgrafenschloss. Stadtgeschichtliche Sammlung mit zahlreichen Exponaten. Darstellung markanter Persönlichkeiten aus der Geschichte Emmendingens. Fotomuseum mit alten Foto-, Studio- und Laborgeräten. Fundus mit über 100.000 alten Fotografien.

Wann ?

Öffnungszeiten:
Mi und So von 14:00 bis 17:00
Informationen und Anmeldung zu Führungen:
Tel. +49-7641-4524101
museum@emmendingen.de

Wo ?

Museen im Markgrafenschloss
Schlossplatz 1
79312 Emmendingen
Individualverkehr:
Vom Bahnhof über die Bahnhofstraße, Marktplatz und Kirchstraße vorbei an der Ev. Stadtkirche auf den Schlossplatz.
ÖPNV:
www.rvf.de, www.sweg.de
Station „Emmendingen-Marktplatz"

Emmendingen
Jüdisches Museum

Die erste gesicherte jüdische Niederlassung in Emmendingen erfolgte nach dem Dreißigjährigen Krieg. Wie in anderen jüdischen Gemeinden des Breisgaus erlebte die Jüdische Gemeinde gegen Ende des 19. Jh. mit rund 400 Menschen ihren zahlenmäßigen Höhepunkt. Bedingt durch wirtschaftliche Entwicklungen und den sich verstärkenden Antisemitismus kam es danach zur Abwanderung. Zur Zeit der Machtübernahme der Nazis lebten noch rund 300 jüdische Bürger in Emmendingen, rund zwei Drittel konnten auswandern, 71 Bürger wurden 1940 ins Lager Gurs deportiert, nur wenige überlebten die Verfolgung. Mitte des 18. Jh. wurde in der Kirchstraße eine Synagoge errichtet, die, nach dem Neubau einer Synagoge in den 1820er Jahren, als Gemeindehaus verwendet wurde. Im Novemberpogrom 1938 wurde die Synagoge zerstört und die beiden Friedhöfe verwüstet. Heute zählt die Jüdische Gemeinde durch den Zuzug aus der ehemaligen Sowjetunion wieder ca. 300 Mitglieder.

Was ?

Jüdisches Museum in den Räumen des Ehemaligen Ritualbades (Mikwe). Die Mikwe ist eine der wenigen erhaltenen Ritualbäder aus der Mitte des 19. Jh. in einem eigenen Gebäude, das heute für die Öffentlichkeit zugänglich ist.
Ausstellung zur Geschichte der jüdischen Gemeinde Emmendingens mit zahlreichen Exponaten.

Wann ?

Öffnungszeiten:
Mi und So von 14:00 bis 17:00
Führungen:
Anmeldung unter
Tel. +49-7641-574444
info@juedisches-museum-emmendingen.de
www.juedisches-museum-emmendingen.de
Die Friedhöfe sind nicht zugänglich.

Wo ?

Jüdisches Museum Emmendingen
Schlossplatz 7 | 79312 Emmendingen
Individualverkehr:
Parkmöglichkeit am Bahnhof, von dort über die Bahnhofstraße, Marktplatz und Kirchstraße vorbei an der Ev. Stadtkirche auf den Schlossplatz.
ÖPNV:
www.rvf.de, www.sweg.de
Station „Emmendingen-Marktplatz"

Emmendingen
Deutsches Tagebucharchiv

Das im Alten Rathaus untergebrachte Deutsche Tagebucharchiv wurde 1998 gegründet. Es versteht sich als Ort für die fachgerechte Aufbewahrung persönlicher Selbstzeugnisse - Tagebücher, Erinnerungen, Briefe - aus dem deutschsprachigen Raum. Damit werden die Lebenserinnerungen breiter Bevölkerungsschichten archiviert, um sie als Alltags- und Mentalitätsgeschichte Interessierten wie Studenten, Wissenschaftlern und Journalisten zugänglich zu machen.

Bisher wurden über 20.000 Dokumente von rund 4.200 Autoren aus der Zeit Mitte des 18. Jh. bis zur Gegenwart zusammengetragen. Rund 100 freiwillige, ehrenamtliche Helfer wirken mit bei Lesungen und Projekten, bei Transkriptionen sowie bei der Gestaltung der Datenbank und des Online-Kataloges.

Regelmäßig finden Führungen, Lesungen sowie Vorträge statt und seit 2014 werden ausgewählte Tagebücher in einem kleinen Museum in Vitrinen und einer Medienwand vorgestellt.

Was ?

Altes Rathaus aus der 2. Hälfte des 18. Jh. mit Rokoko-Zierat. Schöner barocker Bürgersaal. Deutsches Tagebucharchiv mit über 20.000 Tagebüchern, Erinnerungen und Briefwechseln. Museum mit ausgewählten Tagebüchern.

Wann ?

Öffnungszeiten Museum:
Di bis Do von 14:00 bis 16:00
Führungen nach Vereinbarung
Kontakt:
Deutsches Tagebucharchiv
Tel. +49-7641-574659
dta@tagebucharchiv.de
tagebucharchiv.de

Wo ?

Deutsches Tagebucharchiv
im Alten Rathaus
Marktplatz 1
79312 Emmendingen
Individualverkehr:
Vom Bahnhof über die Bahnhofstraße auf den Marktplatz
ÖPNV:
www.rvf.de, www.sweg.de
Station „Emmendingen-Marktplatz"

Emmendingen
Kirche St. Bonifatius

Die katholische Pfarrkirche St. Bonifatius wurde um die Wende vom 19. zum 20. Jh. im neugotischen Stil errichtet. Das kunsthistorische Kleinod der Kirche befindet sich in einer Kapelle links vom Haupteingang. Es handelt sich dabei um ein Triptychon des Nördlinger Malers Friedrich Herlin aus der zweiten Hälfte des 15. Jh. Das Mittelstück zeigt die Anbetung durch die Hl. Drei Könige, die Flügel die Geburt Christi und die Darstellung im Tempel. Herlin war der Erste, der seine Figuren mit charakteristischen Portraits malte und so einen Meilenstein in der Kunstgeschichte schuf. Der ursprüngliche Standort des Bildes ist nicht bekannt.

Was ?

Neugotische Kirche aus der Wende vom 19. zum 20. Jh. Triptychon des oberschwäbischen Malers Friedrich Herlin als Meilenstein der Kunstgeschichte.

Wann ?

Öffnungszeiten:
Außen jederzeit frei zugänglich.
Das Innere ist tagsüber geöffnet.
Informationen:
Pfarrbüro St. Bonifatius
Tel. +49-7641-46889-10
st.bonifatius@
kath-emmendingen.de

Wo ?

Markgraf-Jacob-Allee 2
79312 Emmendingen
Individualverkehr:
Parkmöglichkeit am Bahnhof, dann über die Bahnhofstraße, Marktplatz und Kirchstraße vorbei an der Ev. Stadkirche über den Schlossplatz und die Markgraf-Jacob-Allee.
ÖPNV:
www.rvf.de, www.sweg.de
Station „Emmendingen-Marktplatz"

Emmendingen
Alter Friedhof

Was ?

Der Friedhof wurde vom Ende des 16. bis zum Ende des 19. Jh. genutzt.
Sammlung interessanter alter Grabsteine.
Grabmal der Goethe-Schwester Cornelia Schlosser und des Flugpioniers und Landesbaumeisters Carl Friedrich Meerwein.

Wann ?

Zugang:
Jederzeit frei zugänglich.

Wo ?

Individualverkehr:
Von der A5, Abfahrt Teningen über die L114 und die B3 auf die Karl-Friedrich-Straße. Parkplatz Rathaus und Parkplatz Merk Galerie.
ÖPNV:
www.rvf.de, www.sweg.de
Station „Emmendingen-Bahnhof" dann den Weg bahnseitig am Müller-Drogeriemarkt entlang gehen.

Emmendingen Hochburg

Die etwas nördlich von Emmendingen gelegene Hochburg gehört zu den größten Burganlagen Badens. Möglicherweise stammt der Name vom Adelsgeschlecht Hachberg, das die Burg vermutlich im 11. Jh. gegründet hat. Nach einigen Besitzerwechseln, u.a. der Markgrafen von Baden und Baden-Durlach, wurde die Burg im Dreißigjährigen Krieg zwei Jahre belagert und dann zerstört, danach wieder aufgebaut, um gegen Ende des 17. Jh. von den Franzosen gesprengt zu werden.

Was ?

Schöner Zuweg vom Parkplatz vorbei an einer Kuhherde und an einer Gänsezucht, toll für Kinder. Große, sorgfältig gepflegte und eindrucksvolle Burganlage. Nettes und informatives Museum.
www.hochburg.de

Wann ?

Öffnungszeiten:
Die Ruine ist tagsüber frei zugänglich.
Innenburg ganzjährig, täglich von 07:00 bis 21:00
Museum, von Apr bis Okt
So und Ft von 13:00 bis 17:00
Schwatzhüsli Bewirtung auf der Hochburg
Apr bis Okt an Sa, So und Ft von 12:00 bis 17:00

Wo ?

Individualverkehr:
Von der A5, Abfahrt Teningen über die L114 und die B3 auf die Karl-Friedrich-Straße, dann über die K5101 zum Parkplatz an der Hochburg, kurzer Fußweg.
ÖPNV:
www.rvf.de, www.sweg.de
Station „Emmendingen-Bahnhof" dann Station „ Hochburger Straße".

Emmendingen
Eichbergturm

Was ?

Mit rund 53 Meter Höhe und 240 Stufen der höchste frei zugängliche Aussichtsturm Deutschlands. Schöner Rundblick über das Freiamt, den Schwarzwaldkamm, Schweizer Jura, Vogesen und Kaiserstuhl.
www.eichbergturm.de

Wann ?

Am 31.12. geschlossen, sonst jederzeit frei zugänglich.

Wo ?

Individualverkehr:
Von der A5, Abfahrt Teningen über die L114 und die B3 auf die Karl-Friedrich-Straße, dann über die K5138 und 5100 auf den beschilderten Parkplatz, kurzer Fußweg.
ÖPNV:
www.rvf.de, www.sweg.de
Station „Emmendingen-Eichbergturm"

Emmendingen
Klosterruine Tennenbach

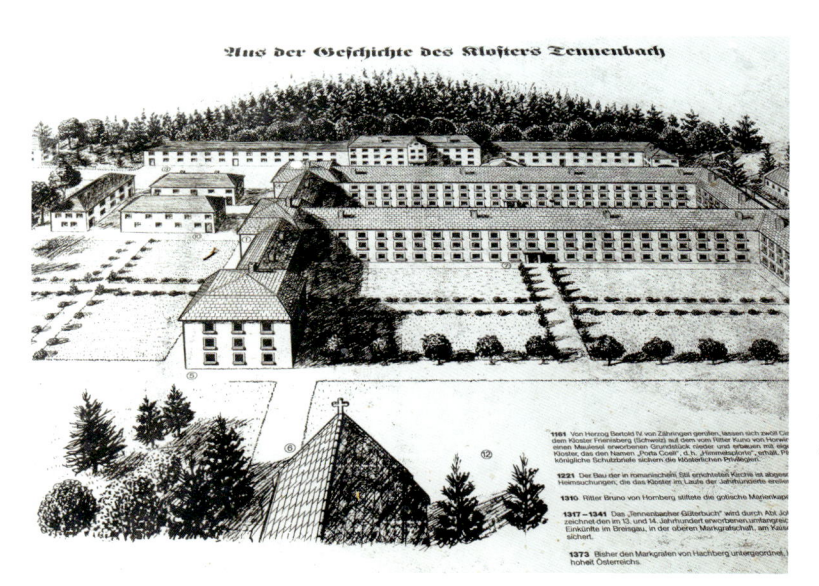

Die ehemalige Zisterzienserabtei wurde vermutlich Mitte des 12. Jh. gegründet und war lange eine bedeutendes und großes Kloster im südwestdeutschen Raum, nicht zuletzt wegen der rund 200 Güter, die das Kloster besaß. Das mehrfach zerstörte und wieder aufgebaute Kloster wurde Anfang des 19. Jh. im Rahmen der Säkularisierung aufgehoben und später weitgehend abgebrochen. Heute ist nur noch die Hospitalkapelle sowie ein Ökonomiegebäuder (Gasthaus zum Engel) erhalten.

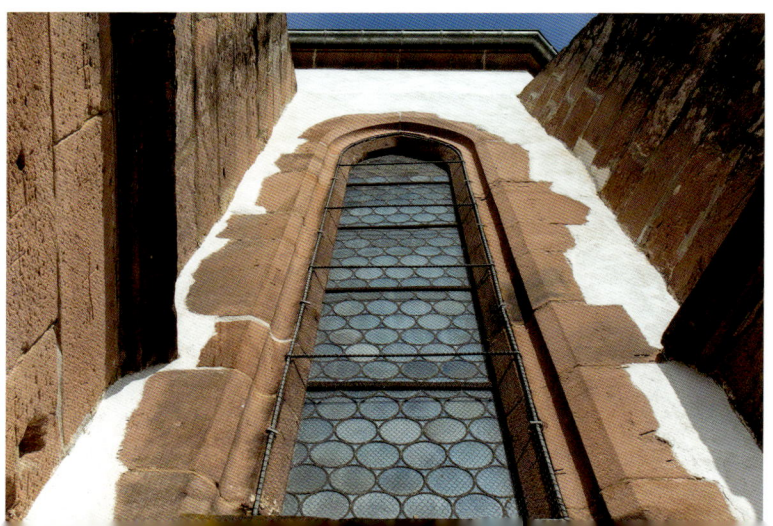

Was ?

Hospitalkapelle.
Darstellung der ehemaligen
Klosteranlage auf einer Schautafel.
Grabsteine aus dem 18. Jh.

Wann ?

Zugang:
Außen jederzeit frei zugänglich.
Die Kapelle ist abgeschlossen.

Wo ?

Individualverkehr:
Von der A5, Abfahrt Teningen über
die L114 und die B3 auf die Karl
-Friedrich-Straße, dann über die
K5138 und die K5100.
ÖPNV:
www.rvf.de, www.sweg.de
Station „Denzlingen-Bahnhof"
Dann Station „Emmendingen
Tennenbach".

272

Kapitel IV

Der nördliche Breisgau

Kapitel IV
Der nördliche Breisgau

110 S. 278 Wyhl - Kirche St. Blasius
111 S. 280 Naturschutzgebiet Rheinniederung Wyhl-Weisweil
112 S. 282 Endingen - Marktplatz
113 S. 284 Endingen - Altes Rathaus und Heimatmuseum
114 S. 288 Endingen - Kirche St. Martin
115 S. 290 Endingen - Kirche St. Peter
116 S. 292 Endingen - Hauptstraße
117 S. 296 Endingen - Vorderösterreichmuseum
118 S. 298 Riegel - Ehemalige Brauerei
119 S. 300 Riegel - kunsthalle messmer
120 S. 302 Riegel - Ortsbild
121 S. 306 Riegel - Kirche St. Martin
122 S. 308 Riegel - Archäologisches Museum
123 S. 310 Riegel - Archäologischer Rundweg
124 S. 312 Riegel - Michaelskapelle
125 S. 314 Malterdingen - Ortsbild
126 S. 316 Malterdingen - Evangelische Kirche
127 S. 318 Malterdingen - Weingut Bernhard Huber
128 S. 320 Heimbach - Ortsbild
129 S. 322 Landeck - Burg Kandeck
130 S. 324 Hecklingen - Burg Lichteneck
131 S. 326 Kenzingen - Stadtbild
132 S. 328 Kenzingen - Rathaus und Üsenbergbrunnen
133 S. 330 Kenzingen - Kirche St. Laurentius
134 S. 332 Kenzingen - Schwabentor
135 S. 334 Kenzingen - Oberrhein. Narrenschau
136 S. 338 Kenzingen - Eh. Kloster Wonnental
137 S. 340 Herbolzheim - Stadtbild
138 S. 342 Herbolzheim - Margarethenkapelle
139 S. 344 Herbolzheim - Rathaus
140 S. 346 Herbolzheim - Centrum Marktplatz
141 S. 348 Herbolzheim - Torhaus
142 S. 350 Herbolzheim - Kirche am Berg
143 S. 352 Herbolzheim - Kirche St. Alexius
144 S. 354 Herbolzheim - Schwimmbad
145 S. 356 Herbolzheim - Herbolzheimer Höfle
146 S. 358 Herbolzheim - Wallfahrtsk. Maria Sand
147 S. 360 Bleichheim - Garten Haas
148 S. 362 Bleichheim - Ruine Kirnburg
149 S. 364 Broggingen - Ortsbild
150 S. 366 Wagenstadt - Rebhüsliwege
151 S. 368 Tutschfelden - Ortsbild
152 S. 370 Freiamt - Ortsbild
153 S. 374 Freiamt - Heimatmuseum
154 S. 376 Freiamt - Turmuhrenmuseum
155 S. 378 Freiamt - Bauernmarkt

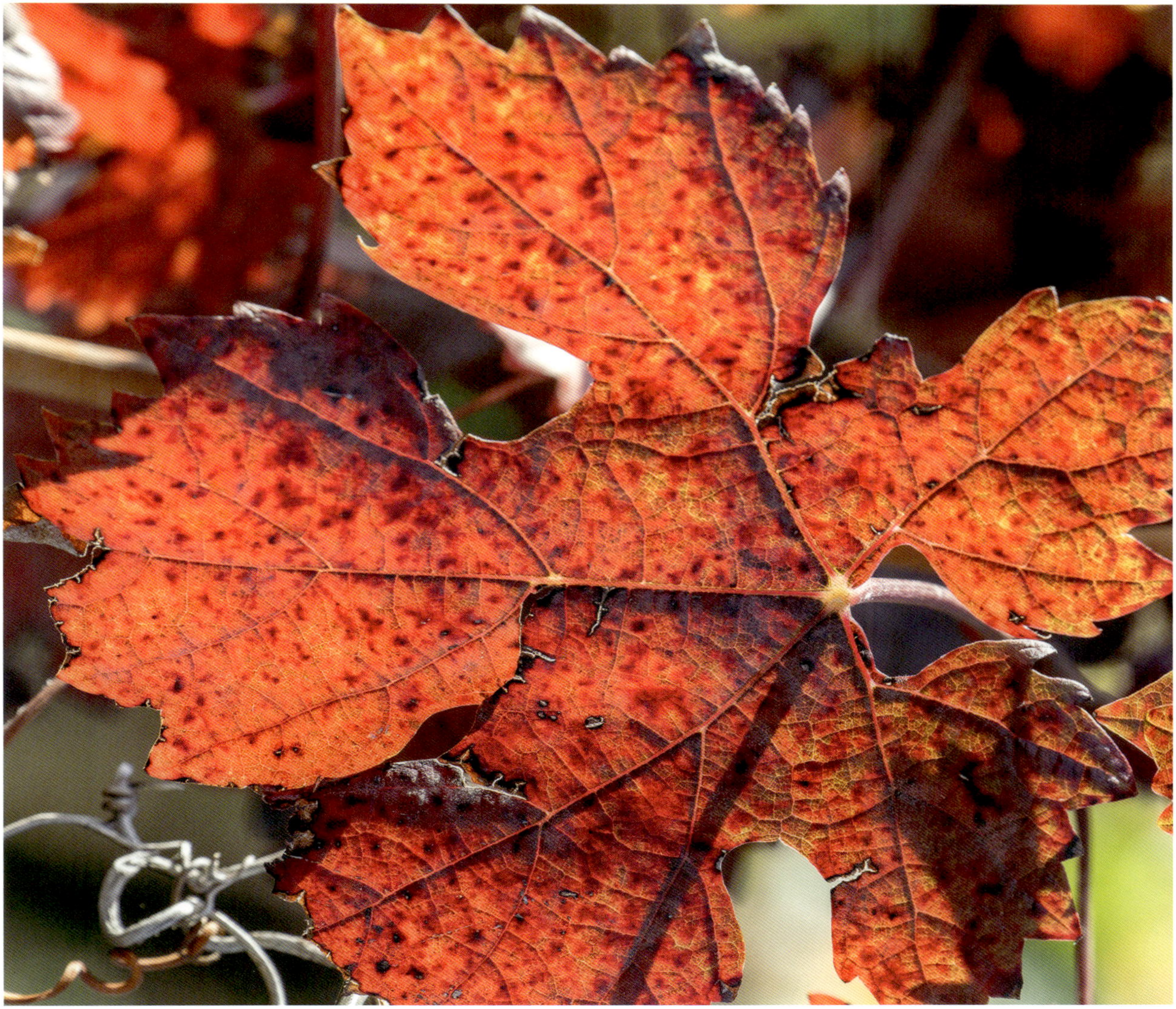

Rhein

Weisweil

111

L104

Wyhl
110

L113

112 113 114
Endingen
115 116 117

118 119 120
Riegel
121 122 123 124

A5

B 3

130

137 138 139
Herbolz
142 143 144

131 132
Kenz
134 135

5 km

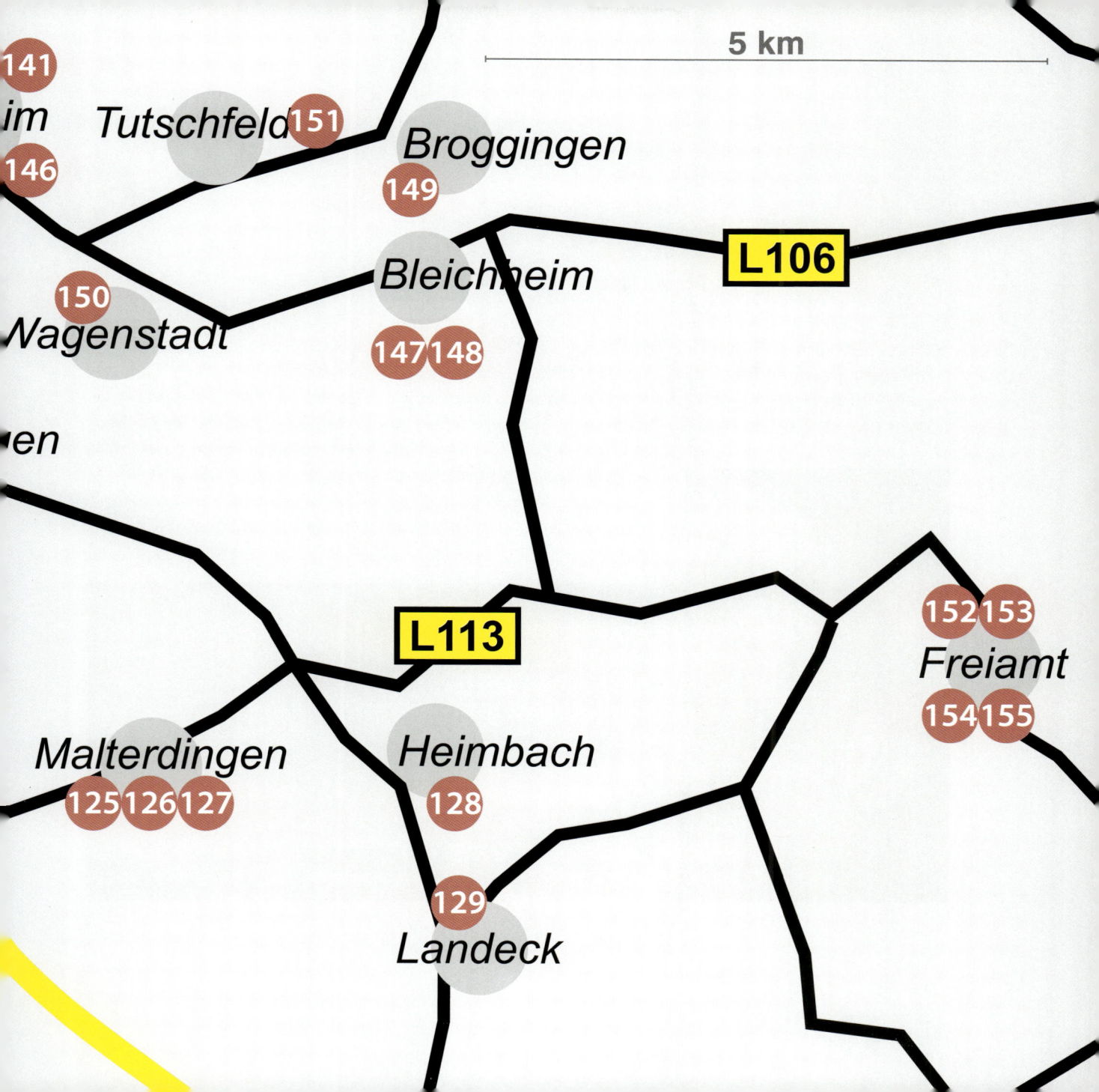

141
Tutschfeld
146   151
Broggingen
149
Bleichheim   L106
150
Wagenstadt
147 148

L113
Freiamt
152 153
154 155
Malterdingen   Heimbach
125 126 127   128
129
Landeck

Wyhl
Kirche St. Blasius

Wyhl wurde Anfang des 10. Jh. erstmals urkundlich erwähnt. Im 10.Jh. stand hier ein Klosterhof. Die Kirche geht vermutlich auf die zweite Hälfte des 12. Jh. zurück. Damals gehörte sie zum Kloster St. Margarethen in Waldkirch, später zum Augustiner-Chorherrenstift St. Märgen im Schwarzwald. Aus dieser Zeit ist noch der Turm unterhalb des Glockengeschosses erhalten. Bis zur Rheinregulierung stand die Kirche am Fluß. Der heutige Kirchenbau stammt aus dem 18. Jh und wurde, ebenso wie das benachbarte Pfarrhaus im barocken Stil errichtet und mit Gemälden von Johann Pfunner ausgeschmückt. Nach einem klassizistischen Umbau in der ersten Hälfte des 19. Jh. sind von den Gemälden Pfunners nur mehr das Altarbild, die Fresken im Chor sowie die Ausgestaltung des Prälatensaals im Pfarrhaus erhalten geblieben. Vom barocken Stuck sind nur die beiden Figurennischen im Chor erhalten geblieben.

Was ?

Schönes Ensemble aus Kirche und barockem Pfarrhaus. Prälatensaal im Pfarrhaus. Altarbild, Chorfresken und Ausgestaltung des Prälatensaals von Johann Pfunner.
Turm teilweise romanisch. Barocke Stucknischen im Chor. Heimatmuseum und Naturlehrpfad in Wyhl.

Wann ?

Zugang:
Von Aussen jederzeit frei zugänglich.
Die Kirche ist tagsüber geöffnet.
Pfarrhaus:
Di und Mi von 09:00 bis 12:00
und Do   von 14:00 bis 17:00
Informationen Pfarramt:
Tel. +49-7642-8086
wyhl@am-litzelberg.de

Wo ?

Pfarrgässle 1 | 79369 Wyhl
Individualverkehr:
Von der A5 Abfahrt Riegel über die L113 auf die L104. Die Kirche liegt am nördlichen Ortsrand unmittelbar an der L104.
ÖPNV:
www.rvf.de, www.sweg.de
Station „Wyhl-Apotheke"

Naturschutzgebiet Rheinniederung Wyhl-Weisweil

Was ?

1998 ausgewiesenes Naturschutzgebiet mit ca. 1.400 Hektar entlang des Rheins.
Ehemalige Überflutungsaue und bestehende Überflutungsflächen. Biotopmosaik mit Wäldern, Hochstaudenfluren, Altrheinarmen, Uferzonen und Hochwasserdämmen. Lebensraum für zahlreiche gefährdete Tier- und Pflanzenarten. Schöne Spaziergänge.

Wann ?

Jederzeit frei zugänglich. Beschilderungen, Betretungs- und Badeverbote sowie Warnhinweise vor Überflutungen unbedingt beachten.

Wo ?

Das Gebiet erstreckt sich von Rheinhausen im Norden bis Sasbach im Süden unmittelbar am Rhein.
Individualverkehr:
Von der A5 Abfahrt Riegel über die L113 auf die L104. Von Wyhl und Weisweil führen Stichstraßen zum Rhein.
ÖPNV:
www.rvf.de, www.sweg.de
Station „Wyhl-Apotheke"

Endingen Marktplatz

Der Marktplatz erstreckt sich von der Hauptstraße im Norden bis zur Kirche St. Martin im Süden. An ihm liegen drei Rathäuser. An der Ecke zur Hauptstraße das Alte Rathaus, in dem heute das Heimatmuseum untergebracht ist. An der Haupstraße steht das Neue Rathaus aus dem 18. Jh., das schönste Barockhaus Endingens, in dem heute die Stadtkämmerei residiert und am höchsten Punkt thront die ehemalige Kornhalle aus dem Anfang des 17. Jh., in der seit 1973 das Rathaus untergebracht ist.

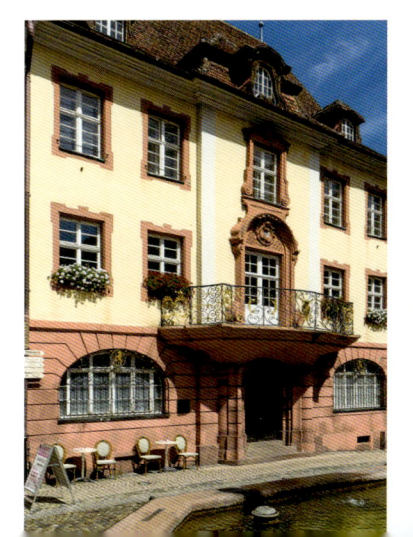

Was ?

Altes Rathaus mit Heimatmuseum. Barockes „Neues Rathaus". Ehemalige Kornhalle mit Staffelgiebel, Sitz des Rathauses. Mehrere Cafès und Restaurants. Standort des Wochenmarkts.

Wann ?

Zugang:
Aussen jederzeit frei zugänglich.
Altes Rathaus siehe dort.
Stadtkämmerei (Neues Rathaus) und Rathaus (Kornhalle):
Mo bis Fr   von 08:00 bis 12:00
und Di   von 14:00 bis 16:00
sowie Do   von 14:00 bis 18:00

Wo ?

Individualverkehr:
Von der A5, Abfahrt Riegel, über die L113, L116 und K5145 ins Zentrum von Endingen, dann auf dem Marktplatz.
ÖPNV:
www.rvf.de, www.sweg.de
Station „Endingen-Bahnhof"

Endingen
Altes Rathaus und Heimatmuseum

Das Gebäude des Alten Rathauses stammt aus der 1. Hälfte des 16. Jh., das Barockportal und der Rokoko-Aufputz des Voluten-Giebels aus der Mitte des 18. J. Vor dem Gebäude steht eine Kopie des Ratsbrunnens, dessen Brunnenstock im Original aus der späten Gotik stammte.

Im Inneren des Alten Rathauses, das bis 1936 genutzt wurde, befindet sich heute das Endinger Heimatmuseum mit zahlreichen interessanten Exponaten. Dazu gehört ein Palmesel von 1500, das originale Tympanon von der Martinskirche, Statuen aus der Katharinenkapelle, ein originales Henkerschwert, verschiedene Pranger-Utensilien, Handwerkerscheiben und Skulpturen von Schutzheiligen aus dem Zunfthaus, eine Sammlung alter Turmuhren und im alten Ratssaal an den Fenstern die Wappenscheiben der habsburgischen Gefolgsleute aus der 1. Hälfte des 16. Jh. Umfassend ist auch die Darstellung der Massenauswanderung nach Venezuela in die Colonia Tovar Mitte des 19. Jh.

Was ?

Zahlreiche sakrale Ausstellungsstücke. Großer Ratssaal mit Wappenscheiben an den Fenstern. Sammlung alter Turmuhren. Darstellung der Massenauswanderung nach Venezuela.

Wann ?

Öffnungszeiten:
3. So im Monat von 15:00 bis 18:00 oder nach Vereinbarung
Besuche und Führungen nach Vereinbarung:
Tourist-Information
Tel. +49-7642-689990
touristinfo@endingen.de
www.endingen.de

Wo ?

Marktplatz 1
79346 Endingen a.K.
Individualverkehr:
Von der A5, Abfahrt Riegel, über die L113, L116 und K5145 ins Zentrum von Endingen, dann auf dem Marktplatz.
ÖPNV:
www.rvf.de, www.sweg.de
Station „Endingen-Bahnhof"

286

- Die herrschaft Jsenberg · 1578 ·

Hans Dieterich Vo Blümneck ·

Newe Osterich M·CCCCC·XXVIII

Endingen
Kirche St. Martin

Obwohl das Kirchenschiff ein Neubau aus der Mitte des 19. Jh. ist, blickt die Kirche auf eine lange Tradition bis in die karolingische Zeit zurück. Davon zeugt das romanische Tympanon mit dem Lamm Gottes über dem Portal, das Original befindet sich im Stadtmuseum. Die Kirche wurde durch ein „Tränenmirakel" Anfang des 17. Jh. zur bekannten Wallfahrtskirche. Das Wallfahrtsbild, eine Madonna aus Lindenholz am Hauptaltar, stammt aus der Mitte des 15. Jh.

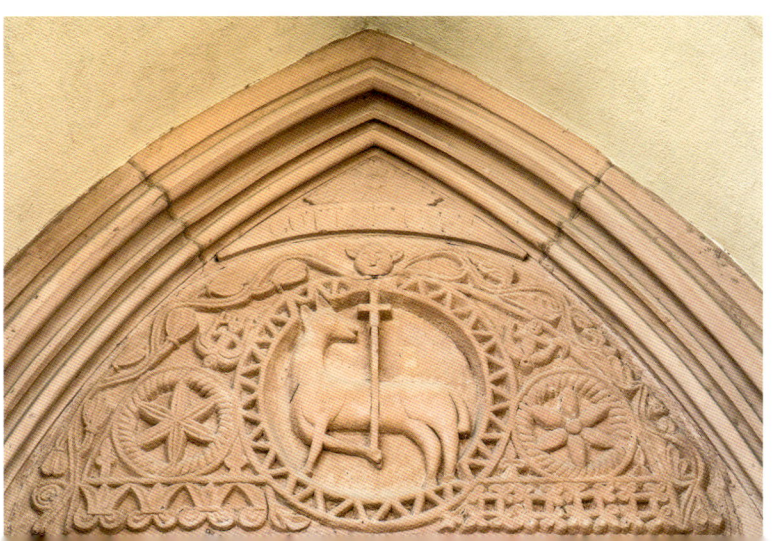

Was ?

Kopie eines romanischen Tympanons über dem Portal. Mächtiger hl. Georg an der Nordseite als Ehrenmal für Kriegsopfer. Wallfahrtsmadonna des „Tränenmirakels" am Hauptaltar.

Wann ?

Zugang:
Außen jederzeit frei zugänglich. Innen tagsüber geöffnet.
Informationen:
Katholisches Pfarramt Endingen
Tel. +49-7642-7043
endingen@senoka.de

Wo ?

Bei der oberen Kirch 14
79346 Endingen a.K.
Individualverkehr:
Von der A5, Abfahrt Riegel, über die L113, L116 und K5145 ins Zentrum von Endingen, dann über den Marktplatz in „Bei der oberen Kirch".
ÖPNV:
www.rvf.de, www.sweg.de
Station „Endingen-Bahnhof"

Endingen
Kirche St. Peter

Die in der 2. Hälfte des 18. Jh. vom Freiburger Stadtbaumeister Johann Baptist Häring erbaute Kirche St. Peter steht im Übergang vom Barock zum Klassizismus und ist der letzte wichtige Kirchenbau unter der Herrschaft Vorderösterreichs. An dem Bau waren vorallem heimische Künstler aus dem Breisgau beschäftigt. Die Orgel, ebenfalls aus der 2. Hälfte des 18. Jh., gehört zu den Meisterwerken der oberrheinischen Orgelbaukunst.

Was ?

Skulptur des hl. Petrus als Papst an der Front.
Kanzel mit reicher Dekoration.
Holzgeschnitzter Tabernakelaufbau am Hochaltar.
Altarbilder und Deckengemälde von Johann Pfunner.

Wann ?

Zugang:
Außen jederzeit frei zugänglich.
Innen tagsüber geöffnet.
Informationen:
Katholisches Pfarramt Endingen
Tel. +49-7642-7043
endingen@senoka.de

Wo ?

Peterskirchplatz 1
79346 Endingen a.K.
Individualverkehr:
Von der A5, Abfahrt Riegel, über die L113, L116 und K5145 nach Endingen, dann über die Dielenmarktstraße in die Teterskirchstraße.
ÖPNV:
www.rvf.de, www.sweg.de
Station „Endingen-Bahnhof"

Endingen
Hauptstraße

116

Was ?

Ost-West Straßenzug durch die historische Altstadt. Königschaffhausener Tor aus dem 16. Jh. als letztes der ursprünglich vier Stadttore. Stadtapotheke Ende des 18. Jh. Schöne alte Gasthöfe.

Wann ?

Zugang:
Außen jederzeit frei zugänglich.
Information:
Tourist-Information
Apr bis Okt
Mo bis Fr   von 09:00 bis 12:30
und   von 14:30 bis 18:00
Sa   von 10:00 bis 13:00
Nov bis Mär
Mo bis Fr   von 09:00 bis 12:30
Mo bis Do von 14:30 bis 17:00

Wo ?

Individualverkehr:
Von der A5, Abfahrt Riegel, über die L113, L116 und K5145 ins Zentrum von Endingen.
ÖPNV:
www.rvf.de, www.sweg.de
Station „Endingen-Bahnhof"

294

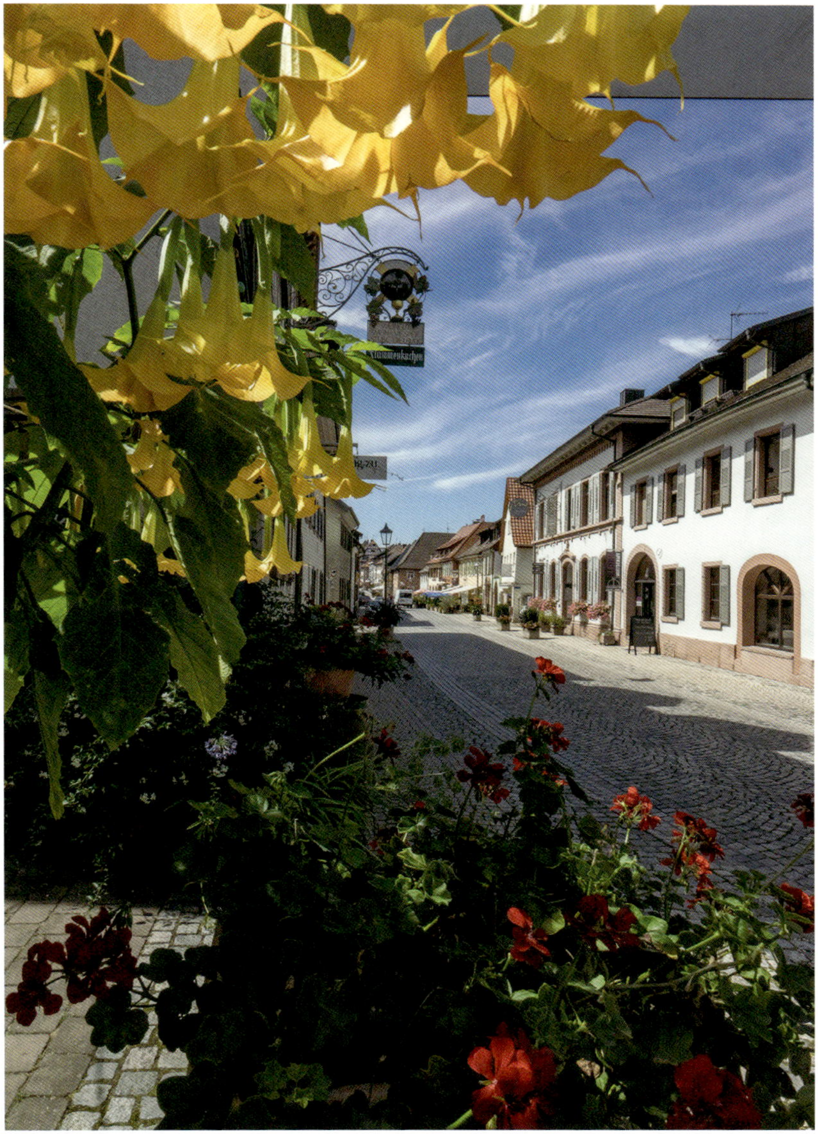

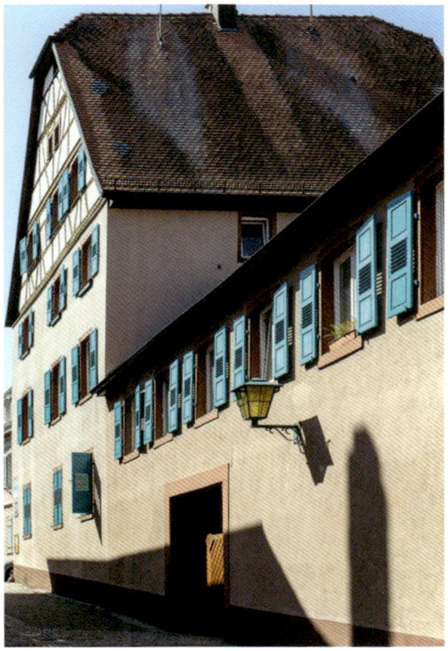

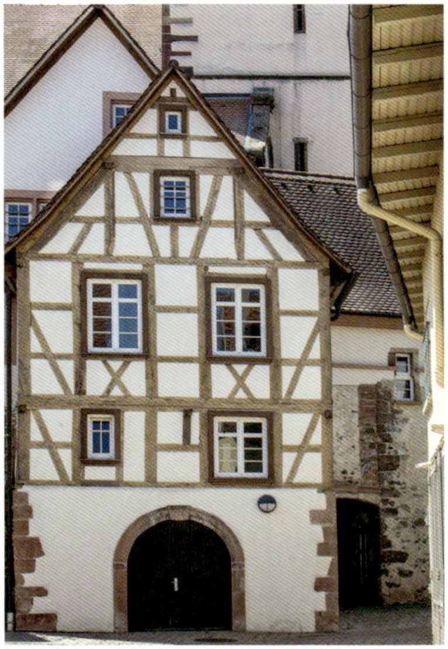

Endingen
Vorderösterreichmuseum

Vorderösterreich hat den Breisgau in seiner politischen, konfessionellen und kulturellen Entwicklung nachhaltig geprägt. Noch heute lässt sich aufgrund der dominierenden Konfession zuordnen, ob eine Gemeinde vor rund 400 Jahren zum katholischen Vorderösterreich oder zur protestantischen Markgrafenschaft gehörte. Die Geschichte Vorderösterreichs reicht bis ins 11. Jh. zu den Wurzeln der Habsburger-Geschlechter im Aargau und im Südelsass zurück. In seiner Hochzeit im 14. Jh. umfassten die Besitzungen der Habsburger in ihren Stammlanden nicht nur den Breisgau, das Südelsass mit dem Sundgau und den Schwarzwald sondern auch große Teile der heutigen Schweiz. Aber alle Versuche, die Stammlande mit den späteren Erwerbungen in Österreich nachhaltig durch eine Landbrücke zu verbinden, scheiterten und die Niederlage von Sempach Ende des 14. Jh. und die folgende Entstehung der Eidgenossenschaft beendeten den Traum endgültig. Zurück blieb ein ziemlicher Flickenteppich an Besitzungen, spöttisch auch „Schwanzfedern des Doppeladlers" genannt, der schließlich 1805 im Frieden von Pressburg in die Markgrafschaft Baden aufging.

Das Vorderösterreichmuseum ist im Üsenbergerhof untergebracht, einem spätgotischen Fachwerkhaus mit Wandmalereien aus dem 15. Jh. und bietet einen umfassenden und gut aufbereiteten Überblick zur Geschichte Vorderösterreichs.

Was ?

Spätgotisches Fachwerhaus mit alten Wandmalerein. Gut Aufbereitete Ausstellung zur Geschichte Vorderösterreichs. Zahlreiche Exponate und Erläuterungstafeln. Tourist-Information im EG.

Wann ?

Öffnungszeiten:
Ostern bis Okt:
Mo bis Fr   von 09:00 bis 12:30
und   von 14:30 bis 18:00
Sa   von 10:00 bis 13:00
Nov bis Ostern:
Mo bis Fr   von 09:00 bis 12:30
Mo,Di,Do,Fr von 14:30 bis 17:00
Anmeldung zu Führungen:
Tel. +49-7642-689990
touristinfo@endingen.de

Wo ?

Adelshof 20
79346 Endingen a.K.
Individualverkehr:
Von der A5, Abfahrt Riegel, über die L113, L116 und K5145 ins Zentrum von Endingen, dann durchs Löwengäßli nach Adelshof.
ÖPNV:
www.rvf.de, www.sweg.de
Station „Endingen-Bahnhof"

Riegel
Ehemalige Brauerei

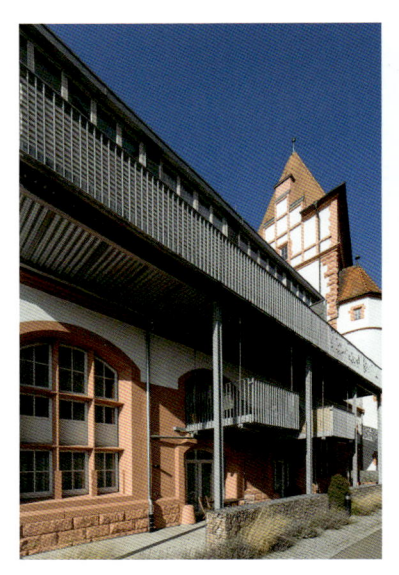

Die Geschichte der Bierbrauerei in Riegel beginnt Anfang des 19. Jh. in der damaligen Gemeindestube, dem heutigen Restaurant „Zum goldenen Kopf". Der Handelskaufmann und Seifensieder Silvester Meyer braute dort das erste Meyer-Bier. In der 2. Hälfte des 19. Jh. plante sein Sohn Wilhelm eine neue Brauerei am Nordhang des Michaelberges, wo bereits Felsenkeller zur Bierkühlung vorhanden waren. Das Gelände wurde um die Jahrhundertwende bebaut und die Brauereigesellschaft Meier&Söhne entwickelte sich zur zweitgrößten Brauerei des Großherzogtums Baden. Der eigenwillige neobarocke Stil der Gebäude findet sich an zahlreichen ehemaligen „Meyerhöfen" in Südbaden und im Elsass wieder. Heute existiert Riegeler Bier nur mehr als Marke der Brau Holding International und wird in Donaueschingen gebraut. Die unter Denkmalschutz stehenden Gebäude in Riegel wurden von der Gisinger Gruppe, Freiburg, zu Wohn- und Gewerbeflächen umgebaut und erfreuen sich großer Beliebtheit.

Was ?

Ehemaliges Brauergelände, unter Denkmalschutz zu Wohn- und Gewerberäumen umgebaut.
Ehem. Generatorenhaus.
Ehem. Süßwasserturm.
Ehem. Maschinenhaus.
Ehem. Sudhaus
Ehem. Kühlturm

Wann ?

Zugang:
Der Zugang ist bis zum Pförtnerhäuschen frei.
Die Brauereigasse ist Privatweg.

Wo ?

Hinter der kunsthalle messmer
Grossherzog-Leopold-Platz 1
79359 Riegel a.K.
Individualverkehr:
Von der A5, Abfahrt Riegel, über die L113, Teninger Straße und Hauptstraße auf den Grossherzog-Leopold-Platz.
ÖPNV:
www.rvf.de, www.sweg.de
Station „Riegel-Rathaus"

Riegel
kunsthalle messmer

Die kunsthalle messmer nutzt einen Teil des ehemaligen Brauereigeländes der Riegeler Brauerei und zeigt dort auf rund 900 Quadratmetern Ausstellungsfläche und einem fast ebenso großen Skulpturengarten Exponate deutscher und internationaler Künstler, dazu kommen wechselnde Ausstellungen zur Kunst des 20. und 21. Jahrhunderts. Eröffnet wurde die kunsthalle messmer im Jahr 2009. Die Trägerin ist eine gemeinnützige Stiftung, die der Unternehmer und Kunstsammler Jürgen A. Messmer gegründet hat.

kunsthalle messmer

Was ?

Zahlreiche Werke deutscher und internationaler Künstler. Wechselnde Ausstellungen zur Kunst des 20. und 21. Jahrhunderts.

Wann ?

Öffnungszeiten:
Di bis So von 10:00 bis 17:00
Öffentliche Führungen:
So um 14:30
2. Mi im Monat um 17:00
Privatführungen:
Anmeldung unter
Tel. +49-7642-920162-0
info@kunsthallemessmer.de
Informationen unter
www.kunsthallemessmer.de

Wo ?

kunsthalle messmer
Grossherzog-Leopold-Platz 1
79359 Riegel a.K.
Individualverkehr:
Von der A5, Abfahrt Riegel, über die L113, Teninger Straße und Hauptstraße auf den Grossherzog-Leopokd-Platz.
ÖPNV:
www.rvf.de, www.sweg.de
Station „Riegel-Rathaus"
DB Bhf. „Riegel-Malterdingen"

Riegel
Ortsbild

Riegel liegt an der nordöstlichen Ecke des Kaiserstuhls am Zusammenfluss von Elz, Dreisam und Glotter, die dort zur Bannung der Hochwassergefahr seit der 1. Hälfte des 19. Jh. zum Leopoldkanal zusammengefasst werden.

Das Gebiet war bereits in der Jungsteinzeit vor rund 7.000 Jahren besiedelt und war während der Römerzeit als „Rigola" das Verwaltungszentrum für den Breisgau. Zahlreiche Funde im Archäologischen Museum sowie ein Archäologischer Rundweg zeugen von der intensiven römischen Besiedlung. Ebenso das Wappen von Riegel, ein mit Lorbeer bekränzter Römerkopf, der sich am Rathaus und am Brunnenplatz wiederfindet. Im 6. und 7. Jh. war Riegel Standort eines fränkischen Könighofes. An Stelle der heutigen Michaelskapelle stand eine Burg, die Anfang des 15. Jh. abgebrochen wurde. Beide, Burg und Gemeinde, hatten recht wechselhafte Besitzverhältnisse. Mitte des 14. Jh. kam Riegel zu Vorderösterreich, wo es bis zum Übergang an das Großherzogtum Baden zu Anfang des 19. Jh. verblieb.

Das Ortsbild wird geprägt durch Bauten der früheren Riegeler Brauerei im Stile des barocken Historismus, schöne Bürger- und Gasthäuser, eine reichhaltige Sammlung alter Gasthausschildern, Denkmäler für Johannes-Nepomuk am Ortseingang und Kaiser Vespasian am Brunnenplatz, alte Brunnen, sowie ein schmuckes Rathaus vom Ende des 18. Jh.

Was ?

Rathaus und Bürgerhäuser. Denkmäler für Johannes-Nepomuk und Kaiser Vespasian. Martinskirche und Michaelkapelle. Kunsthalle Messmer und Gebäuder der früheren Riegler-Brauerei. Archäologisches Museum und Rundweg.

Wann ?

Zugang:
Alle Sehenswürdigkeiten sind von Aussen frei zugänglich, von Innen siehe dort.
Informationen:
Gemeinde Riegel am Kaiserstuhl
Tel. +49-7642-9044-0
rathaus@gemeinde-riegel.de

Wo ?

Rathaus | Hauptstraße 31
79359 Riegel a.K.
Individualverkehr:
Von der A5, Abfahrt Riegel, über die L113 und die K5114 in die Hauptstraße.
ÖPNV:
www.rvf.de
www.sweg.de
Station „Riegel-Rathaus"

Gasthaus zum Ochsen

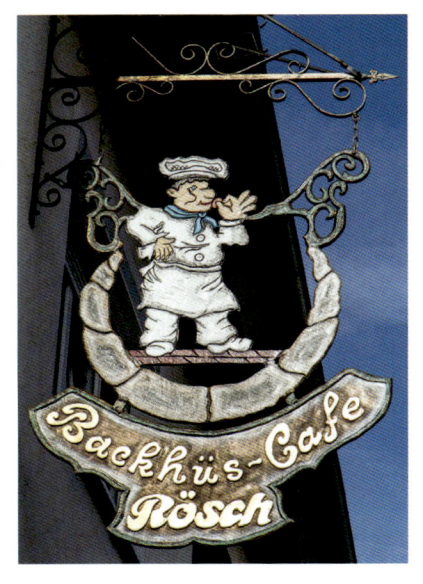

Backhüs-Cafe Rösch

Gasthaus zum Kopf

Meyer u. Söhne

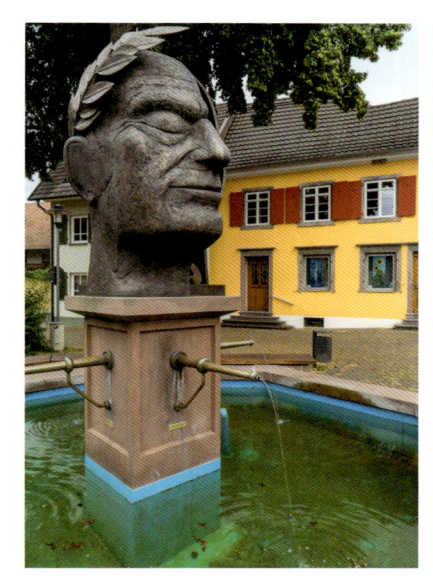

Riegel
Kirche St. Martin

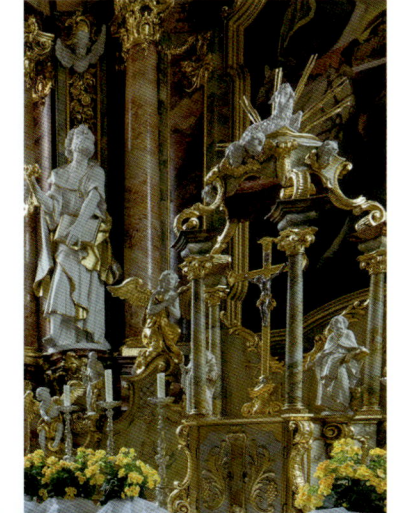

Bereits Mitte des 10. Jh. stand auf dem fränkischen Königshof in Riegel eine Martinskirche. Diese wurde im 12. Jh. durch eine romanische Kirche in der Ortsmitte ersetzt, an deren Stelle Mitte des 18. Jh. die heutige Barockkirche erbaut wurde. Dabei kam es zu erheblichen Kostensteigerungen, die zu Finanzierungsproblemen und zu Streit zwischen den beteiligten Zehentherren führte und die den Rieglern einen bissigen Kommentar des Bischöflichen Ordinariats Konstanz einbrachte: „Diese Pfarrkirche ist mit überflüssiger Magnifizenz und allzu kostbar erbaut". Die Nachwelt ist den Rieglern dafür dankbar.

1936 brannte die Kirche vollständig aus, wurde aber mit historischer Ausstattung vollständig rekonstruiert um dann 1944 bei einem Bombenangriff schwer beschädigt zu werden. Auch danach kam es zu einem originalgetreuen Wiederaufbau und so zählt das Bauwerk heute zu den schönsten Barockkirchen im Breisgau.

Was ?

Überlebensgroße Statue der Maria Immaculata über dem Hauptportal.
Zentrales Deckengemälde „Maria Himmelfahrt".
Epitaph der Gräfin von Hennin.
Statuen der Apostel Petrus und Paulus am Hauptaltar.

Wann ?

Zugang:
Jederzeit frei zugänglich.
Das Innere ist tagsüber geöffnet.
Informationen:
Katholisches Pfarramt St. Martin
Tel. +49-7642-6015
pfarrer.purzeau@senoka.de

Wo ?

Kirchstraße 7
79359 Riegel a.K.
Individualverkehr:
Von der A5, Abfahrt Riegel, über die L113 und die K5114 in die Hauptstraße, von dort in die Kirchstraße.
ÖPNV:
www.rvf.de
www.sweg.de
Station „Riegel-Rathaus"

Riegel
Archäologisches Museum

Das Archäologische Museum ist eine interessante Kombination aus zwei Themen, wie sie unterschiedlicher nicht sein könnten. Eine Abteilung des Museums ist der römischen Vergangenheit Riegels gewidmet. Über 300 Fundstücke und das Modell einer Basilika machen diese Zeit lebendig. Die zweite Abteilung ist der Luft- und Raumfahrt gewidmet. Ihr Bezug zu Riegel sind die deutschen Raketenforscher, die nach dem 2. Weltkrieg von den Franzosen zusammen mit ihren Familien in Riegel untergebracht waren.

Was ?

Modell einer römischen Basilika im Maßstab 1:25.
Über 300 Fundstücke aus der Römerzeit.
Sehr informative Schaubildern zum Leben der Römer in Riegel.
Raketen und Triebwerksmodelle zum Thema Luft- und Raumfahrt.

Wann ?

Öffnungszeiten:
So von 11:00 bis 17:00
Informationen:
www.museum-riegel.de
Anmeldung zu Führungen:
Geschichtsverein Riegel e.V.
Rathaus Gemeinde Riegel a.K.
Tel. +49-7642-9044-0
rathaus@gemeinde-riegel.de

Wo ?

Museum Riegel
Hauptstraße 12
79359 Riegel a.K.
Individualverkehr:
Von der A5, Abfahrt Riegel, über die L113 und die K5114 in die Hauptstraße.
ÖPNV:
www.rvf.de | www.sweg.de
Station „Riegel-Rathaus"

Riegel
Archäologischer Rundweg

Der Archäologische Rundweg bietet auf rund einem Kilometer Länge und 13 Stationen mittels informativer Schautafeln einen Überblick zur Geschichte Riegels von der Keltenzeit bis ins Mittelalter. Prunkstück ist der Mithras-Tempel mit Kultbild und Steinaltar.

Der Kult um die ursprünglich altpersische Gottheit Mithras geht bis auf das 14. Jh. v. Chr. und die Hethiter zurück, später war der Glaube im nördlichen Indien, dem Iran und in Kleinasien weit verbreitet. Im 1. Jh. n. Chr. entstand der Mithras Kult als religiöse Neuschöpfung in Italien und breitete sich von dort schnell über die Alpen bis nach Britannien aus. Dazu trugen vor allem die römischen Soldaten bei, unter denen der Kult sehr beliebt war, da er ausschließlich Männern vorbehalten war. Erst die Förderung des Christentums durch Kaiser Konstantin I. führte im 4. Jh. zum Niedergang des Mithras-Kults. Im Zentrum des Kults steht Gott Mithras, der den Stier tötet, aus dessen Fleisch und Blut die Welt und das Leben entstehen. Im Ritual wurde das von den Gläubigen durch den Verzehr von Brot und Wein nachvollzogen. Als Kultstätten dienten Grotten oder, wie in Riegel, eingetiefte Räume die von einer Holzkonstruktion überdeckt waren. An der Frontseite stand ein Kultbild, auf der u.a. die Tötung des Stiers dargestellt wurde.

Was ?

Rundweg mit 13 Stationen zur Geschichte Riegels.
Sehr informative Schautafeln.
Rekonstruktion eines Tempels für den Mithras-Kult mit Kultbild und Steinaltar.

Wann ?

Zugang:
Jederzeit frei zugänglich.

Wo ?

Der Rundweg beginnt in Riegel an der Römerhalle, der Mithras-Tempel liegt am Ende der Üsenbergstraße.
Individualverkehr:
Von der A5, Abfahrt Riegel, über die L113, L116 und Forchheimer Str. zur Römerhalle
ÖPNV:
www.rvf.de, www.sweg.de
Station „Riegel-Mithras-Tempel"

Riegel
Michaelskapelle

Ob an Stelle der heutigen Kapelle bereits ein römischer Tempel stand ist wegen fehlender Grabungen unsicher, kann aber auf Grund der exponierten Lage vermutet werden. In der 2. Hälfte des 10. Jh. schenkte Kaiser Otto I die Besitzung dem Kloster Einsiedeln und die Kapelle wurde in deren Urkunden erstmals genannt. Ab der Mitte des 12. Jh. war die Kapelle Teil einer Burg, die aber bereits in der 2. Hälfte des 14. Jh. aufgegeben wurde. Die Kapelle blieb stehen, ihr Dachgebälk stammt aus der 2. Hälfte des 13. Jh. Später wurde die Kapelle mehrfach umgebaut und renoviert, war ein beliebter Wallfahrtsort, ab dem Beginn des 18. Jh. wohnte dort ein Eremit und Mitte des 19. Jh. wurde im Turm eine Camera Obscura zur Betrachtung der Landschaft eingebaut.

Was ?

Schöner Aufstieg von Riegel über dicht bewachsene Lösswege. Schöner Ausblick, auch ohne Camera Obscura.
Eindrucksvolle Kapelle mit einer Historie bis ins 10. Jh.

Wann ?

Zugang:
Jederzeit frei zugänglich. Das Innere ist, ausser bei Gottesdiensten, nicht zugänglich.
Informationen:
Katholisches Pfarramt St. Martin
Tel. +49-7642-6015
pfarrer.purzeau@senoka.de

Wo ?

Drollberg 5
Riegel a.K.
Individualverkehr:
Von der A5, Abfahrt Riegel, über die L113 und die K5114 in die Hauptstraße, dann über die Kehnertstraße in den Drollberg.
ÖPNV:
www.rvf.de
www.sweg.de
Station „Riegel-Rathaus"

Malterdingen Ortsbild

125

Malterdingen verfügt über einen intakten und gut erhaltenen Ortskern aus alten Häusern. Dazu gehört das „Torhäusle" von 1567, das letzte verbliebene von ursprünglich 5 Toren. Im Obergeschoss wohne der Torwächter bzw. Trompeter. Weitere bemerkenswerte Bauten sind „Der Adler" von 1594 und „Der Fahne" aus der Mitte des 16. Jh. Das schmucke „Neue Rathaus" entstand durch mehrfachen Umbau eines Gebäudes, dessen Grundstein die Jahreszahl 1412 trägt.

Was ?

Torhäusle mit Jahreszahl und Wappen.
Neues Rathaus.
Altes Rathaus schräg gegenüber, etwas renovierungsbedürftig.
Häuser „Der Fahne" und „Der Adler".
Mehrere gemütliche Gasthäuser.
Sehr gute historische Führung durch den Ort an Hand informativer Schautafeln.

Wann ?

Zugang:
Von Außen jederzeit frei zugänglich.

Wo ?

Individualverkehr:
Von der A5, Abfahrt Riegel, über die L113 nach Malterdingen, dort auf der Hauptstraße bis zum Rathaus.
ÖPNV:
www.rvf.de
www.sweg.de
Station „Malterdingen-Hauptstraße"

Malterdingen
Evangelische Kirche

Die erste urkundliche Erwähnung der Kirche stammt vom Beginn des 13. Jh. Da Malterdingen zur Markgrafschaft Baden gehörte, wurde die Kirche Mitte des 16. Jh. reformiert. Die ältesten Bauteile des heutigen Bauwerks sind die beiden unteren Turmgeschosse aus dem frühen 14. Jh. Das Langhaus stammt aus der 1. Hälfte des 15. Jh., wurde aber im 18. Jh. stark umgestaltet. Die an Motive von Hyronimus Bosch erinnernden Wandgemälde stammen aus dem frühen 18. Jh. und wurden bei Renovierungsarbeiten 1964 freigelegt.

Was ?

Wandgemälde aus dem frühen 18. Jh. mit Motiven, die an Hyronimus Bosch erinnern.
Gotischer Chor mit Sakramentshäuschen und Wendelinskapelle.
Kruzifix vom Ende des 15. Jh.
1,4 Tonnen schwere Glocke aus der 1. Hälfte des 17. Jh. aus dem Kloster Tennenbach.
Orgel aus der Mitte des 18. Jh.

Wann ?

Zugang:
Außen jederzeit frei zugänglich.
Innen tagsüber geöffnet.
Informationen:
Pfarramt
Tel. +49-7644-286
pfarramt@ev-kirche-malterdingen.de

Wo ?

Individualverkehr:
Von der A5, Abfahrt Riegel, über die L113 nach Malterdingen, dort auf der Hauptstraße bis zum Rathaus.
ÖPNV:
www.rvf.de | www.sweg.de
Station „Malterdingen - Hauptstraße"

Malterdingen
Weingut Bernhard Huber

Der größte Schatz des Weingutes Bernhard Huber sind die Muschelkalkböden, die für den Weinanbau ähnliche Bedingungen wie im Burgund bieten. Dies hatten bereits vor rund 700 Jahren die Zisterziensermönche erkannt, die an der Stelle des heutigen Weingutes im Gewann Mönchhofmatten einen Gutshof - eine „curia" - bewirtschafteten. Sie brachten aus dem Burgund nicht nur die Rebstöcke des Spätburgunders mit, sondern auch ihre Erfahrungen mit der Herstellung hochwertiger Weine und so wurde der Begriff „Malterdinger" zu einem Synonym für deutschen Spätburgunder.

In dieser Tradition gründeten Bernhard und Barbara Huber 1987 ihr Weingut. Nach dem frühen Tod Bernhard Hubers 2014 setzte Sohn Julian die Tradition in den Weinbergen und im Keller fort. Dazu gehören eine konsequente Auslese der Trauben, die vollständige Durchgärung des Mostes sowie ein 18 Monate dauernder Ausbau in Barriquefässern. Auf den rund 30 Hektar des Weingutes wachsen etwa 85% Burgunder, davon der größte Teil Spätburgunder und etwa 15% Chardonnay.

Im Gault Millau 2019 wird einer der Spätburgunder zu den sieben besten Weine Deutschlands gezählt und das Weingut als „Weltklasse" eingestuft, eine Beurteilung die nur insgesamt 20 deutsche Weingüter erhalten. Auch in anderen Weinführern wie Vinum, Eichelmann und Feinschmecker gehört das Weingut zur deutschen und internationalen Spitzenklasse.

Was ?

700-jährige Geschichte beim Anbau von Spätburgunder.
Muschelkalkböden ähnlich wie im Burgund.
Barriquefasskeller, Raritätenkabinett und Probierstube.
Von den Weinbergen aus schöner Blick auf die Landschaft.
Einstufung des Weingutes als deutsche und internationale Spitzenklasse.

Wann ?

Öffnungszeiten:
Mo bis Fr von 14:00 bis 18:00
Fr   von 10:00 bis 12:00
oder nach Vereinbarung:
Tel. +49-7644-929722-0
info@weingut-huber.com
www.weingut-huber.com
Weinproben nach Vereinbarung
für max. 20 Personen

Wo ?

Heimbacher Weg 19
79364 Malterdingen
Individualverkehr:
Von der A5, Abfahrt Riegel, über die L113 nach Malterdingen, dann über Schmiedstraße und Mönchhof in den Heimbacher Weg.
ÖPNV:
www.rvf.de, www.sweg.de
Station „Malterdingen-Hauptstraße"

Heimbach
Ortsbild

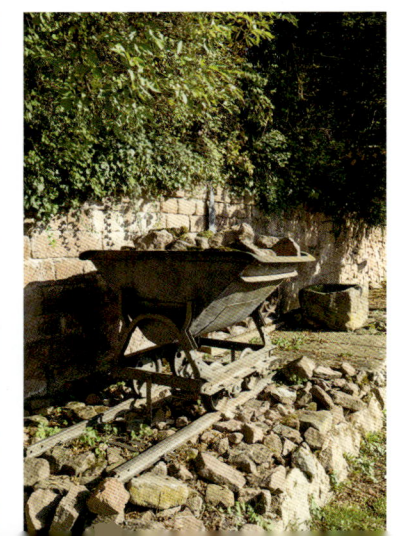

Seit der Gemeindereform 1975 gehört Heimbach zur Gemeinde Teningen. Der Ort besitzt zwei Schlösser. Das Alte Schloss wurde Mitte des 16. Jh. erbaut und dient heute als Feuerwehrgerätehaus. Das Neu Schloss wurde Anfang des 19. Jh. als Wohnsitz errichtet und befindet sich noch heute in Privatbesitz, durch eine dichte Bepflanzung vor Sicht geschützt.

In Heimbach wurde über tausend Jahre lang bis zur Mitte des letzten Jahrhunderts Sandstein abbgebaut, der wegen seiner besonderen Härte geschätzt wurde, unter anderem wurden große Teile des Freiburger Münsters, insbesondere Turm und Langhaus, aus Heimbacher Sandstein errichtet. Im Ort erinnert ein kleines Denkmal mit einer Lore daran.

Ein Spaziergang durch den Ort bietet einige hübsche Fassaden alter Fachwerkhäuser und einen Brunnen aus der Mitte des 19. Jh.

Was ?

Altes Schloss.
Neues Schloss.
Kirche St. Gallus
Denkmal an den Sandsteinabbau.
Hübsche Hausfassaden.

Wann ?

Von Aussen jederzeit
frei zugänglich.
Das Neue Schloss ist in Privatbesitz
und ist daher nicht zugänglich.

Wo ?

Individualverkehr:
Von der A5 Abfahrt Teningen
über die L114 und die B3 auf die
K5115 nach Heimbach.
ÖPNV:
www.rvf.de, www.sweg.de
Station „Heimbach-Rathaus"

Landeck
Burg Landeck

Die aus einer Ober- und Unterburg bestehende Doppelburg wurde Mitte des 13. Jh. errichtet. Nach den für südbadische Burgen nicht unübliche Besitzerwechsel durch Verkäufe, Pfändungen und Prozesse gelangte sie Anfang des 16. Jh. an den Markgrafen von Baden, um dann kurz danach von aufständischen Bauern zerstört zu werden. In beiden Burgen sind noch Teile des Palas - der saalartigen Wohnbereiche - erhalten. In der Unterburg befinden sich die Reste der gotische Burgkapelle.

Was ?

Gut erhaltene Doppelburg.
Sehr gute Rundwegbeschikderung
mit ausführlichen Informationen.
Burgschenke im Bereich des
Parkplatzes gegenüber dem
Eingang zur Burg.
Führungen durch ein Burgfräulein.

Wann ?

Zugang:
Jederzeit frei zugänglich.
Führungen:
fuehrungen@burg-kandeck.de
Tel. +49-7641937185
www.brigitte-von-landeck.de

Wo ?

Individualverkehr:
Von der A5 Abfahrt Teningen
über die L114 und die B3 auf die
K5136 Richtung Freiamt.
Die Burg liegt an der Straße.
ÖPNV:
www.rvf.de, www.sweg.de
Station „Teningen-Landeck-Burg"

Kenzingen-Hecklingen Burg Lichteneck

Die von den Freiburger Grafen um 1270 als politisches Zeichen gegenüber den Bischöfen von Straßburg und Basel erbaute Burg wurde erstmals gegen Ende des 13. Jh. beurkundet. Dank ihrer strategisch günstigen Lage konnte sie die Ebene zwischen Riegel und Kenzingen und damit den Nord-Süd Verkehr kontrollieren. Nachteil dieser Lage war eine sehr wechselhafte Geschichte mit zahlreichen Besitzerwechseln, Belagerungen und Besetzungen. Die Zerstörung kam dann in der 2. Hälfte des 17. Jh. durch die Franzosen.

Was ?

Schöne Lage mit Blick zu den Vogesen, Kaiserstuhl und Schwarzwald. Anstrengender aber lohnender Aufstieg von Hecklingen durch die Weinberge, alternativ über die Fahrstraße mit Rad oder Auto. Führung mit umfassender Darstellung zur Geschichte der Burg und des Breisgaus.
Die Burg kann für Veranstaltungen gemietet werden.

Wann ?

Zugang:
Die Burg kann nur im Rahmen von Führungen besichtigt werden.
Information zu Führungsterminen:
unter www.burg-lichteneck.de
Informationen zur Vermietung:
Tel. +49-7644-7566

Wo ?

Individualverkehr:
Von der A5 Abfahrt Riegel über die L113 auf die B3 Richtung Kenzingen. Hinter dem Ortsausgang Hecklingen führt rechts ein beschildeter Fahrweg hoch.
ÖPNV:
www.rvf.de, www.sweg.de
Station „Hecklingen-Bären"
Dann Fußweg durch die Weinberge.

Kenzingen Stadtbild

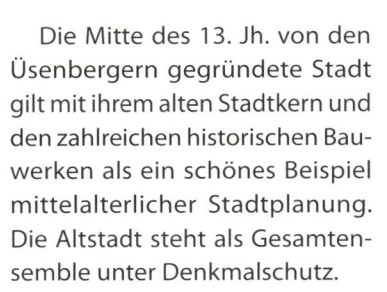

Die Mitte des 13. Jh. von den Üsenbergern gegründete Stadt gilt mit ihrem alten Stadtkern und den zahlreichen historischen Bauwerken als ein schönes Beispiel mittelalterlicher Stadtplanung. Die Altstadt steht als Gesamtensemble unter Denkmalschutz.

Kenzingen ist mit dem Museum der Oberrheinischen Narrenschau eine der Hochburgen der alemannischen Fasnacht. Die Kenzinger Häs ist der Welle-Bengel, urspünglich ein Spitzname der Nachbargemeinden, die dachten, Kenzingen hätte zu viel Wald.

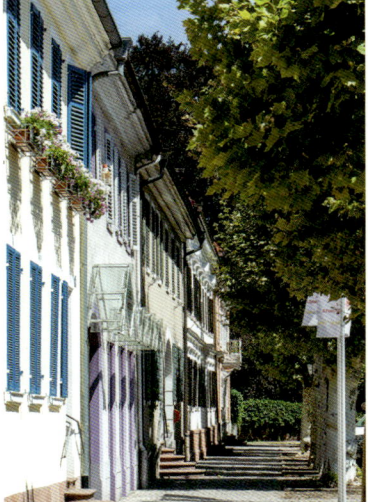

Was ?

Statue des Welle-Bengel an der Hauptstraße.
Schöne Bürgerhäuser entlang der Hauptstraße.
Rathaus und Üsenbergbrunnen.
Kirche St. Laurentius.
Schwabentor und pittoreske Alte Schulstraße.
Eh. Franziskanerkloster und Kloster Wonnental.
Oberrheinische Narrenschau.

Wann ?

Zugang:
Von Außen jederzeit frei zugänglich.
Zugang Innen zur Kirche St. Laurentius, zum eh. Franziskanerkloster, Rathaus und zur Oberrheinischen Narrenschau siehe dort.

Wo ?

Individualverkehr:
Von der A5 Abfahrt Herbolzheim über die L111 oder Abfahrt Riegel über die L113 jeweils auf die B3 und dann nach Kenzingen in die Hauptstraße.
ÖPNV:
www.rvf.de, www.sweg.de
Station „Kenzingen - Rathaus"

Kenzingen
Rathaus und Üsenbergbrunnen

Das Gebäude des Rathauses stammt aus der 1. Hälfte des 16. Jh. und wurde nach schweren Zerstörungen im Dreißigjährigen Krieg Mitte des 17. Jh. wieder aufgebaut. Nach Beschädigungen im 2. Weltkrieg wurde das Gebäude in den 60er Jahren renoviert, dabei versuchte man, das Aussehen von vor dem Dreißigjährigen Krieg wieder herzustellen. Das linke Wappenrelief zeigt die Schilder der Habsburger Herrschaftsgebiete und erinnert damit an die Zugehörigkeit Kenzingens zu Vorderösterreich. Das rechte Relief zeigt das Schwingenwappen der Üsenberger und das Stadtwappen von Kenzingen. Unweit des Rathauses erinnert der Üsenbergbrunnen an Rudolf II von Üsenberg, der die Stadt Mitte des 13. Jh. auf freien Feld neben dem bereits bestehenden Dorf Kenzingen gegründet hat. Er war auch der Gründer des Zisterszienserklosters Wonnental, in dem er beigesetzt wurde.

Was ?

Rathausgebäude im Stil des frühen 16. Jh. Wappenrelief mit den Schildern der Habsburger Herrschaftsgebiete. Relief mit den Wappen der Üsenberger und der Stadt Kenzingen. Üsenbergbrunnen zum Gedenken an den Stadtgründer Rudolf II von Üsenberg.

Wann ?

Zugang:
Außen jederzeit frei zugänglich.
Öffnungszeiten Rathaus:
Mo bis Fr von 08:30 bis 12:00
und
Mo bis Mi von 14:00 bis 16:00
Do   von 14:00 bis 19:00

Wo ?

Individualverkehr:
Von der A5 Abfahrt Herbolzheim über die L111 oder Abfahrt Riegel über die L113 jeweils auf die B3 und dann nach Kenzingen. Rathaus Ecke Hauptstr./Hirschenstr. und Brunnen Ecke Hauptstr./Brotstr.
ÖPNV:
www.rvf.de, www.sweg.de
Station „Kenzingen - Rathaus"

Kenzingen
Kirche St. Laurentius

Der Bau der Kirche begann zeitgleich mit der Stadtgründung Mitte des 13. Jh. Ursprünglich war es ein Frauenmünster mit der Gottesmutter als Patronin, Ende des 17. Jh. wurde dann der hl. Laurentius Patron. Der Chor bietet noch weitgehend das mittelalterliche Bild. Das Langhaus wurde in der 1. Hälfte des 18. Jh. grundlegend barock umgebaut. Anfang des 20. Jh. wurden Chor und Fassade re-gotisiert und eine Sakristei angebaut. Die beiden Türme mit ihren Spitzhauben dominieren das Stadtbild.

Was ?

Seitenkapellen mit Stoffdraperien.
Grabdenkmäler aus dem frühen
16. Jh. und Ölberggruppe in den
Seitenkapellen.
Barocke Kanzel aus dem Kloster
Wonnental.
Orgel im Zuckerbäckerstil.

Wann ?

Zugang:
Außen jederzeit frei zugänglich.
Innen tagsüber geöffnet.
Informationen:
Katholisches Pfarramt St. Laurentius
Tel. +49-7644-92269-0

Wo ?

Individualverkehr:
Von der A5 Abfahrt Herbolzheim
über die L111 oder Abfahrt Riegel
über die L113 jeweils auf die B3
und dann nach Kenzingen in die
Hauptstraße, von dort über die
Kirchgasse auf den Kirchplatz.
ÖPNV:
www.rvf.de, www.sweg.de
Station „Kenzingen - Rathaus"

Kenzingen Schwabentor

Ursprünglich befand sich an Stelle des heutigen Schwabentors nur ein kleiner Durchlass in der Häuserzeile des Oberen Zirkel. Dieser wurde erst im 19. Jh. zu einem Tor erweitert. In den 50er Jahren wurde noch ein weiteres Fachwerkhaus angebaut. Heute beherbergt das Schwabentor die Zunftstube der Narrenzunft Welle-Bengel e.V. Wer das Schwabentor gerne besitzen möchte, kann es sich mittels eines Bausatzes der Firma Faller aus 147 Einzelteilen zusammenbauen.

Was?

Tor aus dem 19. Jh. mit viel Fachwerk.
Beim Schwabentor stehen auch einige schöne Fachwerkhäuser.
Bausatz der Firma Faller.

Wann?

Zugang:
Von Außen jederzeit frei zugänglich.

Wo?

Individualverkehr:
Von der A5 Abfahrt Herbolzheim über die L111 oder Abfahrt Riegel über die L113 jeweils auf die B3 und dann nach Kenzingen. Im Zentrum in die Brotstraße.
ÖPNV:
www.rvf.de, www.sweg.de
Station „Kenzingen - Rathaus"

Kenzingen
Oberrheinische Narrenschau

Die Alemannische Fasnacht wurde erstmals Anfang des 13. Jh. in Wolfram v. Eschenbachs Parsival als „Vasnath" genannt. Ob sich der Name vom dumm daher reden, dem faseln, von den zur Fasnacht gehörenden Trinkgelagen und dem Weinfass oder von der Fastenzeit ableitet, ist umstritten. Unstrittig ist, dass die Fasnacht der Höhepunkt jedes alemannischen Kalendariums ist und das Kenzingen zu den Hochburgen der Fasnacht am Oberrhein und im Breisgau gehört.

Dokumentiert wird dies durch die Oberrheinische Narrenschau, die seit 1976 über fünf Geschosse des ehemaligen Herrschaftshauses „Bettscholdt-Blumeneck" eine umfassende Ausstellung zur alemannischen Fasnacht zeigt, eine kleine Freiluftgalerie stimmt darauf ein. Die zahlreichen „Häser", wie die Fasnachtskostüme genannt werden, sind lebensecht zu Szenen gruppiert und zeigen in 6 Vogteien das bunte Narrenleben zwischen der Ortenau und Basel mit Breisgau, Markgräflerland und Schwarzwald.

Was ?

Historisches Herrschaftshaus. Kleine Freiluftausstellung. Einführung in die Alemannische Fasnacht im Erdgeschoß. Ausstellung von über 300 Narrengruppen vom Oberhein und Schwarzwald über 5 Geschosse.

Wann ?

Öffnungszeiten:
Jan bis Nov
Sa, So und Ft von 14:00 bis 17:00
Anmeldung zu Führungen:
Frau Tanja Brand
Tel. +49-7644-900-116
brand@kenzingen.de

Wo ?

Alte Schulstraße 20
Individualverkehr:
Von der A5 Abfahrt Herbolzheim über die L111 oder Abfahrt Riegel über die L113 jeweils auf die B3 und dann nach Kenzingen. Von der Hauptstr. über die Kirchg., den Kirchplatz und die Schalbenstr. in die Alte Schulstr.
ÖPNV:
www.rvf.de, www.sweg.de
Station „Kenzingen - Rathaus"

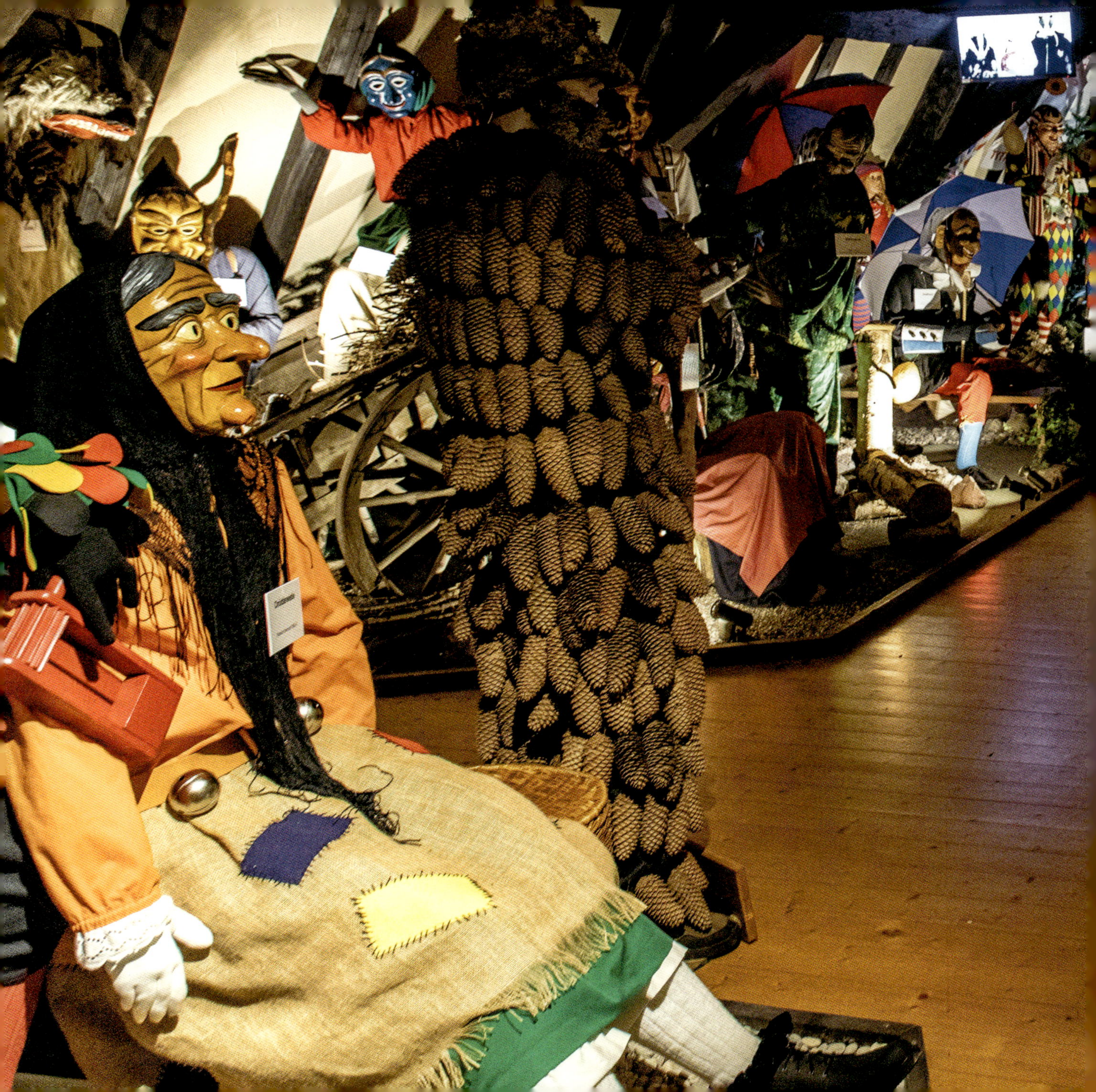

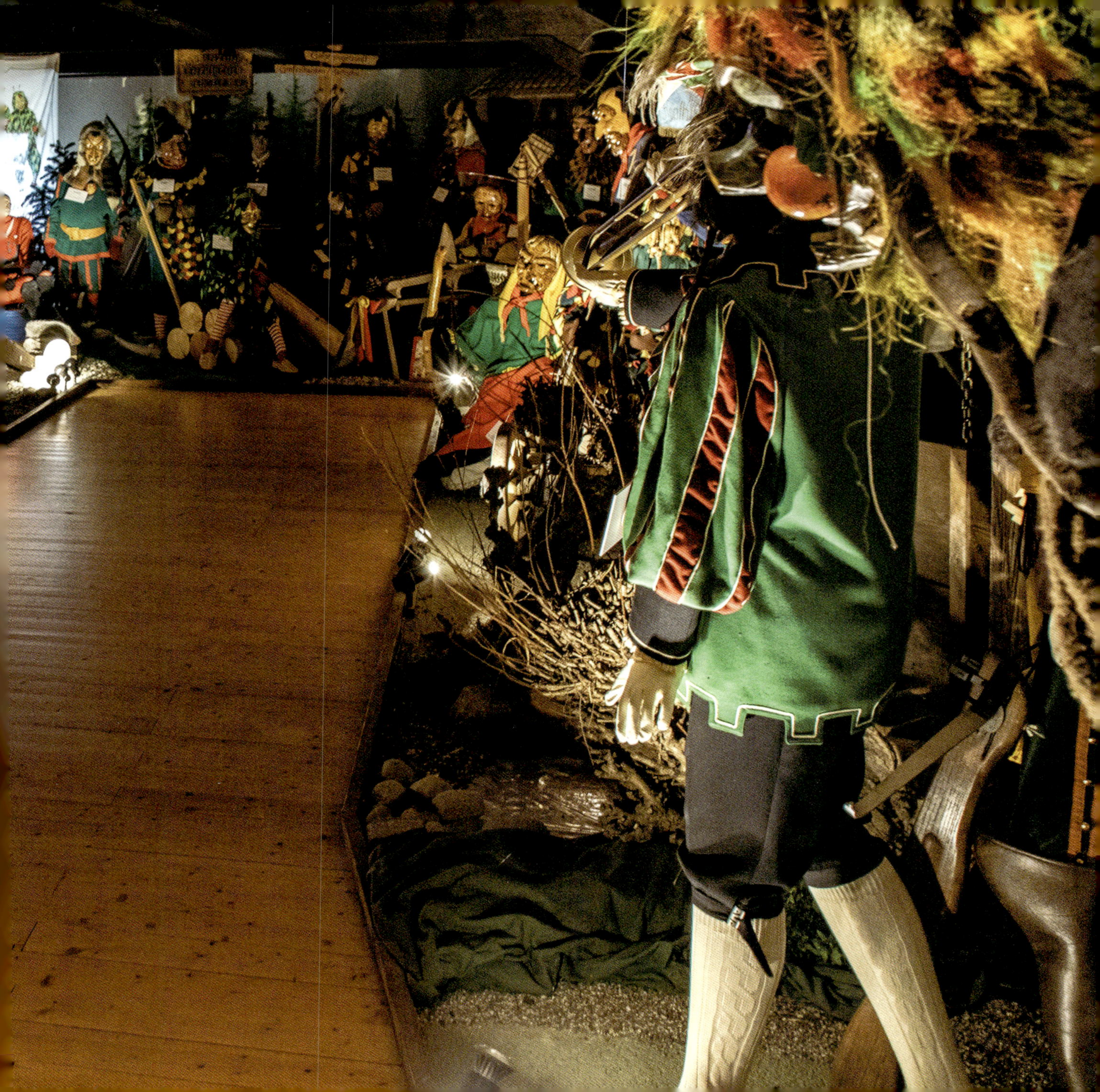

Kenzingen
Eh. Kloster Wonnental

Das in der 1. Hälfte des 13. Jh. gegründete Kloster erhielt das Patronatsrecht von Rudolf von Üsenber, Gründer der Stadt Kenzingen, der auch im Kloster begraben wurde. Mitte des 13. Jh. wurde das Frauenkonvent dem Zisterzienserorden eingegliedert, betreut vom Kloster Tennenbach bei Emmendingen, da Frauen keine Messe lesen durften. Durch umfangreichen Grundbesitz und den Einnahmen daraus erlebte das Kloster im 14. Jh. eine Blütezeit und konnte die Herstellung kostbarer liturgischer Schriften finanzieren. In Folge wirtschaftlicher Schwierigkeiten und Kriegszerstörungen im 16. und 17. Jh. kam es zum wirtschaftlichen Niedergang. Anfang des 19. Jh. wurde das Kloster säkularisiert, die Kirche abgerissen und die Gebäude zu einer Fabrik zur Zichorien- und Runkelrübenverarbeitung. Heute befinden sich in den renovierten Gebäuden Privatwohnungen, umgeben von pittoresken Kleingärten. An die Geschichte des Klosters erinnert eine Liste der Äbtissinnen, beginnend mit Mechtildis um 1249.

Was ?

Stimmungsvolle Gesamtanlage, es lohnt ein Rundgang um die Gebäude.
Liste der Äbtissinen seit 1249.
Schönes Portal und Brunnenstein.
Pittoreske Kleingärten.

Wann ?

Zugang:
Aussen jederzeit frei zugänglich.
Innen Privat und daher nicht zugänglich.

Wo ?

Individualverkehr:
Von der A5 Abfahrt Herbolzheim über die L111 oder Abfahrt Riegel über die L113 jeweils auf die B3 und dann nach Kenzingen. Am südlichen Ortsausgang in den Einfangweg.
ÖPNV:
www.rvf.de, www.sweg.de
Station „Kenzingen-Freiburger Straße"

Herbolzheim
Stadtbild

Was ?

Spannender Gegensatz zwischen barocken und frühklassizistischen Portalen und Bauwerken einerseits und bäuerlich anmutenden Fachwerkhäusern und Höfen andererseits.
Gegenüber vom Rathaus steht das Haus Behrle mit dem österreichischen Wappen im Barockportal, Schauplatz der Verleihung der Stadtrechte Anfang des 19. Jh.

Wann ?

Zugang:
Von außen jederzeit frei zugänglich.

Wo ?

Individualverkehr:
Von der A5 Abfahrt Herbolzheim über die L111 auf die Hauptstraße. Die meisten der barocken und frühklassizistischen Gebäude stehen in der Hauptstraße. Die Fachwerkhöfe zwischen Hauptstr. und Hofestr.
ÖPNV:
www.rvf.de, www.sweg.de
Station „Herbolzheim-Rathaus"

Herbolzheim
Margarethenkapelle

Die Kapelle enthält im Chor und Teilen des Langhauses romanisches Mauerwerk, vermutlich aus dem 11. Jh. Später wurde die Kapelle gotisch umgebaut und vergrößert, der Dachstuhl stammt aus dem frühen 16. Jh. Die Fresken im Kirchenschiff werden auf das 16. Jh. datiert, die barocken Fresken im Chor auf die Mitte des 17. Jh. Im 19. Jh. wurde die Kapelle dann profan als Stallung, Wachlokal und Arrestzelle genutzt. Nach aufwendigen Renovierungsarbeiten dient die Kapelle nun für Ausstellungen.

Was ?

Ältestes Bauwerk der Stadt.
Gotische Fresken im Langhaus.
Barocke Fresken im Chor.
Die Fresken wurden 2017 restauriert.
Veranstaltungsort für Ausstellungen.

Wann ?

Zugang:
Aussen jederzeit frei zugänglich.
Innen auf Anfrage.
Informationen:
Zu Führungen, Veranstaltungen und Öffnungszeten: tourismusbuero@stadt-herbolzheim.de
Tel. +49-7643-9359-11 oder 18
Mo, Di, Do und Fr
von 10:00 bis 12:00 und 15:30 bis 18:30

Wo ?

Hauptstraße 26
79336 Herbolzheim
Individualverkehr:
Von der A5 Abfahrt Herbolzheim über die L111 auf die Hauptstraße
ÖPNV:
www.rvf.de, www.sweg.de
Station „Herbolzheim-Rathaus"

Herbolzheim Rathaus

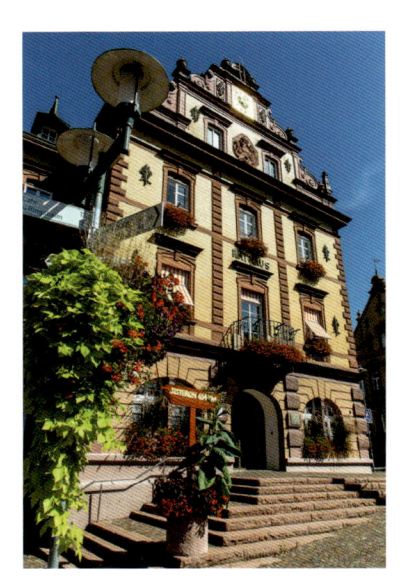

Die Gegend um Herbolzheim war bereits in der Steinzeit vor rund 6.000 Jahren besiedelt. Auch Kelten und Römer lebten hier, wie zahlreiche Funde belegen. Urkundlich wurde Herbolzheim erstmals zu Beginn des 12. Jh. in einem Güterbuch des Klosters St. Peter im Schwarzwald erwähnt. Auch andere Klöster hatten Besitzungen und oberhalb des Ortes lag eine, heute nicht mehr bestehende, Burg. Nach mehreren Besitzerwechseln kam Herbolzheim zu Beginn des 15. Jh. zu Vorderösterreich, wo es bis zum Anfang des 19. Jh. mit dem Übergang zur Markgrafschaft verblieb. Ende des 16. Jh. erhielt Herbolzheim das Marktrecht, zu Beginn des 19. Jh. das Stadtrecht. Bis zur Industrialisierung im 19. Jh. war die Stadt durch Landwirtschaft und durch Kleinbetriebe in der Leinenweberei geprägt, die dann im 19. Jh. durch Fabriken abgelöst wurden. Mitte des 19. Jh. wurde die erste Tabakfabrik gegründet und in der Blütezeit, Anfang des 20. Jh., waren rund 5.000 Menschen in der Tabakindustrie im Raum Herbolzheim tätig. Daran erinnert das heutige Technische Rathaus, das Ende des 19. Jh. im Stil der Neurenaissance als Verwaltungsgebäude einer Zigarrenfabrik errichtet wurde. Zeitgleich wurde das heutige Rathaus, schräg gegenüber an der Hauptstraße gelegen, durch Aufstockung und Ausbau eines bestehenden spätbarocken Gebäudes ebenfalls im Stil der Neurenaissance geschaffen. Der Wappenstein im Giebel stammt aus der 2. Hälfte des 18. Jh.

Was ?

Rathaus im Stil der Neurenaissance. Wappenstein im Giebel. Schräg gegenüber das Technische Rathaus, ebenfalls im Stil der Neurenaissance, ursprünglich Verwaltungssitz einer Zigarrenfabrik.

Wann ?

Zugang:
Von außen jederzeit frei zugänglich
Öffnungszeiten Rathaus:
Mo bis Fr von 08:00 bis 12:00
und Do   von 14:00 bis 18:00

Wo ?

Hauptstraße 26 und 28
79336 Herbolzheim
Individualverkehr:
Von der A5 Abfahrt Herbolzheim über die L111 auf die Hauptstraße
ÖPNV:
www.rvf.de, www.sweg.de
Station „Herbolzheim-Rathaus"

Herbolzheim
„Centrum am Marktplatz"

Was ?

Ehemaliges Industriegelände wurde zu einem attraktiven Ortszentrum umgestaltet. Cafès und Restaurants. Einkaufszentrum und Dienstleister. Wochenmarkt mit regionalen und internationalen Produkten.

Wann ?

Zugang:
Jederzeit frei zugänglich.
Wochenmarkt:
Fr von 08:00 bis 13:00

Wo ?

Der Zugang zum Centrum am Markt liegt unmittelbar neben dem Technischen Rathaus.
Individualverkehr:
Von der A5 Abfahrt Herbolzheim über die L111 auf die Hauptstraße
ÖPNV:
www.rvf.de, www.sweg.de
Station „Herbolzheim-Rathaus"

Herbolzheim
Torhaus

Das Torhaus diente ursprünglich als Wohn- und Verwaltungsgebäude der in der ersten Hälfte des 19. Jh. gegründeten Leinenweberei Carl Kuenzer. Das gegen Ende des 19. Jh. im Stil des Historismus gestaltete Gebäude wurde, nach einigen Zwischennutzungen, durch einen Neubau mit einer interessanten Stahl-/Glasfassade ergänzt. Heute beherbergt es neben dem Tourismusbüro mit Weinverkauf auch die Stadtbibliothek, das Trauzimmer sowie zwei Dauerausstellungen.

Was ?

Tourismusbüro.
Weinverkauf im Tourismusbüro.
Stadtbibliothek.
Trauzimmer.
Dauerausstellung mit Werken der Malerin Nora Schütz.
Dauerausstellung über die Deportation einer jüdischen Familie nach Ausschwitz.

Wann ?

Zugang:
Aussen jederzeit frei zugänglich.
tourismusbuero@stadt-herbolzheim.de
Tel. +49-7643-9359-11 oder 18
Mo, Di, Do und Fr
von 10:00 bis 12:00
und 15:30 bis 18:30

Wo ?

Hauptstraße 60
79336 Herbolzheim
Individualverkehr:
Von der A5 Abfahrt Herbolzheim über die L111 auf die Hauptstraße
ÖPNV:
www.rvf.de, www.sweg.de
Station „Herbolzheim-Rathaus"

Herbolzheim
Kirche am Berg

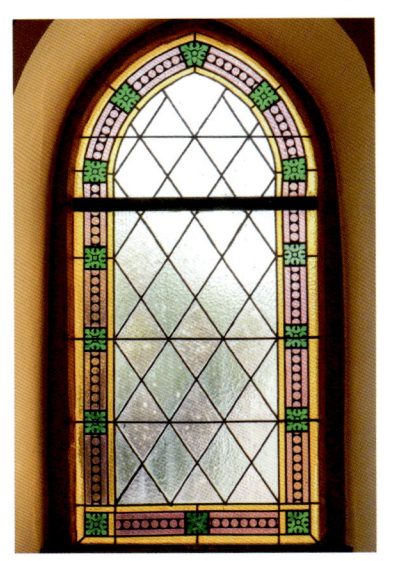

Was ?

Die Anfang des 20. Jh. erbaute Kirche gehört zu den wenigen Jugendstilbauwerken der Region. Schöner Blick auf den alten Ortskern von Herbolzheim mit seinen Fachwerkhäusern.

Wann ?

Außen jederzeit frei zugänglich. Innen tagsüber geöffnet.
Informationen:
Evangelisches Pfarramt Herbolzheim
Tel. +49-7643-311
herbolzheim@kbz.ekiba.de

Wo ?

Hofestraße 9
79336 Herbolzheim
I**ndividualverkehr:**
Von der A5 Abfahrt Herbolzheim über die L111 auf die Hauptstraße, dann über die Schulstraße in die Hofestraße.
ÖPNV:
www.rvf.de, www.sweg.de
Station „Herbolzheim-Rathaus"

Herbolzheim
Kirche St. Alexius

Der hl. Alexius war ein vorallem im Barock hochverehrter Heiliger aus dem 5. Jh. Seine Darstellung befindet sich an der Aussenfassade über dem Hauptaltar. Die Kirche stammt aus der Mitte des 18. Jh. Sie ersetzte eine baufällige romanische Kirche und gehört mit ihrem lichtdurchfluteten und reich mit Stuck, Gemälden und Statuen geschmückten Innenraum zu den schönsten Barockkirchen des Oberrheins. Das neue Gemeindehaus mit seiner klaren Architektur ist dazu ein interessanter Gegensatz.

Was ?

Hl. Alexius über dem Hauptportal.
Schöner heller Innenraum.
Es lohnt der Aufstieg zur Empore.
Statuen von Petrus, Paulus sowie
der Heiligen Pantaleon und
Landelin am Hauptaltar.
Neues Gemeindehaus mit
interessanter Architektur.

Wann ?

Zugang:
Außen jederzeit frei zugänglich.
Innen tagsüber geöffnet.
Informationen:
Pfarrbüro Herbolzheim
Tel. +49-7643-21598-0
buero.herbolzheim@
se-her-rhein.de

Wo ?

Hauptstraße 97
79336 Herbolzheim
Individualverkehr:
Von der A5 Abfahrt Herbolzheim
über die L111 auf die Hauptstraße.
Die Kirche liegt an der Hauptstraße
Ecke Schulstraße.
ÖPNV:
www.rvf.de, www.sweg.de
Station „Herbolzheim-Rathaus"

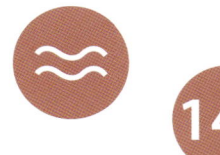

Herbolzheim Schwimmbad

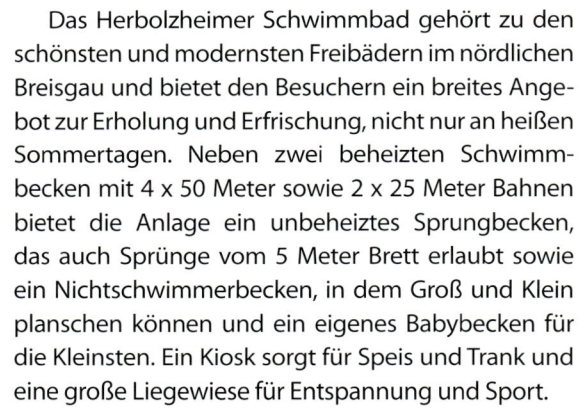

Das Herbolzheimer Schwimmbad gehört zu den schönsten und modernsten Freibädern im nördlichen Breisgau und bietet den Besuchern ein breites Angebot zur Erholung und Erfrischung, nicht nur an heißen Sommertagen. Neben zwei beheizten Schwimmbecken mit 4 x 50 Meter sowie 2 x 25 Meter Bahnen bietet die Anlage ein unbeheiztes Sprungbecken, das auch Sprünge vom 5 Meter Brett erlaubt sowie ein Nichtschwimmerbecken, in dem Groß und Klein planschen können und ein eigenes Babybecken für die Kleinsten. Ein Kiosk sorgt für Speis und Trank und eine große Liegewiese für Entspannung und Sport.

Was ?

Zwei beheizte Schwimmbecken, davon eines mit 50 Meter Bahnen.
Sprungbecken mit 5 Meter Brett.
Nichtschwimmerbecken.
Babybecken.
Kios mit Getränken und Speisen.
Liegewiese.
Beach-Volleyballfeld.

Wann ?

Öffnungszeiten:
In den Sommermonaten täglich von 09:00 bis 19:00.
Die Dauer der Badesaison ist wetterabhängig.
Informationen:
Tel. +49-7643-4554
www.stadt-herbolzheim.de

Wo ?

Schwimmbadstraße
79336 Herbolzheim
Individualverkehr:
Von der A5 Abfahrt Herbolzheim über die L111 auf die Hauptstraße und dann weiter in die Schwimmbadstraße.
ÖPNV:
www.rvf.de, www.sweg.de
Station „Herbolzheim-Schwimmbad"

Herbolzheim
Herbolzheimer Höfle

145

Bäume des Jahres
1989 – 2016

Seit *1989* wird jedes Jahr ein Baum zum „**Baum des Jahres**" ausgezeichnet.

Der Grundgedanke ist, die Bevölkerung über den jeweiligen Baum zu informieren, ihr Interesse zu wecken und ökologische sowie forstliche Zusammenhänge zu vermitteln.

Die **Auswahlkriterien** sind dabei jedesmal unterschiedlich. *1989* ging es zum Beispiel darum, auf Waldschäden aufmerksam zu machen. Die Sommerlinde ist das Symbol für Frieden und Freiheit im Jahr der Wiedervereinigung *1991*. Die Bergulme zeigt *1992* starken Bestandsrückgang und die Wildbirne zählt *1998* zu den seltensten Baumarten in Deutschland.

Der Speierling wurde durch die Wahl zum Baum des Jahres 1993 sogar vor dem Aussterben gerettet !

- 1989 Stieleiche (Quercus robur)
- 1990 Rotbuche (Fagus sylvatica)
- 1991 Sommerlinde (Tilia platyphyllos)
- 1992 Bergulme (Ulmus glabra)
- 1993 Speierling (Sorbus domestica)
- 1994 Eibe (Taxus baccata)
- 1995 Spitzahorn (Acer platanoides)
- 1996 Hainbuche (Carpinus betulus)
- 1997 Eberesche (Sorbus aucuparia)
- 1998 Wildbirne (Pyrus pyraster)
- 1999 Silberweide (Salix alba)
- 2000 Hängebirke (Betula pendula)
- 2001 Esche (Fraxinus excelsior)
- 2002 Wacholder (Juniperus communis)
- 2003 Schwarzerle (Alnus glutinosa)
- 2004 Weißtanne (Abies alba)
- 2005 Gewöhnliche Rosskastanie (Aesculus hippocastanum)
- 2006 Schwarzpappel (Populus nigra)
- 2007 Waldkiefer (Pinus sylvestris)
- 2008 Echte Walnuss (Juglans regia)
- 2009 Bergahorn (Acer pseudoplatanus)
- 2010 Vogelkirsche (Prunus avium)
- 2011 Elsbeere (Sorbus torminalis)
- 2012 Europäische Lärche (Larix decidua)
- 2013 Wildapfel (Malus sylvestris)
- 2014 Traubeneiche (Quercus petraea)
- 2015 Feldahorn (Acer campestre)
- 2016 Winterlinde (Tilia cordata)

Was ?

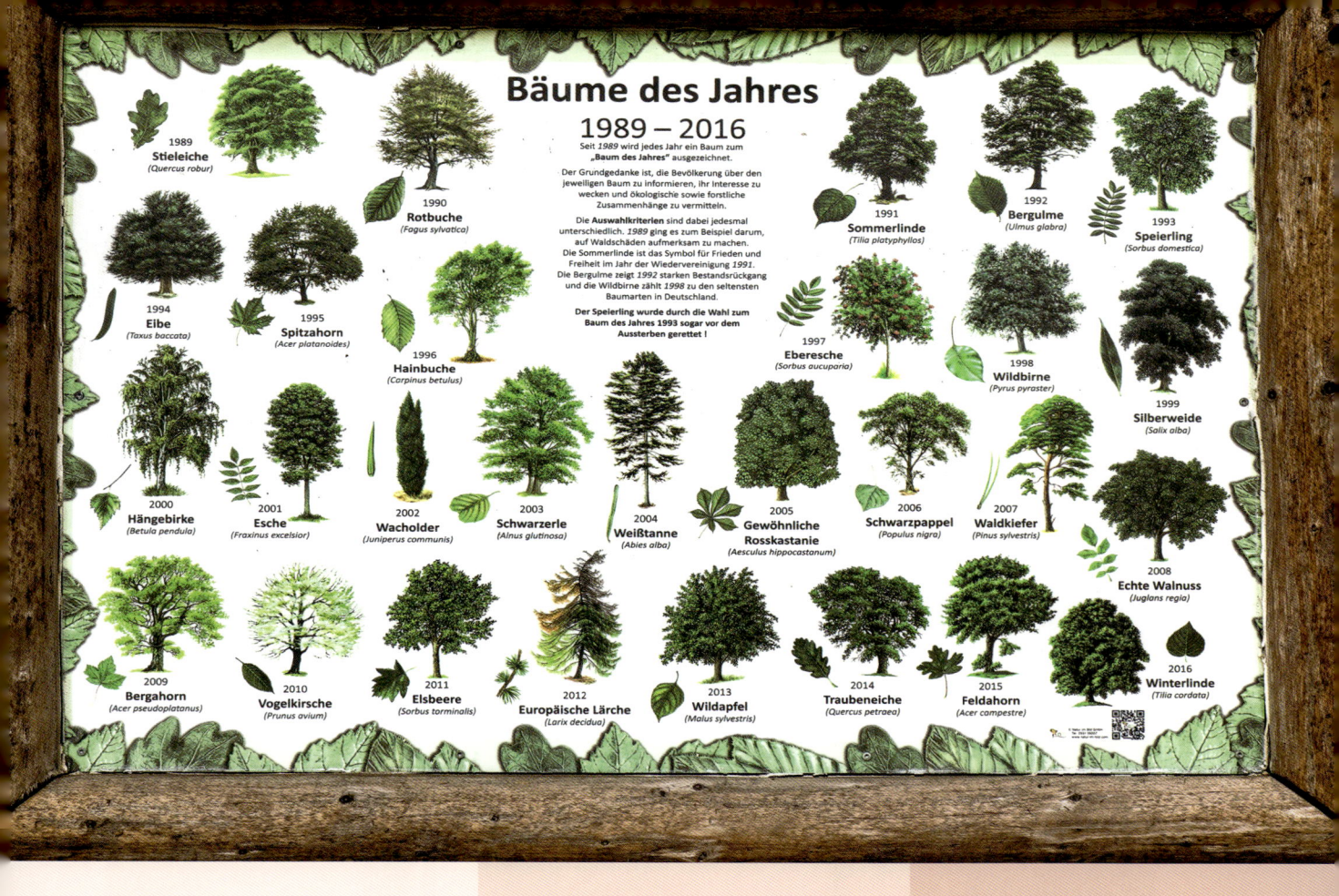

Ursprünglich über 300 Jahre Wohn- und Dienstsitz der Herbolzheimer Waldhüter.
Heute beliebtes Ausflugsziel mit Grillplatz.
Skurrile Holzschnitzfiguren.
Rundweg Bäume und Tiere des Waldes.
Schöne Ausblicke auf die umgebende Waldlandschaft.

Wann ?

Jederzeit frei zugänglich.

Wo ?

Individualverkehr:
Von Bleichheim auf der L106 Richtung Schweighausen. Ca. 400 Meter vor dem Gasthof Hammerschmiede links auf den Weg und der Beschilderung folgen.
ÖPNV:
www.rvf.de, www.sweg.de
Station „Bleichheim-Bleichtalstraße"

Herbolzheim
Wallfahrtskirche Maria Sand

146

Was ?

Wallfahrtskirche aus der 2. Hälfte des 17. Jh., Mitte des 18. Jh. erweitert. Stimmungsvolles Ambiente unter Bäumen mit 14 Kreuzwegstationen und einer Marienanbetung. Marienstatue aus Terracotta.

Wann ?

Zugang:
Außen jederzeit frei zugänglich. Innen tagsüber geöffnet.
Informationen:
Pfarrbüro Herbolzheim
Tel. +49-7643-21598-0
buero.herbolzheim@se-her-rhein.de

Wo ?

Im Maria Sand
Individualverkehr:
Von der A5 Abfahrt Herbolzheim über die L111 auf die Hauptstraße, kurz nach dem südlichen Ortsende über die Südendstr. und Westendstr. in Im Maria Sand.
ÖPNV:
www.rvf.de, www.sweg.de
Station „Herbolzheim - Station Emil-Dörle-Schule"

Herbolzheim-Bleichheim
Garten Haas

Zum Bleichheimer Schloss, nach den früheren Besitzern auch Kageneck`sches Schloss genannt, gehören neben dem Herrenhaus und dem Zehntscheuer auch eine ehemalige Mühle. Das gesamte Anwesen befindet sich heute in Privatbesitz, die Mühle ist jedoch verpachtet und der Pächter, Herr Hansjörg Haas, ist ein professioneller Landschaftsgärtner und hat neben der Mühle einen wunderschönen und romantischen Garten angelegt, der in der warmen Jahreszeit besucht werden kann.

Was ?

Gewächshaus im viktorianischen Stil.
Pergola aus Robinien.
Quelle und Wasserbecken im ehemaligen Mühlengraben.
Obstwiese mit Nuss- und Apfelbäumen.
Senkgarten mit Terasse.

Wann ?

Öffnungszeiten:
Von Apr bis Okt an jedem 2. So im Monat von 13:00 bis 18:00.
Von Mai bis Sep zusätzlich am 2. und 4. Fr im Monat von 15:00 bis 18:00.
Termine für Gruppen auf Anfrage:
Tel. +49-7643-40137
haas.dergarten@t-online.de
Informationen zu Veranstaltungen:
www.herrenmühle-bleichheim.de

Wo ?

Hansjörg Haas, Schlossplatz 2
79336 Herbolzheim-Bleichheim
Individualverkehr:
Von Herbolzheim über die Schwimmbadstr. und die K5119 über Broggingen auf die K5117 Richtung Bleichheim. Die Mühle liegt an der Straße zwischen den Broggingen und Bleichheim.
ÖPNV:
www.rvf.de, www.sweg.de
Station „Bleichheim-Bleichtalstraße"

Herbolzheim-Bleichheim
Ruine Kirnburg

Bauherren der Burg waren in der zweiten Hälfte des 12. Jh. die Üsenberger, Gründer der Stadt Kenzingen, denen die Burg rund 200 Jahre als Residenz diente. Urkundlich erwähnt wurde sie erstmals im frühen 13. Jh. In der zweiten Hälfte des 14. Jh. fiel sie durch Verkauf an die Habsburger, wurde mehrmals verpfändet und im Dreißigjährigen Krieg niedergebrannt. Erhalten sind die Reste des Palas und des Berfries mit einem restaurierten Tor sowie des Halsgrabens und der Ringmauer.

Was?

Schöner Aufstieg über bequeme Waldwege und Forststraßen mit guter Ausschilderung. Begehbare Reste des Palas und des Bergfrieds.
Toller Ausblick über das Rheintal bis zu den Vogesen.

Wann?

Jederzeit frei zugänglich.

Wo?

Individualverkehr:
Von Herbolzheim über die Schwimmbadstr. und die K5119 über Broggingen auf die K5117 nach Bleichheim, dort in die Schlossbergstraße und dann zu Fuß der Beschilderung folgen.
ÖPNV:
www.rvf.de, www.sweg.de
Station „Bleichheim-Bleichtalstraße"

Herbolzheim-Broggingen Ortsbild

Der seit 1975 zu Herbolzheim gehörende Ort wurde erstmals im frühen 12. Jh. als Besitz des Straßburger Domkapitels genannt. Seit dem Beginn des 15. Jh. war es im badischen Besitz. Das Ortsbild wird von schönen alten Fachwerkhäusern und Gehöftanlagen, zum Teil aus dem 18. Jh., sowie liebevoll gepflegten Vorgärten geprägt und lädt zu einem Spaziergang durch das Dorf ein. Sehenswert auch das Haus Engler. Der Schlußstein des Torbogens ist mit 1752 datiert. Bis ins 19. Jh. war das Haus Metzgerei und Gasthof.

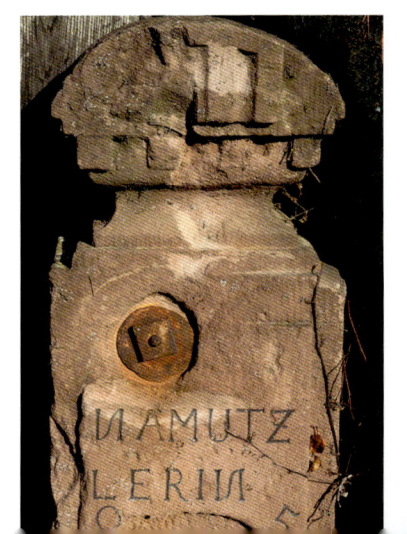

Was?

Schöne alte Fachwerkhäuser
und Gehöftanlagen.
Sehr gepflegtes Ortsbild.
Haus Engler.
Ensemble von Kirche und Pfarrhof
aus der Mitte des 18. Jh.
Schöner Spaziergang
durch das Dorf.

Wann?

Zugang:
Aussen jederzeit frei zugänglich.

Wo?

Individualverkehr:
Von der A5 Abfahrt Herbolzheim
über die L111 auf die B3,
dann über die Schwimmbadstr.
nach Tutschfelden, von dort
über die Wein- und Riedstr.
nach Broggingen.
ÖPNV:
www.rvf.de, www.sweg.de
Station „Broggingen-Rathaus"

Herbolzheim-Wagenstadt Rebhisliwege

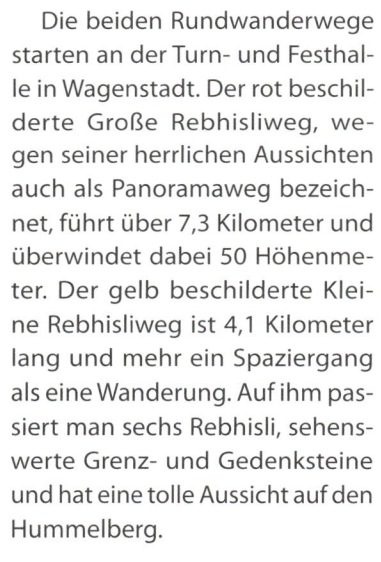

Die beiden Rundwanderwege starten an der Turn- und Festhalle in Wagenstadt. Der rot beschilderte Große Rebhisliweg, wegen seiner herrlichen Aussichten auch als Panoramaweg bezeichnet, führt über 7,3 Kilometer und überwindet dabei 50 Höhenmeter. Der gelb beschilderte Kleine Rebhisliweg ist 4,1 Kilometer lang und mehr ein Spaziergang als eine Wanderung. Auf ihm passiert man sechs Rebhisli, sehenswerte Grenz- und Gedenksteine und hat eine tolle Aussicht auf den Hummelberg.

Was ?

7,3 Kilometer Großer Rebhisliweg.
4,1 Kilometer Kleiner Rebhisliweg.
Auf beiden Wegen schöne
Aussichten.
Interessante Grenz- und
Gedenksteine.
Zahlreiche Rebhisli, auch mit
Sitzgelegenheiten zum Ausruhen.
Gute Beschilderung mit roten
bzw. gelben Markierungen.

Wann ?

Jederzeit frei zugänglich.

Wo ?

Individualverkehr:
Von der A5 Abfahrt Herbolzheim
über die L111 auf die B3, dann über
die L106 nach Wagenstadt zur Turn-
und Festhalle, Im Weiherle 1.
ÖPNV:
www.rvf.de, www.sweg.de
Station „Wagenstadt-Schule"

Herbolzheim-Tutschfelden
Ortsbild

151

Was?

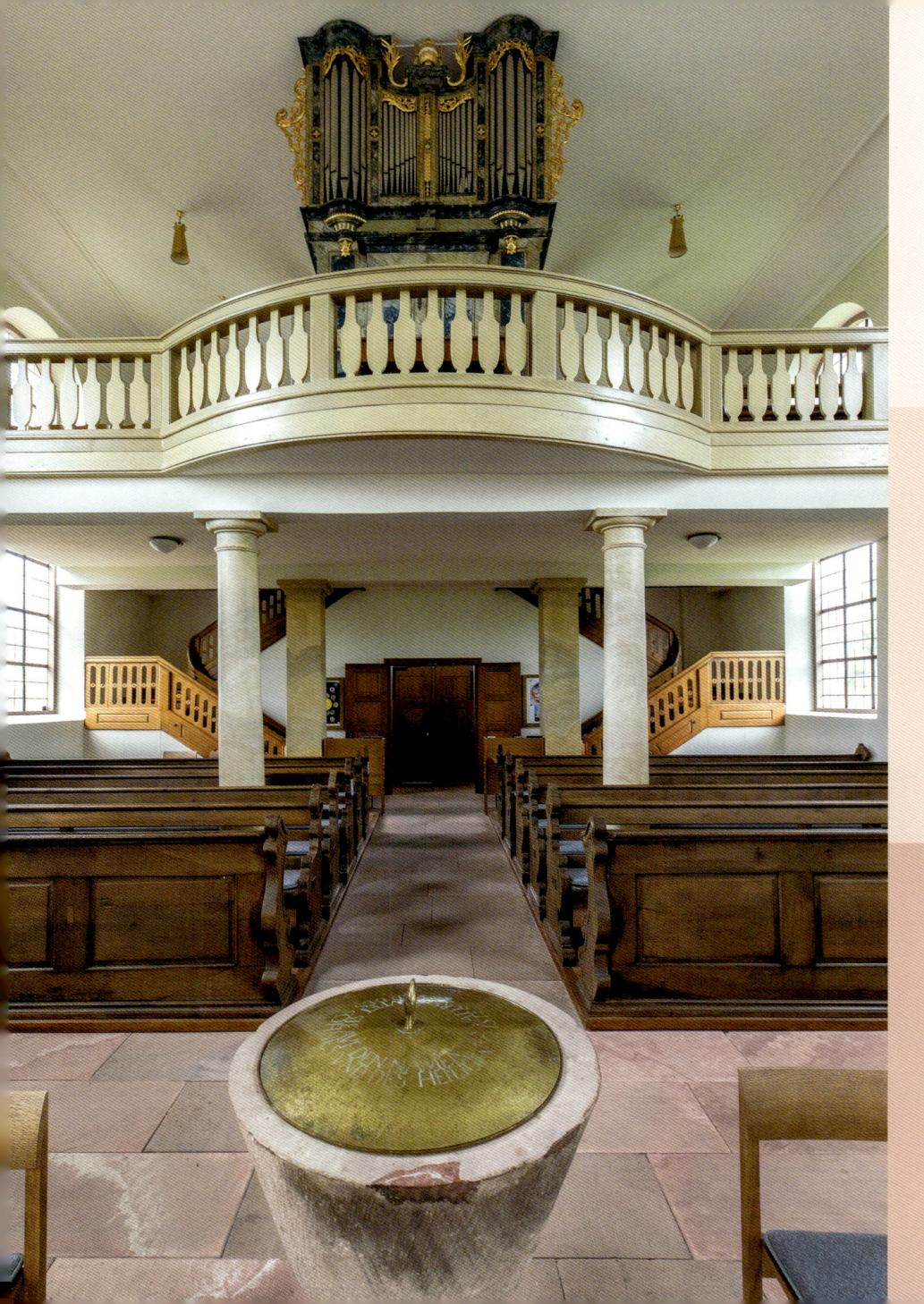

Evangelische Kirche im Weinbrennerstil aus dem frühen 19. Jh. mit Taufstein aus dem frühen 17. Jh. Heimatverein mit kleinem Museen alter Gebrauchsgegenstände.
Fachwerkhäuser.
Witzige Holzskulpturen.

Wann?

Evangelische Kirche:
Außen jederzeit frei zugänglich.
Kirche tagsüber geöffnet.
Heimatverein:
Anfragen zu Veranstaltungen und Besuchen unter:
heimatverein.tutschfelden@googlemail.de

Wo?

Individualverkehr:
Von der A5 Abfahrt Herbolzheim über die L111 auf die B3, dann über die Schwimmbadstr. nach Tutschfelden.
ÖPNV:
www.rvf.de, www.sweg.de
Station „Tutschfelden-Rathaus"

Freiamt
Ortsbild

152

Was ?

Gemeinde mit rund 4200 Einwohnern die auf etwa 53 Quadratkilometern in fünf Ortsteilen leben. Sehr schöne Landschaft für Spaziergänge und Wanderungen. Nicht umsonst schrieb Johann Peter Hebel zum Freiamt: „Gegend.....nah am Himmel".

Wann ?

Öffnungszeiten Tourist-Information:
Nov bis Feb:
Mo und Fr von 14:00 bis 17:00
Di und Do von 09:00 bis 12:00
und   von 14:00 bis 17:00
Mär bis Okt:
Mo   von 14:00 bis 17:00
Di bis Fr   von 09:00 bis 12:00
und   von 14:00 bis 17:00
Jul bis Sep:
zusätzl. Sa von 09:00 bis 12:00

Wo ?

Tourist-Information:
Badstraße 1 | 79348 Freiamt
Tel. +49-7645-91039
Individualverkehr:
Von der A5, Abfahrt Riegel, über die L113 durch Ottoschwanden bis zum Kurhaus.
ÖPNV:
www.rvf.de
Station „Freiamt-Kurhaus/Badstraße"

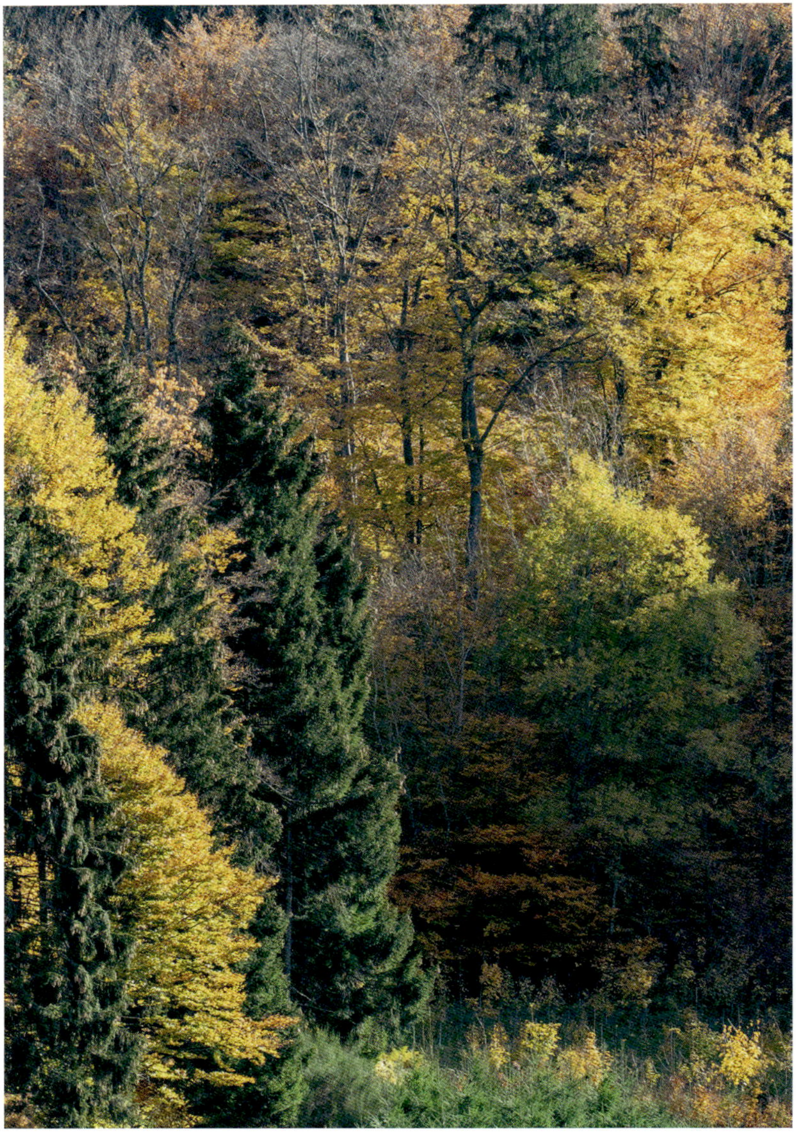

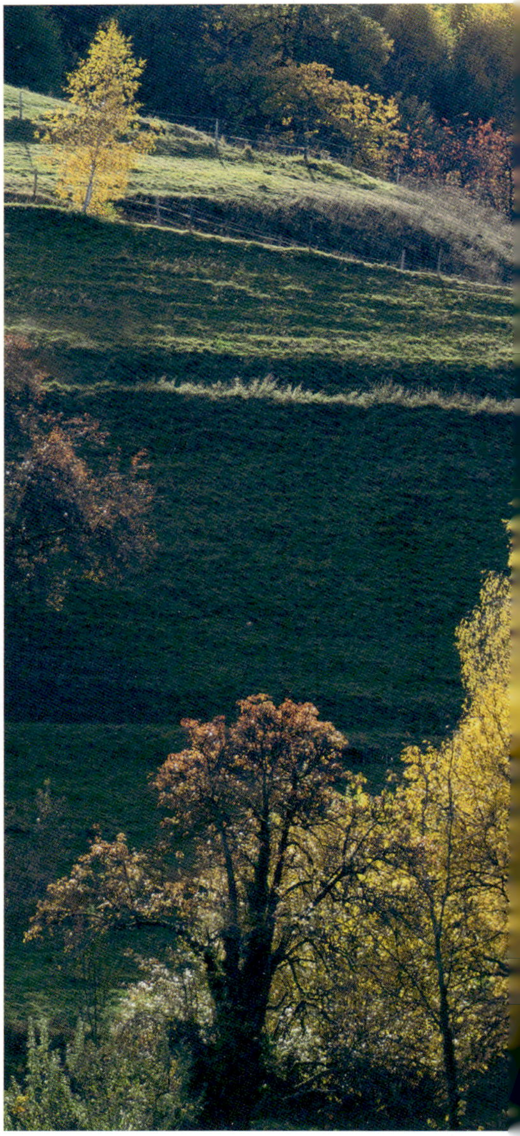

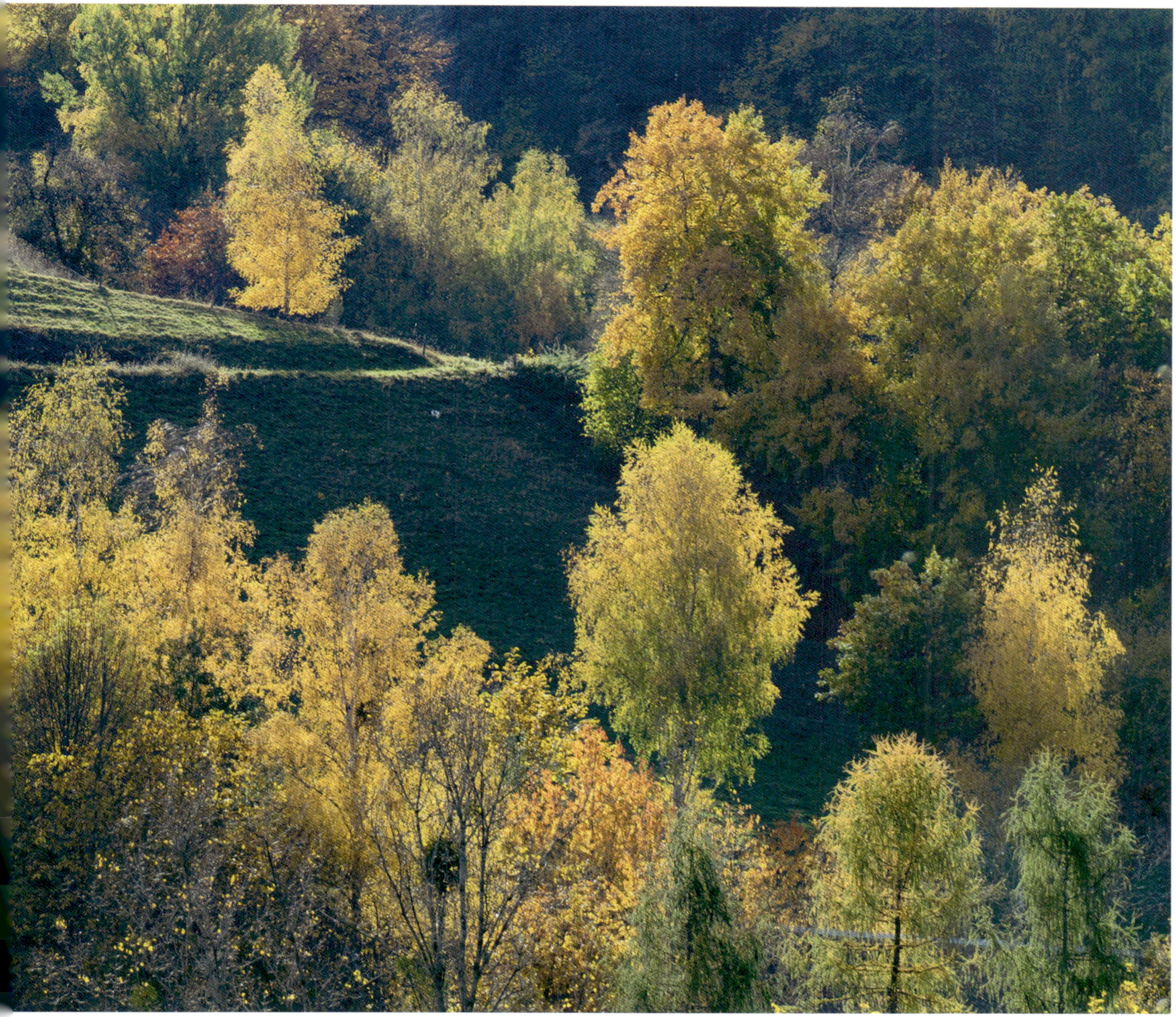

Freiamt Heimatmuseum

Was ?

Historischer Ding- und Fronhof, erstmals Mitte des 14. Jh. erwähnt. Gut übersichtliche und themenorientierte Präsentation nach Lebensbereichen und Werkstätten. „Radiostüble" zur Geschichte des Röhrenradios.

Wann ?

Öffnungszeiten:
Jeden Freitag.
Apr bis Okt von 15:00 bis 18:00
Führungen Heimatmuseum:
Hr. Willi Gerber
Tel. +49-7645-237
Führungen „Radiostüble":
Hr. Heinrich Hippenmeyer
Tel. +49-7645-8980
www.heimatverein-freiamt.de

Wo ?

Freihof 11
79348 Freiamt - Ottoschwanden
Individualverkehr:
Von der A5, Abfahrt Riegel, über die L113 bis zum Freihof.
ÖPNV:
www.rvf.de
Station „Freiamt - Freihof"

Freiamt
Turmuhrenmuseum

Was ?

Eines der weltweit größten Museen für alte Turmuhren mit über 50 noch funktionsfähigen Ausstellungsstücken. Das Spektrum reicht von der Werkstattuhr über Rathaus- und Bahnfofsuhren bis zu mächtigen Kirchturmuhren mit unterschiedlichen Hemmungssystemen.

Wann ?

Öffnungszeiten:
Jeden Freitag.
Apr bis Okt von 15:00 bis 18:00
Führungen:
Hr. Hans Grafetstätter
Tel. +49-7645-8921
www.heimatverein-freiamt.de

Wo ?

Freihof 11
79348 Freiamt - Ottoschwanden
Individualverkehr:
Von der A5, Abfahrt Riegel, über die L113 bis zum Freihof.
ÖPNV:
www.rvf.de
Station „Freiamt - Freihof"

Freiamt Bauernmarkt

155

Was ?

Einkaufsmöglichkeit für Käse, Würste, Marmeladen, Honig, Liköre, Wein, Schnaps und Brot direkt vom Hersteller.
Die Würste gibt es bei Bedarf zur Stärkung auch warm.
Dazu ein nettes Café mit Kuchen.
Alles nach dem Motto: „zemme kumme - Schwätzli halte - mal ver-schnüüfe - sich`s guet guh loh - wing was iikäufe".

Wann ?

Jeden Freitag.
Apr bis Okt von 15:00 bis 18:00
Nov bis Mär von 15:00 bis 17:00

Wo ?

Freihof 11
79348 Freiamt - Ottoschwanden
Individualverkehr:
Von der A5, Abfahrt Riegel, über die L113 bis zum Freihof.
ÖPNV:
www.rvf.de
Station „Freiamt - Freihof"

Literaturquellen

01 Badische Winzergenossenschaften am Kaiserstuhl | Norbert Baha, LAVORI VERLAG, 2014
02 Das Christentum im Breisgau, Wanderungen durch das Mittelalter
Annemarie Ohler, Verlag Herder GmbH, 2015
03 Das Ende der vorderösterreichischen Herrschaft im Breisgau
Alfred Graf von Kageneck, Rombach Verlag, 2000
04 Der Breisgau unter Maria Theresia und Joseph II. | Eberhard Gotheim, Nabu Public Domain Reprint
Neujahrsblätter der Badischen Historischen Kommission, Neue Folge 10, 1907
05 Der Kaiserstuhl - seine Sehenswürdigkeiten | Walter Vetter, Verlag Rombach, 1977
06 Der Kaiserstuhl | Gerhart Vanoli und Werner Stuhler, Verlag G. Braun, 1968/1969
07 Kaiserstuhl und Markgräflerland-Die 40 schönsten Touren, Bruckmanns Wanderführer
Rainer Kröll, Bruckmann Verlag GmbH, 2014
08 Emmendingen-Ein Gang durch die Altstadt
Wilhelm Jacob, Buchhandlung Sillmann, ohne Jahresangabe
09 Erlebnis Kaiserstuhl | Gabriele Spring, Hans-Jürgen Truöl + Joachim Ott, Rombach Verlag, 1997
10 Gault&Millau Weinguide Deutschland 2019 | ZS Verlag GmbH
11 Im barocken Paradieslein, Schlösser und Gärten im Breisgau und Markgräflerland
Ehrenfried Klucken, Donzelli-Kluckert Verlag, 1999
12 Kaiserstuhl - 14 Leichte Entdeckungen | Wolfgang Abel, Oase Verlag, 2012
13 Kleine Geschichte Badens | Annette Borchardt-Wenzel, Verlag Friedrich Pustet, 2016

14	Kleine Geschichte der Markgrafschaft Baden	Armin Kohnle, G. Braun Buchverlag, 2009
15	Kleine Geschichte Vorderösterreichs	Dieter Speck, G. Braun Buchverlag, 2010
16	Kulturlandschaft Oberrhein Wolfgang Müller und Gustav Faber, Verlag Herder und Flechsig-Buchvertrieb, 6
17	Kunst am Kaiserstuhl - Streifzüge durch eine Kulturlandschaft Hans-Otto Mühleisen (Hrsg.), Kunstverlag Josef Fink, 2008
18	Oberrheinisches Mosaik - Der südliche Teil Leif Geiges und Ingeborg Krummer-Schroth, Verlag Karl Schillinger, 1975
19	Oberrhein - 66 Burgen von Basel bis Karlsruhe	Heiko Wagner, Konrad Theiss Verlag GmbH, 2003
20	Schlösser am Oberrhein - Geschichte und Geschichten Silvia Huth und Manfred Frust, Silberburg-Verlag, 2008
21	Stuart Pigotts Weinreisen - Baden und Elsass	Manfred Lüer und Chandra Kurt, Scherz Verlag, 2009
22	Tuniberg	Hermann Brommer und Kurt Gramer, Verlag Schnell & Steiner, 1983
23	Vergessene Pfade - Kaiserstuhl und Markgräflerland	Rainer D. Kröll, Bruckmann Verlag GmbH, 2017
24	Vinum - Weinguide Deutschland 2019 - Deutschlands führende Weingüter
25	Wegweiser durch Breisachs Vergangenheit und Gegenwart Gebhard Klein, Geschichtsverein Breisach e.V., 1993
26	Wein und Wandern Süddeutschland	Anton Braun, Morstadt Verlag, 2012
27	Webseiten verschiedener Behörden, Kommunen, Institutionen und Unternehmen
28	Wikipedia, verschiedene Autoren

Bildquellen

S. 70 Bild rechts unten: Festspiele Breisach e.V., Fotografin Elke Bürgin
S. 108/109 Bilder: Weingut Dr. Heger
S. 136 Bilder mitte oben, mitte mitte und links unten: Attila Jozsef
S. 168 Bild links oben: H. Trojus
S. 169 Bild: P. Scheffel
S. 180/181 Bilder: Weingut Bercher
S. 260 Bilder: Gerhard Seitz (Deutsches Tagebucharchiv)
S. 354/355 Bilder: Stadt Herbolzheim
S. 362 Bild unten rechts: Stadt Herbolzheim

Die Urheberrechte für alle anderen Bilder liegen ausschließlich bei der SENCON-SeniorConsulting GmbH.

Ortsverzeichnis

Achkarren	S.	152	Herbolzheim	S.	340	Nimburg	S.	202
Bahlingen	S.	200	Holzhausen	S.	210	Oberbergen	S.	144
Bickensohl	S.	150	Hugstetten	S.	126	Oberrimsingen	S.	26
Bischoffingen	S.	162	Jechtingen	S.	182	Reute	S.	214
Bleichheim	S.	360	Ihringen	S.	102	Riegel	S.	298
Bötzingen	S.	134	Kenzingen	S.	326	Sasbach	S.	188
Breisach	S.	46	Kiechlinsbergen	S.	196	Totenkopf	S.	146
Broggingen	S.	364	Landeck	S.	322	Tuniberg	S.	32
Burkheim	S.	164	Leiselheim	S.	186	Tutschfelden	S.	368
Denzlingen	S.	218	Liliental	S.	114	Umkirch	S.	122
Emmendingen	S.	248	Limburg	S.	192	Vogelsheim (F)	S.	86
Endingen	S.	282	Malterdingen	S.	314	Vörstetten	S.	216
Feiamt	S.	370	Markolsheim (F)	S.	194	Wagenstadt	S.	366
Gottenheim	S.	116	Merdingen	S.	38	Wasenweiler	S.	110
Grezhausen	S.	24	Munzingen	S.	14	Waldkirch	S.	226
Gündlingen	S.	44	Neuf-Brisach (F)	S.	90	Weisweil	S.	280
Hecklingen	S.	324	Niederrimsingen	S.	28	Wyhl	S.	278
Heimbach	S.	320	Niederrotweil	S.	158			

Impressum

Herausgeber und Urheberschaft:
SENCON-SeniorConsulting GmbH, Nansenstraße 3a, 79539 Lörrach, www.sencon-verlag.de.
Alle Rechte im In- und Ausland sind vorbehalten. Jegliche - auch auszugsweise - Verwertung, Wiedergabe, Vervielfältigung, Übersetzung, Adaption, Mikroverfilmung, Einspeicherung oder Verarbeitung in EDV-Systemen ausnahmslos aller Teile des Werkes bedarf der ausdrücklichen Genehmigung durch die SENCON-SeniorConsulting GmbH.

Bildnachweis:
Die Urheberrechte für alle Bilder liegen, sofern unter Bilderquellen nicht ausdrücklich anders erwähnt, ausschließlich bei der SENCON - SeniorConsulting GmbH. Autor und Verlag danken ausdrücklich allen Institutionen für Ihre Zustimmung zur Veröffentlichung der Fotos und für ihre Bemühungen zur Korrektur der Fakten und Texte.

Produkthaftung:
Die in diesem Buch enthaltenen Informationen wurden vom Autor nach bestem Wissen und Gewissen erstellt und von ihm und dem Verlag mit größtmöglicher Sorgfalt überprüft. Dennoch sind, wie wir im Sinne des Produkthaftungsrechtes feststellen müssen, inhaltliche Fehler nicht auszuschließen. Daher erfolgt die Angabe ohne jegliche Verpflichtung oder Garantie des Autors bzw. des Verlages. Beide Parteien übernehmen keinerlei Verantwortung bzw. Haftung für mögliche Unstimmigkeiten.

Verbesserungsvorschläge:
Sämtliche Informationen beziehen sich auf den Stand der Drucklegung Mai 2019. Für Ihre Anregungen und Verbesserungsvorschläge sind wir dankbar. Bitte schicken Sie diese an die SENCON-SeniorConsulting GmbH, Nansenstraße 3a, 79539 Lörrach oder an js@sen-con.eu.